创新型大学生素质教育精品教材

赢在职场——大学生就业指导

主编　陈伟　王苇

内容提要

本书从实用的角度出发，介绍了大学生就业指导的相关理论知识，旨在帮助大学生正确、科学地面对就业。全书共分九章，内容包括：大学生就业形势、政策与流程；大学生就业准备；大学生求职技巧；大学生职业适应；大学生就业权益与保障；创业准备；创业启动；创业实践；“互联网+”背景下的大学生创业。

本书结构安排合理，内容深入浅出，语言通俗易懂，且配有丰富的案例和阅读材料，集实用性、指导性、操作性于一体，既可作为高等院校各专业学生就业指导课程的教材，也可作为就业指导人员的参考书和社会各界人士求职前的学习材料。

图书在版编目（CIP）数据

赢在职场 ：大学生就业指导 / 陈伟，王苇主编. -- 上海 ：上海交通大学出版社，2021（2023 重印）
ISBN 978-7-313-24466-6

Ⅰ. ①赢… Ⅱ. ①陈… ②王… Ⅲ. ①大学生一就业 Ⅳ. ①G647.38

中国版本图书馆 CIP 数据核字(2021)第 028476 号

赢在职场——大学生就业指导

YING ZAI ZHICHANG—— DAXUESHENG JIUYE ZHIDAO

主　　编：陈伟　王苇
出版发行：上海交通大学出版社　　地　　址：上海市番禺路 951 号
邮政编码：200030　　电　　话：021-64071208
印　　制：捷鹰印刷（天津）有限公司　　经　　销：全国新华书店
开　　本：787mm×1092mm　1/16　　印　　张：15.5
字　　数：340 千字
版　　次：2021 年 4 月第 1 版　　印　　次：2023 年 7 月第 4 次印刷
书　　号：ISBN　978-7-313-24466-6
定　　价：48.80 元

前言 PREFACE

随着我国高等院校毕业生人数的逐年增加，大学生能否顺利就业越来越受到国家、社会、毕业生家庭及毕业生本人的重视。高校毕业生就业是整个社会就业的重要组成部分，它关系到毕业生的切身利益，更直接影响到社会的稳定和发展。

在日益严峻的就业形势下，毕业生应充分了解当前的就业环境和就业形势，树立正确的就业观，掌握正确的求职方法和步骤，以在激烈的竞争中建立优势，成功就业。为了给高校毕业生提供有效的帮助，推进高校就业指导课程的建设，我们组织编写了本书。

本书以大学生就业指导为主要内容，以提高大学生就业能力为目标，以解决大学生就业过程中遇到的问题为最终目的，不仅介绍了就业基础知识和基本方法，而且针对大学生就业过程中遇到的困难，提供了切实可行的就业技巧。希望大学生通过本书的学习，了解就业的基本知识，掌握职前准备、求职技巧、职业适应和创业的方法与技巧，不断提高自身综合素质，增强求职择业的竞争力，进而顺利适应社会并融入社会，努力实现职业理想。

整体而言，本书具有以下特点：

（1）结构合理，内容实用。本书结构安排合理，内容深入浅出，从实用的角度出发，介绍了大学生就业、创业相关的基本知识；同时，详细介绍了求职、应聘的各种技巧，具有较高的实用价值。

（2）体例丰富，可读性强。本书每章均由“案例导入”引出正文，案例的内容贴近实际情况，可激发学生的阅读兴趣，并引导其主动探索相关知识。正文中设有“案例”“拓展阅读”“资料链接”“小贴士”等模块，有助于学生加深对理论知识的理解。

（3）课后实践，学练结合。本书每章末尾均设置了“课后实践”模块，该模块以学生为主体，设计了形式多样的实践活动，让学生学完即上手实践，学有所用。

为学习贯彻党的二十大精神，提升课程铸魂育人效果，本书专门在扉页“教•学资源”二维码中设计了相应栏目，以引导学生践行社会主义核心价值观，涵养学生奋斗精神、敬业精神、奉献精神、创新精神、工匠精神、法制精神、绿色环保意识等。

本书由陈伟、王苇担任主编，郑巍、杜鹃、张莉、王丽佳、李月艳、李奕璇、王旭娜参与编写。在本书编写过程中，编者参阅了大量同类教材和相关资料。在此，谨向相关文献作者表示衷心的感谢！另外，凡本书案例未注明出处者，皆为本书作者原创。

由于编者研究能力、学术水平有限，书中存在的疏漏或不当之处，敬请专家和广大读者批评指正。

本书编委会

主　编　陈　伟　王　苇

参　编　郑　巍　杜　鹃　张　莉

王丽佳　李月艳　李奕璇

王旭娜

目
录

目录

目
录

录

目
录

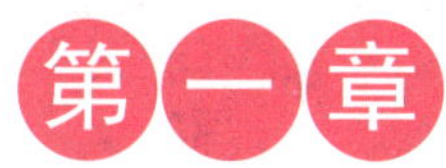

大学生就业形势、政策与流程

【本章地图】

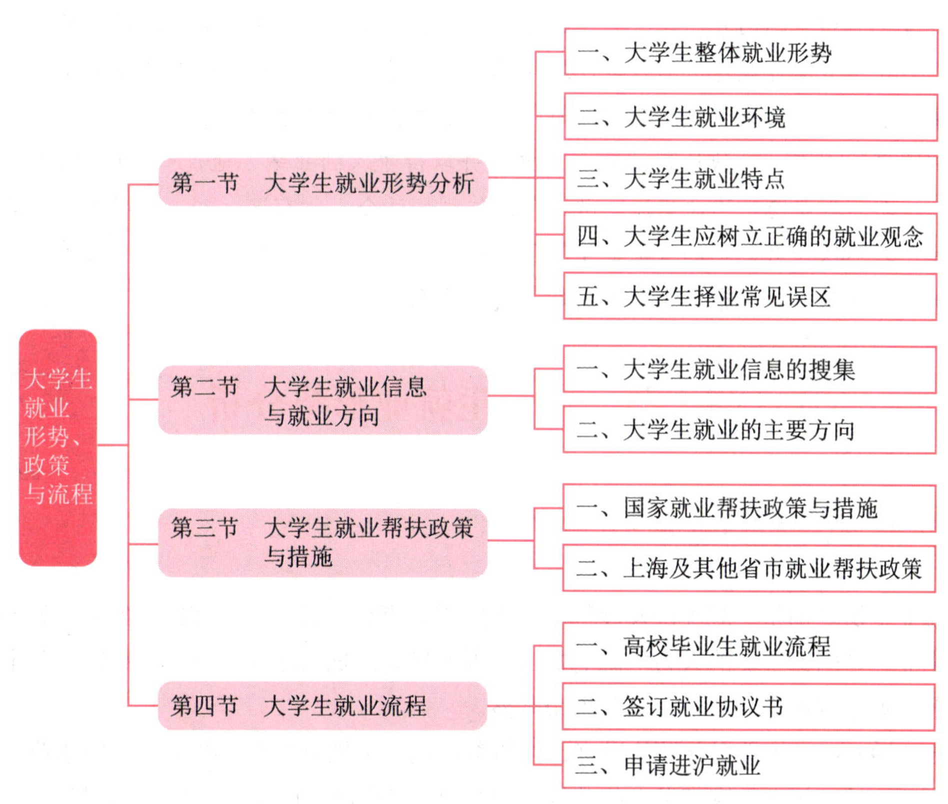

【案例导入】

准确定位，快速适应

“小伙子，这车多少钱啊!”

“139 800 元”王滕答。紧接着问了一句：“先生您贵姓？”

“我姓苏，这是我太太，姓赵。”苏先生说。

王滕说：“苏先生、赵女士，你们好，我姓王，是这里的实习销售顾问。”

苏先生说：“你能给我们讲讲这款车吗？”

王滕说：“好啊!”接着，他熟练地向夫妻俩介绍了这款车的性能、耗油量、排气量、舒适性等，听得苏先生夫妇俩直点头。这时，王滕注意到赵女士正在看后排座的空间，王滕赶忙着重介绍了后排专门配备的儿童座椅、儿童安全门锁等。赵女士非常满意地向王滕表示了谢意，并向王滕要了一张名片。

王滕是某高校汽车工程技术系应届毕业生，毕业前夕选择在这家汽车制造公司实习。他从实习汽车销售顾问开始，以热情的服务、娴熟的业务和真诚的微笑打动着每位顾客的心。他工作一个多月就售出两台车，工作不到两个月就被企业破例转为正式职工。当他正在和第三个客户洽谈并达成购车意向时，就被企业任命为外展部部长。

王滕之所以能如此快速地适应新工作，并取得骄人的业绩，他说：“自己的性格比较乐观、开朗，喜欢与人沟通交流，做这个工作刚好适合。所有这一切，都得益于科学的职业指导，它不仅使自己更加清晰地了解了自己的性格、能力、特长、兴趣爱好等，还帮助自己确立了未来从事汽车销售工作的职业发展方向。”

第一节　大学生就业形势分析

一、大学生整体就业形势

就业不仅是衡量宏观经济发展健康与否的重要指标，而且与宏观经济发展紧密相连。高校毕业生是国家宝贵的人力资源财富，是国家建设的栋梁之才，解决好高校毕业生的就业问题，关系到国家的长治久安和繁荣昌盛。

自 1999 年高等教育普及化以来，伴随着高校招生规模的不断扩大，高校毕业生人数也在不断增长。根据教育部发布的数据，2022 年，全国普通高校毕业生人数达到 1 076 万人，同比增加 167 万人，这也是我国年度普通高校毕业生人数首次突破千万大关；2023 年，全国普通高校毕业生人数预计达到 1 158 万人，这将是既 2022 年高校毕业生数量首破千万

后的又一新高。因此，高校毕业生的就业难度越来越大。据专家预测，在未来五年内，大学生的就业形势将更加严峻，“更难就业季”会不断刷新。

与此同时，由于一个大学生的就业事关一个家庭的未来，因此，大学生的就业现状和就业前景问题已成为社会普遍关注的民生话题。有鉴于此，作为大学生，全面了解我国当前及未来一段时间的就业环境和就业形势是非常必要的，只有这样，才能提前做好求职规划，以及知识及技能储备，从而保证自己在毕业后找到理想的就业岗位。

小贴士

高校毕业生工作怎么找

近年来，受多种因素影响，高校毕业生就业压力空前加大。为此，从国家到地方都出台了多项促进毕业生就业创业的政策，通过鼓励中小微企业吸纳就业，提高机关事业单位和国有企业应届毕业生招聘比例，扩大考研升学和参军入伍规模，开发基层工作岗位，提升贷款额度扶持创业，给予就业服务补贴等各项措施的无缝衔接，打出了促进高校毕业生就业的政策“组合拳”。

二、大学生就业环境

（一）工作岗位需求和劳动力供给矛盾突出

当前大学生就业遇到的最大问题是岗位满足不了毕业生需求，高校毕业生人数每年都在递增，而社会提供的就业岗位数却不能随之扩大。

一般来说，就业岗位的增长与经济的增长成正比，其中，我们把 GDP 每增加一个百分点所能带来的就业岗位增加的百分点称为就业弹性系数。系数越大，吸收劳动力的能力就越强，反之则越弱。总体而言，受多种因素的影响，我国近年来经济增长对就业增长的拉动作用不断减弱，就业弹性系数一直处于下降状态。

（二）结构性失业、自愿性失业在所难免

根据劳动力市场理论，劳动力市场可以划分为第一劳动力市场和第二劳动力市场。其中，第一劳动力市场是城市里相对稳定的工作，工资福利好，有完备的社会保障；第二劳动力市场是农村和不稳定的城市工作，工资福利一般偏低，缺乏社会保障。

当第一劳动力市场提供的就业岗位与高校毕业生在专业需求和人数上不能吻合甚至差别较大时，高校毕业生的就业必然面临着这样的困境：拥有了选择就业的权力，却发现所期望的工作岗位竞争激烈，最终只有部分同学如愿找到理想工作。因此，结构性失业和自愿性失业也就在所难免了。

（三）社会对毕业生要求日渐苛刻，部分单位存在人才高消费现象

近年来，用人单位在人才市场上处于相对的主导地位，由于毕业生生源的“富余”，使得用人单位对毕业生的挑选十分苛刻，他们不仅挑选名校和高学历的毕业生，更加注重毕业生的综合素质和实践能力。

此外，部分用人单位对待毕业生的态度还存在“高消费”现象，如有些用人单位“女生免谈”“非本市户口免谈”仍变相地存在，有些本来并非特种行业的单位甚至对长相、身高、家庭状况都提出了十分苛刻的要求，个别单位甚至用一些完全与人才标准无关的条件来要求毕业生。

从近年各地专门针对大中专毕业生举办的大型人才招聘洽谈会来看，各单位纷纷打出了需求高层次人才的旗帜，形成了“研究生多多益善，本科生等等再看，大专生请靠边站”的人才盲目求高现象。

固然，随着社会的进步与高新技术的发展，一些行业、岗位需要一批具有一定专业水平、素质较高、潜能较大的高级人才，但是，对于许多需要实际操作技能的岗位，大专生完全可以胜任，用人单位没有必要花更大的代价盲目追求高学历。但从近年来的情况看，这种“求高”趋势估计还会持续一定时期。这在客观上也对许多大专生甚至部分本科生的就业造成了不利影响。

（四）毕业生自身就业观念有待转变

在我国，很长一段时期内大学生都是社会精英的象征。但是，随着我国教育体制改革的不断深入，高等学校的普遍扩招，高等教育已逐渐从“精英教育”转变为“大众教育”，但不少大学生精英意识的转变远远落后于现实情况，期望过高、盲目攀比、就业能力相对较弱等现象在当今高校毕业生中普遍存在。尤其是近两年出现的“慢就业”“不就业”现象，更是助长了“啃老”一族。

（五）毕业生职业生涯规划意识淡薄

总体而言，很多大学生的职业生涯规划意识都比较淡薄。例如，读大学是很多大学生从小就树立的目标，然而目标仿佛到此为止，很少有人在上大学前真正深入思考自己的兴趣与特长，真正适合的专业和工作是什么。

进入大学后，由于对未来的职业目标不明确，进而导致学习缺乏规划与动力，只能浑浑噩噩地混日子。临近毕业投身就业市场时，才发现自身的就业竞争力竟然如此之差。

 **案例**

早定目标，充分准备

小邓是某高校社会工作专业的学生，进入大学曾经非常迷茫，经过班主任和老师开导

后，小邓接受了这个冷门专业的现实，将目标定位为成为一名职业的社会工作者。

进入大四之后，面对严峻的就业压力和冷门专业的就业形势，小邓并不气馁，而是充分挖掘就业信息，积极寻找对口的实习单位，积累实践经验。功夫不负有心人，他从学校就业信息网上得知深圳民政局招聘社工。于是，他精心准备简历并投递给深圳民政局。接到面试通知后，他踏上了南下的列车，参加民政局组织的面试。

通过面试之后，小邓参加了由民政局组织的社工上岗统一培训。经过此次培训，他对社工这个职业有了更多的了解，也坚定了他从事这个职业的信心。

小邓虽然学习的是一个冷门专业，对口的就业单位不多，社会还不够重视，需求量也不大。但是，任何专业和职业都有其存在的理由和价值。社会工作者是遵循助人自助的价值理念，运用专业方法，以帮助机构和他人发挥自身潜能，协调社会关系，解决和预防社会问题，促进社会公正为职业的专业工作者。社会工作在国外已非常普及，我国正处于发展阶段。随着我国社会经济的发展和进步，前景看好。

事实上，在求职择业时，同学们通常会面临多种选择，受到各种因素的影响。一般来说，第一份工作对自己的影响最大，到底从事何种职业，需要认真思考。进行职业选择时，不妨先对自己的兴趣、能力、性格、价值观等进行全面剖析，客观全面地认识自己，然后对照社会环境与就业形势，结合自身个性对不同的职业方向进行对比和分析，最后对职业与自身的匹配进行充分论证，扬长避短，选择符合自己特长和专业的、经过努力能够很快胜任的职业，从而顺利开启自己的职业生涯。

三、大学生就业特点

在高等教育进入大众化阶段，大学生就业形势发生了根本性的变化，呈现出一些新的规律和特点。

（一）大学毕业生由“精英”走向“大众”

早期，我国的高等教育属于精英教育，只有极少数人有机会进入大学。因此，高等教育属于稀缺资源乃至社会特权。如今，随着大学的扩招，上大学早已不再需要“千军万马过独木桥”，大多数人都享有了接受高等教育的权利。

与此同时，这又带来了另外一个问题，由于大学毕业生人数众多，他们的就业优势在不断弱化，只能在就业市场上与其他人一样去竞争。因此，大学生的就业心态必须要与此相适应。例如，在德国、法国等发达国家，大学生从事蓝领工作已非常正常。

（二）就业市场进一步由“卖方”转向“买方”

大学生刚刚踏入社会，在求职过程中由于年龄小、社会经验和工作经验少，本身就处于劣势地位。与此同时，由于就业市场由“卖方”转向“买方”，因此，高校毕业生的整

体薪酬水平有所下降将在所难免。这是一个不以我们个人意志为转移的、历史性的变化，也是高校毕业生必须正视的问题。

（三）高校毕业生就业逐步向第三产业倾斜

从世界经济发展的规律看，随着科技水平的提高，第一、二产业的就业人数会逐步下降，而第三产业的就业人数会逐步提升。例如，对于大多数发达国家而言，第一、二、三产业就业人数占比通常在 5%、25%和 70%左右。

2019 年，我国 GDP 总量为 990 865 亿元，其中，第一产业增加值 70 467 亿元，占比约 7%；第二产业增加值 386 165 亿元，占比约 39%；第三产业增加值 534 233 亿元，占比约 54%。因此，与发达国家相比，我国第三产业仍有很大的发展空间。相应地，第三产业将成为吸纳高校毕业生及其他劳动者就业的主要产业。

小贴士

根据《国民经济行业分类》（GB/T 4754—2002），三次产业划分范围如下：

第一产业主要指农、林、牧、渔业。

第二产业主要指采矿业，制造业，电力、燃气及水的生产和供应业，建筑业。

第三产业是指除第一、二产业以外的其他行业。主要包括：交通运输、仓储和邮政业，信息传输、计算机服务和软件业，批发和零售业，住宿和餐饮业，金融业，房地产业，租赁和商务服务业，科学研究、技术服务和地质勘查业，水利、环境和公共设施管理业，居民服务和其他服务业，教育，卫生、社会保障和社会福利业，文化、体育和娱乐业，公共管理和社会组织，国际组织。

（四）高校毕业生的初次就业率逐步降低

总体上，受过高等教育的人的就业率要高于社会平均就业率，而且待遇要普遍高于其他未受过高等教育的人。但是，近几年的数据显示，随着高校毕业生人数的逐年增加，以及我国经济发展速度的逐年放缓，高校毕业生的初次就业率（即高校毕业生离开学校时的就业率）在逐步下滑（目前大约在 80%～90%之间）。这意味着就业市场，尤其是一些优质就业岗位的竞争将更加激烈。

四、大学生应树立正确的就业观念

就业观念是指劳动者对就业目的、意义及价值取向、方式等问题的总体看法和态度，是影响大学生就业的重要因素之一。当前，部分大学生还有“等、靠、要”的消极就业观念，甚至自动放弃就业，成为“啃老族”。因此，认清形势，转变观念，是大学生实现就业的重要前提。

（一）准确了解就业的目的和意义

就业简单说就是找到工作，获得报酬，从而满足自身物质和精神方面的需要。从另一方面讲，人类社会要正常运行，必然要求社会成员参与社会分工——工作。

对于个人来说，就业不仅解决了个人的生存问题，还是个人融入社会、紧跟社会和时代发展步伐，体现个人价值和实现未来理想的抓手。

（二）树立正确的就业价值取向

大学毕业生是国家宝贵的人才资源，是社会主义经济建设的生力军和重要力量。因此，大学生无论在求学还是求职的过程中，都应该自觉确立为国家奉献和为人民服务的志向，把自己的需要和国家、社会的需要结合起来，把社会的进步、国家的发展和个人的前途命运有机地结合起来，在服务社会、奉献祖国的过程中，实现自己的人生价值。因此，大学生就业的价值取向不能仅限于个人利益，而应该是个人价值与社会、国家需要的统一。

例如，虽然一些大中城市、经济发达地区就业机会较多、待遇较好，但由于这些地区人才济济、竞争激烈，大学生还不如另辟蹊径，去中西部地区、基层单位就业。虽然这些地方条件相对差一点，但机会更多，发展空间更大。

案例

退一步海阔天空

张成是某校毕业生，3 年前大学毕业，誓要留在大城市的他在连续两年报考研究生失利，一次国家公务员考试未通过之后，回到了自己家乡的县城，在一家事业单位找到了一份工作。

经过一段时间的工作之后，他感慨道："现在我的心情就像晴朗的天空，而过去的三年，即使天空阳光灿烂，我也是在阴郁中度过的。我爸爸曾劝过我，退一步海阔天空，现在我感受到了海阔天空，但并没有感到退一步。"因为英语好，计算机水平高，没多长时间，领导就让他在很多事情上挑起了大梁。

受家庭和社会环境的影响，毕业生的择业观念和行为存在一定偏差。主要表现为择业"急功近利"，主要考虑单位性质、地理位置、工作条件、福利待遇等等，而脱离市场实际和国家、社会发展的要求。从职业生涯发展角度来讲，大学生在选择工作时，不应仅仅以当前条件的好坏为标准，而应首先考虑该工作能否为自己提供学习提高的机会，能否帮助自己成长。

（三）准确把握就业良机，及时就业

大学生的学历、专业、能力水平都不尽相同，各有各的特点。在就业前，每位毕业生都要对自己进行客观、全面的分析，实事求是地评价自我、认识自我，多务实、少幻想，

不好高骛远，要冷静看世界、虚心看自己。对社会需要什么，自己能干什么做到心中有数；能权衡利弊，找准自己与社会的最佳结合点，并以积极进取的心态迎接社会的选择。

如今，一些大学生不切实际地为自己制定了较高的就业标准，如高收入、高福利、工作稳定、工作环境优越等。但事实上，社会上这样的岗位少之又少。大学生绝不能因一味追求物质待遇和地域条件而贻误时机，而应根据自己的兴趣、爱好、能力和社会需求把握住就业机会，从而使自己在就业过程中处于主动。

五、大学生择业常见误区

在“自主就业，双向选择”的就业制度背景下，大学生就业的自由度大大增强。但是，如果没有建立正确的就业观念，大学生在就业上将很容易陷入几种典型误区。

（一）过于以自我为中心，急功近利

1. 以自我为中心，忽略国家和社会的需求

部分大学生在就业时过多地考虑自己的志向，以自我为中心。他们片面地认为，国家就业制度改革为“自我价值”的实现提供了全新的机会，误把“自主就业”当成“过度自由就业”。在就业过程中，一切从自身利益出发，把是否能在未来职业生涯中实现自我、发展自我作为就业的唯一标准，完全忽略了国家和社会的需求，宁愿“蜗居”大城市做“蚁族”，也不愿意到条件艰苦、急需人才的边远地区或艰苦行业中去。

2. 过分注重物质利益，急功近利

部分学生由于受到错误价值观的影响，就业时主要考虑的是用人单位的经济效益及所处地区的经济发展情况，过度追求经济条件好、工作环境舒适、工资收入高的发达地区或者行业，而较少考虑是否适合自己未来的专业发展和个人长远发展，甚至用非所学也在所不惜。

 **案例**

适合自己的才是最好的

小安和大勤是大学同班同学。上大学时，小安非常腼腆，不爱说话，人长得瘦小，学习成绩一般，老师、同学们对小安都没有太深的印象。而大勤则相反，他担任过院学生会主席、班级团支书，性格开朗，高大帅气，学习成绩优异，篮球也打得漂亮，是学校的“明星”。

转眼间大学飞逝而过，大勤如愿以偿地找到一份在某局机关办公室从事文秘的工作，而小安则勉强挤进了一家民营房地产公司做文案策划。大勤很满意自己的工作，认为自己的工作有地位有面子。然而，事实并没有他想象的那样完美，文字秘书工作不仅枯燥无味，而且工作没有规律，经常加班写材料，还经常受到领导的批评，每天除了写材料还是写材

料，一年、两年……工作上的动力完全变成了应付，原有的雄心壮志在“论资排辈”的机关氛围里消磨殆尽，大勤的心情越来越坏，工作也越来越不开心，原本活泼开朗，充满阳光的帅小伙，渐渐失去了往日的激情和魅力，整天面对着领导训示和无休止地写材料而无奈地撑着。

小安进了房地产公司，自己已经非常满意，出生农村的他没有太多的优势，但踏实、执着，小安在文案策划的岗位上不断积累，不断推陈出新，成绩斐然，并得到了公司领导和同事们的一致认可，在短短的 2 年时间里就升任了策划部副经理，成为公司的中层，年薪 15 万……

事实上，很多大学生在选择就业岗位时并没有结合自己的实际情况来考虑，而是一味地注重地位、面子，结果使自己的优势变成了劣势。实际上，每个人只有在适合自己的岗位上，才更容易发挥自己的优势，否则再体面的工作也只是“鸡肋”而非“熊掌”。

（二）自我定位不准，脱离实际

1. 不能正确认识自己，定位不准

部分毕业生对自己的能力估计过高，不能客观地评价自我。这些同学希望一进入工作单位就被委以重任，大展宏图，完全忽视了基层对人才的需求和对人才成长的锻炼作用。还有部分学生，对自己各方面能力评价过低，面对人才市场的要求有自卑心理，不敢面对挑战，总觉得技不如人，稍遇挫折就心灰意冷。

2. 期望值过高，脱离实际

部分毕业生受传统的就业观念影响较深，认为考上大学即跃过了“龙门”，非国有企业、行政事业单位不去；还有部分毕业生觉得在大学接受的教育成本投入较大，选择职业时理应追求高收入。特别是一些能力强、参加活动多、接触面广的学生，无形中产生了一种优越感。受这种心理的支配，他们在就业过程中自以为是、好高骛远，不考虑自己的就业是否符合实际，结果“高不成，低不就”，从而导致就业困难。

3. 心存依赖，消极懈怠，放弃竞争

面对人才市场，一些毕业生受传统就业意识禁锢，头脑中仍有“皇帝女儿不愁嫁”的观念，又害怕竞争，极少主动接触、了解社会。这部分学生依赖心理强，把希望寄托于毕业学校、教育部门或家长，往往由家长四处奔波，自己则“守株待兔”，静候学校的招聘信息，缺乏推销自己的主动性和积极性。久而久之，也就丧失了就业竞争力，从而成为“啃老族”。

案例

有平台才有舞台

某高校毕业生许文是某民营教育企业的业务骨干，3 年前他毕业后来到这家民营教育公司，从基层做起，兢兢业业，勤勤恳恳，从专员到业务主管，再到项目经理，现在已经

成为公司的重点培养对象。

后来，他代表公司专程回母校招聘毕业生，他说“今天我是代表公司专程回母校招聘毕业生的。”他还现身说法地告诫师弟师妹们，找工作不一定要去大公司，在一些小公司可能会有更大的发展空间，也会获得更多的历练机会。

他还建议，在当前的就业形势下，毕业生只有调整好心态，才能自信而从容地面对就业压力，积极寻找就业岗位。此外，就业时一定要转变“一步到位”的观念，放低姿态，从基层做起，在实践中历练，才会有良好的发展空间。

第二节　大学生就业信息与就业方向

一、大学生就业信息的搜集

大学毕业生的求职过程一般可分解为信息收集阶段和求职进行阶段，其中，信息搜集阶段主要指的是应聘者通过各种渠道了解企业信息和招聘信息，再从中进行筛选。求职进行阶段是指应聘者与有意向的招聘单位取得联系，投简历、进行洽谈、面试和相互了解，进而由招聘单位决定是否录用的过程。在现实情况中，这两个阶段是一个动态的、相互交叉进行的过程，并没有明显的时间分界线。

目前，大学生就业信息的搜集渠道主要有各高校的就业指导中心，校园宣讲会，人才交流会，互联网，新闻媒体，社会实践和毕业实习，各种社会关系等。

1. 大学生就业指导中心

一般来说，为了帮助大学生更好地就业，各高校都会设立大学生就业指导中心或类似机构。该机构与地方就业相关主管部门以及社会各界都有广泛而密切的联系，因此，它是高校毕业生求职的一个重要渠道，通过该渠道获取的就业信息针对性和准确性都比较强。

通常，学校的大学生就业指导中心都有相对固定的企业信息发布渠道，毕业生可以按照学校的指导定期浏览学校的就业信息网、就业信息发布栏等。此外，毕业生也可通过参加学校组织的人才交流会或者校园招聘会获取相关企业的招聘信息。

小贴士

上海建桥学院就业信息服务网（https://career.gench.edu.cn/）是服务学校应届毕业生就业工作的官方网站。用人单位可以向学校就业部门提交用人需求，学校就业部门审核通过后，用人单位可在该网站发布用人需求；毕业生可以登录该网站查看就业信息并投递简历进行求职；教师可查看用人单位发布的用人需求和学生的求职情况，从而做到有针对性的就业帮扶和指导。

2．校园宣讲会

求职季节，很多知名企业都会到大学去举办宣讲会。所谓宣讲会，就是企事业单位在校园开设与招聘相关的主题讲座，向招聘对象传达企业的基本情况、企业文化及校园招聘职位等。毕业生可以提前准备好简历，以便在宣讲会上投递。

3．人才交流会

为了帮助大学生更好地就业，各级地方政府专门设立了大学毕业生就业指导机构（比如各区县人才交流中心、人才促进中心或人才市场等），并在毕业生就业的高峰期举办各种类型、各种层次的人才交流会。

人才交流中心的一个主要任务就是收集、发布人才供求信息，传递人才余缺信息，办理人才登记和推荐，为单位招聘人才做好服务工作。

4．互联网

互联网作为一种重要的信息交流工具，为大学生提供了获取招聘职位和企业信息等相关信息的便捷渠道。利用互联网获取就业信息的方式主要有以下几种。

（1）各类专门的网络招聘网站，如智联招聘网、应届生求职网、中华英才网、猎聘网、51job 等。

（2）大多数大中型企业都有自己的网站，用于发布企业基本信息、商品供求信息和人才招聘信息等。大家一方面可以通过企业网站了解企业的基本情况，另一方面可以通过企业网站了解该企业的人才招聘情况。

（3）各地的人才交流中心或人才市场都有自己专门的网站，如 21 世纪人才网等，这些网站也会即时发布各类招聘信息。

5．新闻媒体

新闻媒体主要是指报刊、广播电视等传统媒体。现在很多电视台都有现场招聘节目，同时报纸等纸质传媒也有自己的招聘专栏。

6．社会实践和毕业实习

社会实践包括以锻炼自我、服务社会为目的的社会实践、毕业实习，以及专门以了解用人单位为目的的到企业参观访问等活动。这些都为学生更好地适应企业需求搭建了桥梁，既为用人单位提前培训了员工，又增强了毕业生的就业竞争力。同时，毕业生也可在实习中了解本企业和相关企业的各种信息，从而全面认识企业。

目前，对于一些著名的外企和国有大型企业来说，实习生已逐步成为他们培养和招聘员工的一个重要途径。

7．各类社会关系

各类社会关系包括家人、亲友、教师、校友等。毕业生善用这些信息交流的纽带，与老师、同学和朋友们相互交流就业信息，对于个人择业会有较大的帮助。

另外，学校老师也会根据企业招聘的岗位需求和学生综合素质的契合度来对毕业生进行推荐。除此之外，还有一小部分学生会选择自己感兴趣的企业，主动上门推销自己。

小贴士

毕业生在求职就业过程中获取的信息量很大，这就要求毕业生对搜集到的信息进行处理，去伪存真、去粗取精，从而选出符合自己要求的有效就业信息，以便更好地为自己的就业服务。

一般来说，一则较好的就业信息应该包含以下要素：

（1）详细介绍了单位的性质、上级主管部门等。

（2）详细介绍了单位的实力及未来的发展前景，以及在地方或行业中的排名。

（3）详细说明了对应聘者政治、思想、道德、品质、工作态度、学历、学业成绩、职业兴趣、职业能力、职业气质、职业技能等方面的要求。

（4）详细介绍了招聘职位的工作地点、工作环境、工作时间、待遇、福利等。

二、大学生就业的主要方向

（一）报考公务员

在我国，公务员制度随着我国人事制度改革的推进而不断发展变化。在党的十三大报告中，首次正式使用“公务员”一词，报告指出建立公务员制度是当前干部人事制度改革的重点。1993 年 10 月 1 日，我国国家公务员制度随着《国家公务员暂行条例》的颁布正式诞生，“公务员”首次成为法律术语。2006 年 1 月 1 日起施行的《中华人民共和国公务员法》，对公务员的定义做出明确规定。公务员是指“依法履行公职、纳入国家行政编制，由国家财政担负工资福利的工作人员。”

自 1994 年以来，国家公务员系统逐渐面向全社会公开招考，公务员的考录、管理逐渐公开化、规范化、法制化。公务员考试的热度也随之逐年攀升，尤其是近十年来，各种级别的公务员考试人数和录取比例更是连创记录。据统计，在 2009 年国家公务员考试报名人数突破 100 万人后，公务员考试报名人数始终居高不下。从最终录取比例看，低的为几十取一，高的达到万中取一，可见其竞争激烈程度。

在公务员考试的人员构成中，大学生群体无疑是主力军。在就业竞争压力增大和相对公平的公务员录用制度的双重影响下，越来越多的大学生选择报考公务员，试图通过考试来实现自己的职业梦想。

（二）报考事业单位

事业单位考试又称事业编制考试，这项工作由各用人单位的人事部门委托省级和地级市的人事厅局所属人事考试中心负责，具体包括考试命题，组织报名、考试并将成绩单提

交用人单位。不过，这项考试尚无全国和省、市级统一招考，多为县处级单位统一招考。

所谓事业单位，是指国家设置的带有一定公益性质的机构，如学校、医院、文化团体等，但事业单位不属于政府机构。一般情况下，国家会对这些事业单位予以一定的财政补助，分为全额拨款事业单位（如学校）、差额拨款事业单位（如医院）。还有一种是自主事业单位，是国家不拨款的事业单位。

事业单位的特点是稳定性较好，待遇与公务员相当，但考试的难度要小一些。因此，不少人在报考公务员未果的情况下，会选择报考事业单位。

（三）报考教师

由于教师社会地位高，工作稳定，因而成为很多女生希望从事的职业。不过，要想成为一名合格的教师，考取教师资格证书只是最基本的要求。要想真正成为一名在编教师，还必须要考取编制。

教师招聘考试或入编考试指的是，已获得教师资格证的人进行的竞争上岗考试。教师招聘考试全国没有统一的考试形式和考试大纲，部分省份实行全省统一考试，但是大部分省份还是由区县教育局和人事局统一组织招聘考试。考试形式一般分为笔试和面试，有些地区直接笔试，无须面试。

（四）进入国有企业

国有企业作为我国经济的中流砥柱，具有待遇好、工作稳定等特点，因此，进入国有企业也是一个不错的选择。另外，国家为了解决应届毕业生的就业问题，每年都会给国企一些招收应届毕业生的指标。

（五）进入民营企业

随着民营企业发展速度的加快，一大批民营企业的实力越来越强，管理越来越规范，待遇也越来越好。因此，到民企求职早已不再是“屈尊”，越来越多的应聘者开始加入民营企业，希望在民营企业里大展宏图。

（六）考研

随着经济的发展和科技的进步，各行各业对人才的要求越来越高，因此，考研不失为一个较好的选择。另外，通过考研还可以改变专业，或者通过考取一些知名院校的研究生，来加强自己在未来就业市场上的竞争力。

（七）出国留学

随着出国成本的降低，签证更容易取得，使得出国留学不再是遥不可及的奢侈品，如今大学生出国已呈现平民化的趋势，留学已然成为不少大学生未来发展的选项之一。

如果准备出国留学，要注意如下几点：① 争取在大学期间获得良好的学习成绩；

② 加强英语学习，根据希望留学的国家和学校要求，选择合适的语言考试，如托福、GRE、雅思等；③ 锻炼自己的综合能力，如通过担任班干部或学生会干部，锻炼自己的人际交往能力和处理问题的能力；④ 可以参加一些学科竞赛，从而强化自身优势。

（八）自主创业

在“大众创业、万众创新”的国家战略背景下，高校大学生掀起了自主创业的浪潮。不过，大学生在选择自主创业时应注意：① 由于创业压力大，要求高，因此，创业者应具备良好的心理素质、业务素质和管理能力；② 应对自己的创业方向及内容有清晰的定位；③ 应提前对身边的资源进行整合；④ 应了解国家、地方及学校等对于大学生自主创业的各项帮扶政策。

（九）应征入伍

高校大学生应征入伍是加速国防和军队现代化建设，推进实施人才强军、科技强军的重大举措，对提高兵员质量，选拔和培养士官、军官队伍具有重大意义。

大学生入伍是指部队每年从在校大学生和大学毕业生中招收义务兵，报名流程主要包括网上登记、初审初检、体检政审、走访调查、预定新兵、张榜公示、批准入伍。

高校毕业生应征入伍服义务兵役，除享有优先报名应征、优先体检政审、优先审批定兵、优先安排使用“四个优先”政策，家庭按规定享受军属待遇外，还享受优先选拔使用、学费补偿和国家助学贷款代偿、退役后考学升学优先等政策。

小贴士

高等学校学生应征入伍服兵役国家资助，是指国家对应征入伍服兵役的高校学生，在入伍时对其在校期间缴纳的学费实行一次性补偿或获得的国家助学贷款实行代偿；应征入伍服兵役前正在高校就读的学生（含按国家招生规定录取的高校新生），服役期间按国家有关规定保留学籍或入学资格，退役后自愿复学或入学的，国家实行学费减免。

（十）到基层去

2022 年 6 月 12 日，人力资源社会保障部、教育部、民政部联合印发《关于做好高校毕业生城乡基层就业岗位发布工作的通知》，推动各地深入贯彻党中央、国务院关于高校毕业生就业工作决策部署，聚合资源、深挖潜力、协同推进，多渠道、多形式、多领域归集发布一批适合高校毕业生就业的基层岗位。那么，对于应届生来说，有哪些服务基层项目可以报名呢？

1. 选调生

各级组织部门有计划地从高等院校选调品学兼优的应届大学本科以上毕业生到基层工作，作为各级党政领导干部后备人选和县级以上党政机关高素质工作人员人选进行重点培养。这批毕业生简称“选调生”，他们不仅具有国家公务员身份，还是重点培养的党政

领导干部后备人选，可以说是“储备干部”。

2．大学生村官

各级组织部门筛选大学专科以上学历应届或往届毕业生，担任村党组织书记、村委会主任助理或其他“两委”职务的工作者，称为“大学生村官”。选拔大学生村官的根本目的是培养熟悉农村情况，经过艰苦环境磨练的党政干部后备人才和能够带头创业、带领群众共同创业致富的新农村建设的骨干力量，同时着眼于加强农村基层组织建设，优化党政干部队伍来源结构，夯实党的执政政治基础和组织基础。

大学生村官的聘用期一般为 2 到 3 年，期满后的“出口”是鼓励留任村干部、择优选拔担任基层领导干部和公务员、扶持自主创业、引导另行择业、继续学习深造等。简言之，选调生是特殊公务员，大学生村官是特殊志愿者。

3．三支一扶

大学生毕业后到农村基层从事支教、支农、支医和扶贫工作，促进农村基层社会事业发展，简称“三支一扶”。“三支一扶”计划由人力资源和社会保障部牵头，省区市人事、教育部门组织实施，其政策依据是《关于组织开展高校毕业生到农村基层从事支教、支农、支医和扶贫工作的通知》。对于“三支一扶”人员，总原则是自愿服务、期满自主择业，其服务期为 2 到 3 年。期满后事业单位拿出一定职位专门聘用，报考研究生、公务员加分并优先录用。

4．西部计划

“西部计划”的全称为“大学生志愿服务西部计划”，该计划是由共青团中央、教育部、组织部、人事部于 2003 年根据国务院有关要求共同组织实施的。计划从 2003 年开始，按照公开招募、自愿报名、组织选拔、集中派遣的方式，每年招募一定数量的普通高等院校应届毕业生，以志愿服务的方式到西部贫困地区的乡镇从事为期 1 到 2 年的教育、卫生、农技、扶贫以及青年中心建设和管理等方面的工作，推进农村共青团工作、全国农村党员干部现代远程教育试点工作和基层检察院、基层人民法院、基层司法援助、西部农村平安建设等方面的志愿服务工作。志愿者服务期满后，鼓励其扎根基层，或者自主择业和流动就业，并在其升学、就业等方面给予一定的帮助。

5．特岗计划

“农村义务教育阶段学校教师特设岗位计划”简称“特岗计划”，是中央实施的一项支持西部地区农村义务教育的特殊政策，通过公开招募高校毕业生到西部地区“两基”（基本普及九年义务教育和基本扫除青壮年文盲）攻坚县及县以下农村义务教育阶段学校任教，引导和鼓励高校毕业生从事农村义务教育工作，创新农村学校教师的补充机制，逐步解决农村师资总量不足和结构不合理等问题，提高农村教师队伍的整体素质，促进城乡教育均衡发展。

特岗教师聘期为 3 年，服务期满后，鼓励继续留任，并允许重新自主择业。对自愿继续留在本校或当地其他学校任教，经考核合格的，转由当地财政负担其工资，享受当地教师同等待遇；对重新择业的，将为其重新选择工作岗位提供便利和必要的帮助。

第三节 大学生就业帮扶政策与措施

挑战与机遇并存，困难与希望同在，虽然大学生在就业时会面临各种各样的问题和困难，但同时也存在很多的机遇。首先，学校与企业间的合作在不断深化，从而将毕业生的就业需求和企业的用人需求进行对接；其次，国家和地方各级政府部门推出了多种鼓励、激励和帮扶高校毕业生就业的政策。接下来我们将简要介绍一下国家和地方的就业帮扶政策。

一、国家就业帮扶政策与措施

（一）鼓励高校毕业生到基层、到中西部地区就业

（1）对到农村基层和城市社区公益性岗位就业的，给予社会保险补贴和公益性岗位补贴；对到农村基层和城市社区其他社会管理和公共服务岗位就业的，给予薪酬或生活补贴。

（2）对到中西部地区和艰苦边远地区县以下农村基层单位就业并履行一定服务期限的，由政府补偿学费，代偿助学贷款。

（3）对有基层工作经历的，在研究生招录和事业单位选聘时优先录取。

（4）对参加“选聘高校毕业生到村任职”“三支一扶”“大学生志愿服务西部计划”“农村义务教育阶段学校教师特设岗位计划”等项目的，给予生活补贴，按规定参加社会保险。项目服务期满并考核合格的，报考硕士研究生初试总分加 10 分，高职（高专）学生可免试入读成人本科。以后相应的自然减员空岗全部聘用参加项目服务期满的高校毕业生。

（二）鼓励高校毕业生应征入伍服义务兵役

（1）由政府补偿学费，代偿助学贷款。

（2）在选取士官、考军校、安排到技术岗位等方面优先。

（3）退役后参加政法院校为基层公检法举行的定向岗位招生考试时，优先录取。

（4）具有高职（高专）学历的，退役后免试入读成人本科；或经过一定考核，入读普通本科。

（5）退役后报考硕士研究生初试总分加 10 分；荣立二等功及以上的，退役后免试推荐入读硕士研究生。

（三）积极聘用优秀高校毕业生参与国家和地方重大科研项目

高校毕业生在参与项目研究期间，享受劳务补贴和有关社会保险补助，户口、档案可存放在项目单位所在地或入学前家庭所在地人才交流中心。聘用期满，根据需要可以续聘或到其他岗位就业，就业后工龄与参与项目研究期间的工作时间合并计算，社会保险缴费年限连续计算。

（四）鼓励和支持高校毕业生到中小企业就业和自主创业

（1）对企业招用非本地户籍的普通高校专科以上毕业生，各地城市应取消落户限制（直辖市按有关规定执行）。

（2）为到中小企业就业的高校毕业生提供档案管理、人事代理、社会保险办理和接续等方面的服务。

（3）从事个体经营符合条件的，免收行政事业性收费并享受国家相关扶持政策。

（4）登记失业并自主创业的，如自筹资金不足，可申请 5 万元小额担保贷款；对合伙经营和组织起来就业的，可按规定适当提高贷款额度。

（5）参加创业培训的，可按规定给予职业培训补贴。

（6）灵活就业并符合规定的，可享受社会保险补贴政策。

（五）强化对困难家庭高校毕业生的就业援助

对于就业困难和零就业家庭的高校毕业生，可享受公益性岗位安置、社会保险补贴、公益性岗位补贴等就业援助政策。例如：

（1）机关、事业单位免收招聘报名费和体检费。

（2）高校可根据实际情况给予适当的求职补贴。

（3）对离校后未就业回到原籍的高校毕业生，由各地公共就业服务机构免费提供就业服务并组织就业见习和职业技能培训。

二、上海及其他省市就业帮扶政策

对于上海市的各项就业帮扶政策，可查看上海学生就业创业服务网（http://www.firstjob.com.cn/）或学校的就业信息服务网。对于其他省市的就业帮扶政策，可查看各省人保厅网站。

总体而言，虽然各省出台的就业帮扶政策具体标准或内容有所不同，但大体上都包括如下一些内容：

（1）为鼓励企业吸纳失业人员和高校毕业生就业，将给予企业吸纳就业补贴、阶段性减免社会保险费等支持。

（2）为了保护企业，阶段性减免企业应缴纳的社会保险费，给予企业金融支持，降低小微企业税负。

（3）扶持创业带动就业，支持灵活就业和新就业形态，加强职业培训，推进职业技能提升。

第四节　大学生就业流程

进入大四学年，同学们马上就要面临毕业了。那么，应届毕业生在正式入职前，一般需要办理哪些手续呢？下面就来为大家简要介绍一下毕业生就业的基本流程。

一、高校毕业生就业流程

下面给出了上海建桥学院毕业生的就业流程，其他高校毕业生的就业流程与此大体相同。

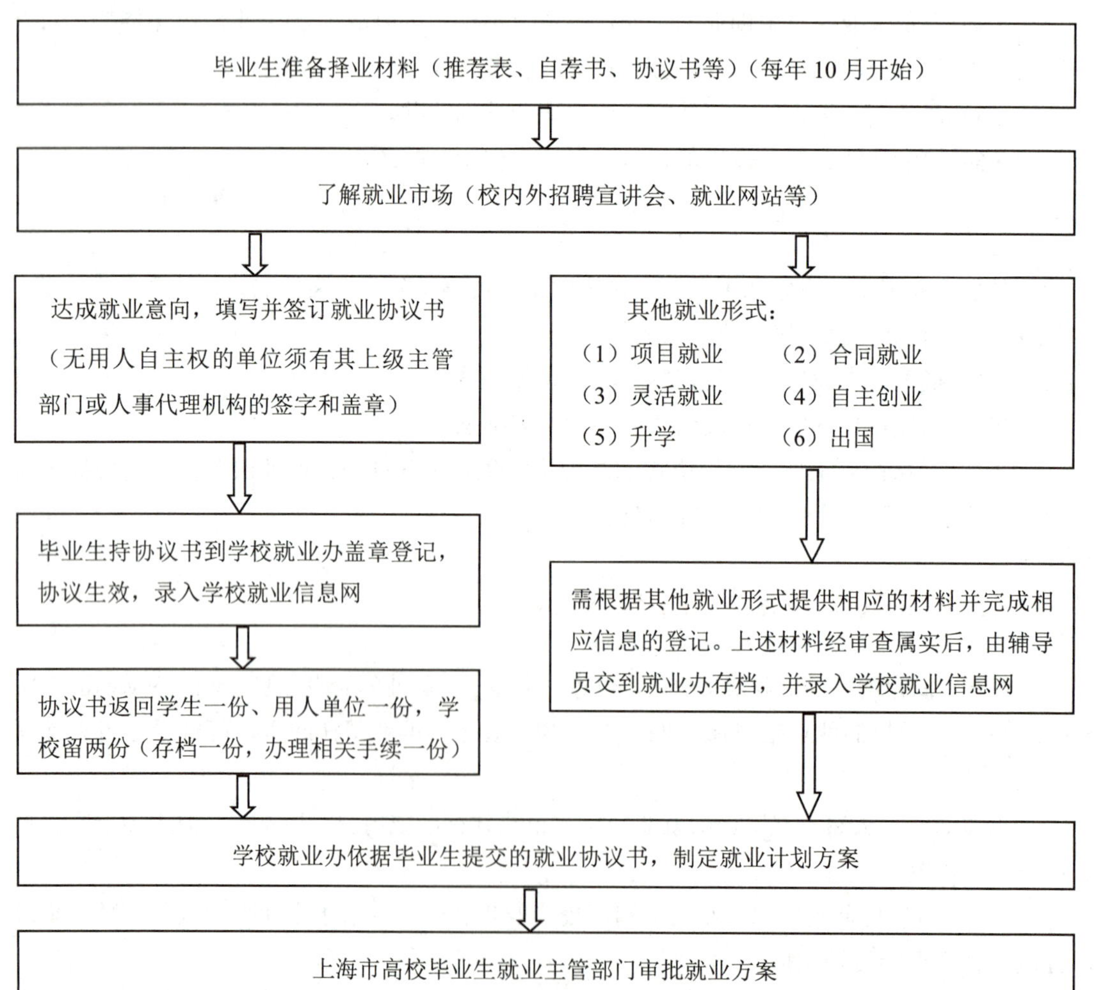

毕业生办理离校手续，领取户口迁移证、毕业证，转移档案等（具体离校安排以学校官方通知为准）

毕业生按时到用人单位报到

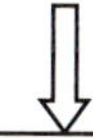

二级学院整理毕业生档案，档案室按照调档函转移毕业生档案

特别提醒：非上海生源毕业生申请进沪就业、申请上海市户籍的，需按照上海市相关政策准备好相关申请材料，在加盖就业指导中心公章后交所在单位

二、签订就业协议书

（一）就业协议书简介

就业协议书，又称“三方协议”或者“四联单”，由各省区市教育厅或教育委员会统一制表，是应届毕业生和用人单位关于将来就业意向的初步约定，表示对双方的基本条件以及即将签订的劳动合同中基本内容的大体认可，并经用人单位的上级主管部门和高校毕业生就业部门同意和鉴证，是学校编制毕业生就业方案和派遣毕业生的依据。

就业协议书一式四联，分别为学校联（第一联白色联）、办理有关手续联（第二联红色联）、用人单位联（第三联蓝色联）和学生联（第四联黄色联）。协议书在学生签名、用人单位签字盖章后即告生效。必须明确指出的是，只有与用人单位签订劳动合同后，就业协议书的使命才宣告完成。

下面给出了上海高校毕业生、毕业研究生的就业协议书样本，其他省区市的就业协议书与此基本相同。

上海高校毕业生、毕业研究生就业协议书

（2018）0000001

<table>
<tr><td rowspan="7">甲方</td><td>用人单位名称</td><td colspan="2"></td><td>性质</td><td></td><td>电话</td><td></td></tr>
<tr><td>地址</td><td colspan="2"></td><td>邮政编码</td><td></td><td>联系人</td><td></td></tr>
<tr><td>信息登记号</td><td colspan="2"></td><td>机构代码</td><td colspan="3"></td></tr>
<tr><td>E-mail</td><td colspan="2"></td><td>职位类别</td><td></td><td>单位行业代码</td><td></td></tr>
<tr><td rowspan="3">档案接收</td><td>单位名称</td><td colspan="3"></td><td>邮政编码</td><td></td></tr>
<tr><td>详细地址</td><td colspan="5"></td></tr>
<tr><td>收件人</td><td colspan="3"></td><td>电话</td><td></td></tr>
</table>

（续表）

乙方	姓名		籍贯		E-mail	
	学校名称				学历	
	专业		毕业时间		联系电话	
	身份证		学号			

甲乙双方通过供需见面、双向选择，达成如下协议：

第一条（协议标的）

甲方已向乙方介绍本单位情况，以及乙方工作岗位情况，并通过对乙方的了解、考核，同意录用乙方；乙方为未就业的全日制应届毕业生，已向用人单位介绍过自己的情况。乙方通过对甲方的了解，愿意到甲方就业并在规定或约定期限内报到。

第二条（劳动或聘用合同有关条款的约定）（注：此条双方约定应明确，如有需要，双方可另附约定条款）

1. 甲方聘用乙方初次合同期限为_____年（其中，服务期_____年），试用期_____月，试用期从乙方报到之日起计算。

2. 甲方为乙方提供的工作条件和劳动保护应符合国家有关规定。

3. 甲方为乙方提供社会统筹养老保险、医疗保险、失业保险金等国家规定的社会保险及住房公积金、_______________等福利。

4. 乙方第一年的收入税前为人民币________元/月，税后为人民币______元/月。

第三条（协议解除）

乙方有以下情况之一的，甲方可解除协议，且不承担违约责任：

1. 报到时未取得毕业资格或经体检未达到国家规定的行业从业人员健康标准的；

2. 《毕业生双向选择表》所反映的内容严重失实；

3. 法律、法规规定的其他情况。

甲方有下列情况之一的，乙方可解除协议，且不承担违约责任：

1. 经当地县级以上人力资源和社会保障部、卫生健康委员会确认其劳动安全无法保障、卫生条件恶劣，严重危害人身安全与健康的；

2. 不履行本协议，侵犯乙方合法权益的；

3. 被撤销或宣告破产的；

4. 甲方不为乙方办理相应劳动手续的；

5. 法律、法规规定的其他情况。

第四条（违约责任）

甲乙双方必须全面履行协议。一方解除协议不当或违反本协议条款规定的，应承担相应的违约责任并向对方支付违约金人民币__________元（注：建议金额不高于第二条约定的乙方月收入数）。

第五条（补充条款）

甲乙双方就乙方由于参加国家就业项目、应征入伍、升学（留学）等无法履行本协议的情形，达成如下处理办法：

1. 本协议自动失效；

2. 本协议自动失效，乙方向甲方支付违约金人民币__________元。

第六条（协议的生效）

本协议经甲乙双方签字盖章后即生效。本协议在双方签订后的 10 个工作日之内由甲（乙）方送学校鉴证登记。就业协议应经学校鉴证登记后列入就业方案。

第七条（协议的终止）

乙方到甲方报到后，双方应按有关法律法规规定及本协议约定的条款，及时（最长不超过一个月）订立劳动合同（聘用合同）并办理有关录用手续。

劳动合同（聘用合同）订立后，本协议终止。

第八条（协议文本）

本协议一式四份，甲、乙双方和学校各执一份，第二份由甲方或乙方妥善保管，供办理有关手续时使用。

甲方（用人单位）:　　　　　　　　　　　乙方（毕业生）:

经办人（公章）:　　　　　　　　　　　　签名:

日期:　　　　　　　　　　　　　　　　　日期:

鉴证登记方：培养单位　　（盖章）

部门:

经办人:

日期:　　　　　　　　　　　　　　　　　联系电话:

上海市教育委员会制

（二）就业协议书的签订与管理

1. 就业协议书的签订原则

（1）主体合法原则。对毕业生而言，必须要取得毕业资格，否则用人单位可以不予接收而无须承担法律责任；对用人单位而言，单位必须具有合法从事各项经营或管理活动的资格，否则毕业生可解除协议而无须承担违约责任。

（2）平等协商原则。协议签订双方的法律地位是平等的，权利与义务相一致。签约时既要尊重对方的合理要求，又要学会保护自己的合法权益。采取欺骗等违法手段签订的就业协议无效。用人单位不应在签订就业协议时要求毕业生交纳风险金、保证金。

2. 就业协议书的签订程序

（1）毕业生与用人单位达成就业意向。

（2）毕业生到学院辅导员处领取就业协议书。

（3）毕业生与用人单位协商签约事宜，协议书各项内容应填写完整，学生签字、用人单位盖章后即生效。

（4）毕业生登录校就业信息服务网，按照要求输入就业协议书相关内容。

（5）辅导员审核并网上确认。毕业生将就业协议书送至学校毕业生就业指导办公室盖章。

（6）协议书一式四联，学校盖完章后，学生、用人单位、学校各执一联。红色联由单位或学生留存，用于办理相关手续。

3. 就业协议书的管理

就业协议书实行编号管理，不得借用或调换，学生领取协议书之后必须妥善保管并及时与用人单位签约。学校不同时为一名毕业生提供多份协议书及办理鉴证登记。协议书发放时间：每年 11 月 1 日—11 月 30 日。

（三）就业协议书填写注意事项

关于签约的重要提示如表 1-1 所示。

表 1-1　关于签约的重要性提示

项目	注意事项
单位 填写项目	（1）用人单位名称：应与单位有效印章上的名称一致。 （2）性质：填写单位的经济类型，一般有国有企业、三资企业、私营企业（民营企业）、事业单位、国家行政机关、社会团体、其他等。 （3）地址：填写单位日常办公地址。 （4）联系人：单位人力资源部门主管或工作人员。 （5）信息登记号（上海单位须填写）：用人单位信息登记号每年更新一次，当年的信息登记号以年份后两位开头。如，2020 年信息登记号为 20 开头，7 位数，即 20*****。 具体办理流程：企业登录 http://www.firstjob.com.cn/，进入“用人单位管理”管理平台。有此号码，单位招聘录用应届高校毕业生才具有合法性。 （6）社会信用代码：即统一社会信用代码，18 位数字，凡独立法人单位都有此代码。 （7）档案接收：具体见档案室通知。
学生 填写项目	（1）生源地：为学生户口本上的户籍所在地（具体到市级）。 （2）学校名称：如上海建桥学院。 （3）专业名称：入学时的专业名称（不是专业方向或院系名称），务必与教务处学籍管理科登记的专业名称完全一致，不能误写、简写。 （4）毕业时间：毕业当年的 6 月，如 2020 届学生填写 2020 年 6 月。 （5）联系电话：填写学生手机号。 （6）学号：完整的全部学号。

（续表）

项目	注意事项
甲乙双方协商达成条款填写注意事项	（1）对于甲乙双方合同期、试用期等条款，必须明确填写。 （2）各项福利、违约金等最好明确注明。若不注明，易引起纠纷。 （3）甲乙双方可就有关事项协商达成附加条款，如乙方就读国内或国外研究生、乙方未获毕业证书或甲方有何特殊的体检要求等，均可在协议中写明。
其他事项	（1）用人单位公章必须与四联单上用人单位名称一致，且为人力资源部公章或公司公章，不能使用合同专用章。用人单位加盖公章，学生签字确认后，交就业办签字盖章。 （2）协议书为双方协议，一旦甲乙双方签字，无论学校鉴证与否，协议书都将具有法律效力。 （3）若甲乙双方在就业过程中发生争议，可由省区市高校毕业生就业办公室协调解决。如果无法协调解决，双方均可凭协议书向人民法院提起诉讼。

（四）办理违约改派

就业协议书一经毕业生、用人单位签字盖章即生效，任何一方不得擅自解除，否则违约方应向权利受损方支付协议条款所规定的违约金。因此，毕业生在就业过程中应慎重选择，认真履约。

毕业生违约，除本人应承担违约责任并支付违约金外，往往还会造成其他不良后果，主要表现在：

（1）严重干扰用人单位的招聘工作。用人单位录用毕业生耗费了大量的人力和物力，甚至已安排好毕业生将要从事的具体工作。一旦毕业生违约，用人单位可能要重新招聘相关人员，从而造成时间和金钱上的浪费。

（2）给学校就业工作造成恶劣影响。一旦毕业生违约，除本人外，学校往往也会给用人单位留下不好的印象。例如，用人单位很可能不愿再到本学校选聘毕业生，从而影响校企间的长期合作关系。同时，随意违约也会影响学校就业方案的制定、上报以及正常派遣工作。

（3）对其他毕业生就业造成信息浪费。用人单位一旦与某毕业生签订就业协议，就不可能再录用其他毕业生。若日后该毕业生违约，由于录用时间等原因，当初希望到该单位工作的其他毕业生也无法补缺，从而造成就业信息的浪费。

三、申请进沪就业

非上海生源毕业生申请进沪就业有两种途径：申请上海市户籍或办理上海市居住证。每年上海市户籍及居住证的审批条件、申请材料及时间节点等须按照上海市高校毕业生就业工作联席会议办公室印发的具体规定办理，请密切关注上海学生就业创业服务网（www.firstjob.com.cn）或学校就业信息网发布的最新相关信息。

【课外推荐电影与图书】

一、影视作品推荐

《奔腾年代》

上映时间：2003 年

导演：盖瑞·罗斯

推荐理由：观众将在影片中体会到《阿甘正传》和《肖申克的救赎》式的温情。查尔斯·霍华德原本是个成功的商人，但中年丧子的不幸粉碎了他的家庭；瑞德·波拉德的梦想是做个一流的骑师，无奈迫于生计，只得在地下拳赛中和人搏斗；汤姆·史密斯是个善于相马和驯马的伯乐，却无人赏识，郁郁不得志。三个窘迫男人的命运因为一匹名叫“海饼干”的老赛马而出现转机。海饼干身材矮小，腿也不太灵便，被人当作残次品弃之一旁，然而它不服输的天性与顽强的斗志却没有因此泯灭。三个新主人成功唤醒了它的潜能，让它在比赛中大放异彩。影片海报如图 1-1 所示。

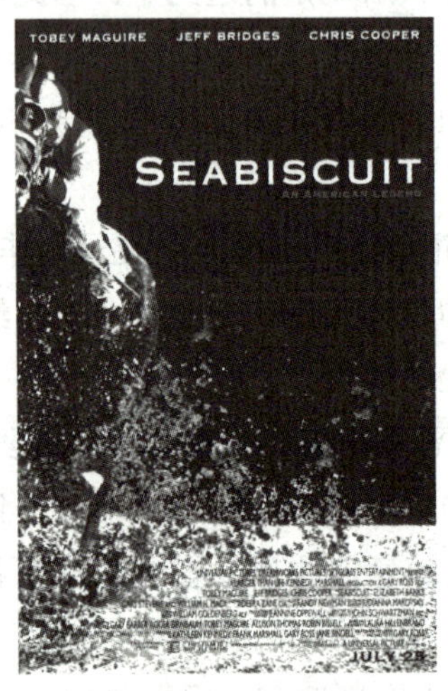

图 1-1 《奔腾年代》海报

《风雨哈佛路》

上映时间：2003 年

导演：彼得·勒文

推荐理由：影片是一部催人警醒的励志电影，介绍了一位生长在纽约的女孩莉斯经历人生的艰辛和磨难，凭借自己的努力，最终走进了最高学府的经历。莉斯出生在美国的贫民窟里，从小就承受着家庭的千疮百孔，母亲酗酒吸毒，并患有精神分裂症。在她 15 岁时，母亲死于艾滋病，父亲进入收容所。贫穷的莉斯流浪在城市的各个角落乞讨，生活的苦难似乎无穷无尽。随着她慢慢成长，莉斯了解到只有读书才能改变自身命运，走出泥潭

般的现况。她用真诚的态度感动了高中的校长，争取到了读书的机会。然后，莉斯开启了漫漫求学路。她一边打工一边上学，用两年时间学完了高中四年的课程。她尝试申请各类奖学金，最终申请到了《纽约时报》的全额奖学金。影片的最后，她迈着自信的脚步走进了哈佛大学的校园。贫困并没有影响莉斯前进的决心，在她的人生里面，勇往直前是永恒主题。影片海报如图 1-2 所示。

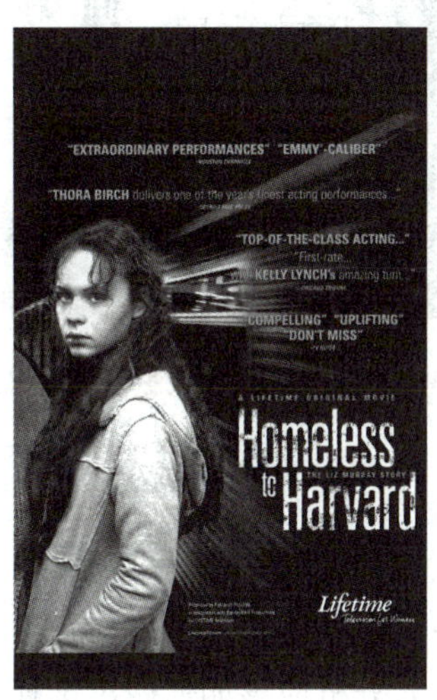

图 1-2　《风雨哈佛路》海报

二、经典书籍推荐

《斯坦福大学人生设计课》

作者：比尔·博内特、戴夫·伊万斯

译者：周芳芳

出版社：中信出版集团

出版时间：2017 年

推荐理由：如何才能找到一份自己喜欢的，甚至是热爱的工作？如何才能创立一番伟大的事业，过上理想的生活？如何才能平衡好生活与工作之间的关系？如何才能实现自己的人生价值？以上问题都可以在这本《斯坦福大学人生设计课》中找到答案。这不是一本"鸡汤"书，而是一本实操性的职业生涯指南，它可以帮助读者跳出惯性思维，厘清思路、快速试错，为自己制订更睿智的未来计划。

作者比尔·博内特和戴夫·伊万斯不仅是硅谷的创新者，还是知名的人生设计师。他们开设的人生设计课是斯坦福大学近几年极受欢迎的课程，帮助很多人改变了他们的生活。比尔·博内特和戴夫·伊万斯认为，人生并不存在完美的规划，我们作为人生的设计师，不仅要"思考"未来，更要主动去创造未来。每个人都需要利用设计思维，找到自己的生活目标，集中精力为自己创造更多的可能性，这样才有可能改变命运。本书封面如图 1-3 所示。

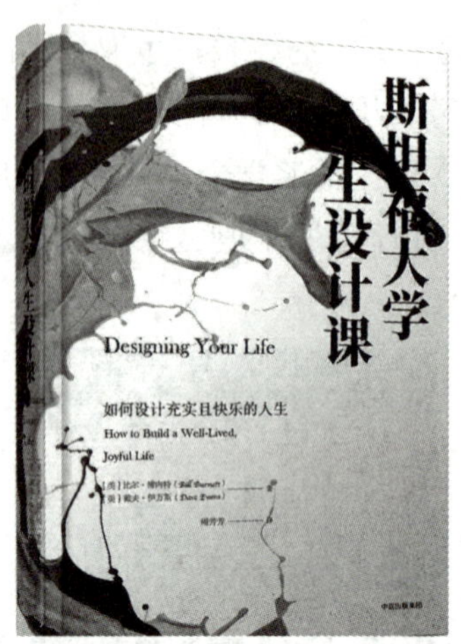

图 1-3 《斯坦福大学人生设计课》封面

【课后实践】

阅读下面案例，请帮助当事人分析应该如何做出选择。

案例一

浦建是今年的应届毕业生，早在四年前入学时，他便暗下决心：四年后考取心仪已久的学校的研究生，以弥补高考失利留下的遗憾。

有了这个目标，浦建的大学前三年是典型的“两耳不闻窗外事，一心只读圣贤书”。在备战考研的第四年里，看着身边学习成绩并不如他的同学们一个个找到了待遇还不错的实习单位，还有的同学家里都开始张罗婚事了。

浦建动摇了，他也想找待遇好、能发挥自己专业特长的工作，也想找女朋友，谈个甜蜜的恋爱。但是，考取理想学校的研究生是自己梦寐以求且正在努力做的事情，父母师长也对自己寄予了厚望，万一最终考不上，又错过了应届毕业生就业的最佳时间，那该如何是好？

案例二

浦桥是今年的应届毕业生，他是上海生源，是家里的独生子，父母都是工薪阶层，虽不富裕但也和睦幸福。浦桥的目标是毕业后就业，用自己的专业知识找到一份理想的工作：活少钱多离家近。浦桥的自信源于自己大学四年勤勤恳恳，努力学习，有一张还不错的学业成绩单，且自己是本地生源，有很大优势。

在大四最后一学期里，身边的同学陆陆续续找到了工作，老师和同学也向他推荐了很多实习和就业岗位，但最终他都没接受，原因是没有一家单位符合“活少钱多离

家近”的条件。在几经挑选之后，他通过了某知名国企的初试，在该单位人事问他最快什么时候能上岗实习时，他很诚实地回答“我需要回家和我的父母商量下，看看我爸妈的态度”，而后再没接到人事的电话。

在毕业离校后，浦建的辅导员宋老师几乎每周都通过往届校友资源或曾经联系过的用人单位资源向浦建推荐工作，但都因各种理由被该同学和家长一一拒绝。三个月过去了，浦建现在仍旧待业在家，再上网寻找就业资源，发现好多用人单位都开始招聘新一届实习生了。

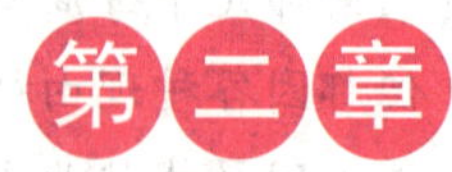

第二章 大学生就业准备

【本章地图】

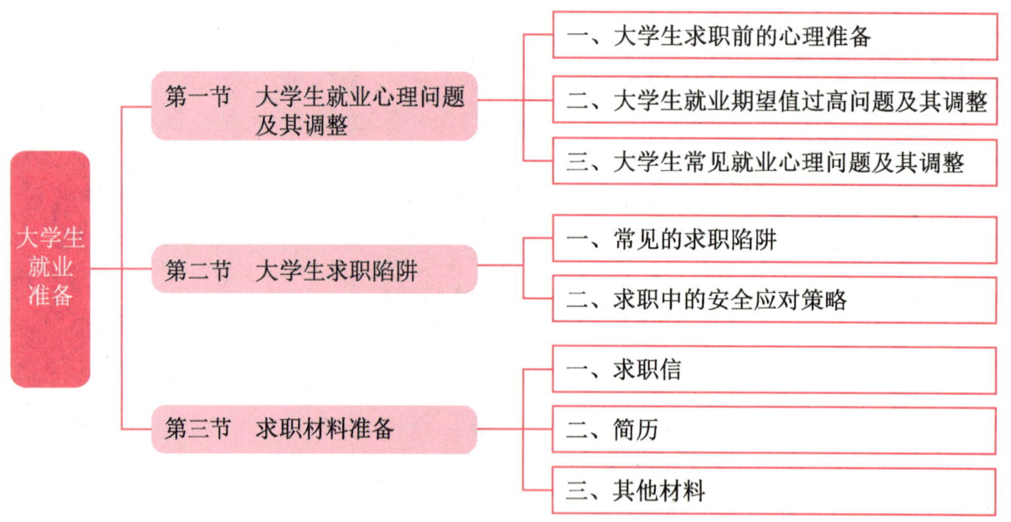

【案例导入】

某高校毕业生杨某，在大学期间曾多次被评为“三好学生”。毕业时，他收集到的就业信息有高校教师岗位、工厂技术人员岗位、研究所研究人员岗位，以及政府公务员岗位等。在分析筛选时，他考虑到自身性格偏内向、普通话不标准、社会交往能力偏弱，而专业成绩较好的现实，放弃了高校教师和公务员岗位，在工厂和研究所之间选择了研究所。

工作后，他曾先后抽时间到两个不同的公司进行试工，均感不适，最终还是选择安心在研究所工作。

实践证明，他当初的选择是正确的，即适合自己的才是最好的。

第一节　大学生就业心理问题及其调整

双向选择的就业模式既为大学生提供了平等的竞争机会，同时也给大学生带来了极大的思想和心理压力。毕业前积极做好择业和就业心理准备，是当代大学生就业成功的重要前提。

一、大学生求职前的心理准备

大学生在校期间就应做好以下几个方面的心理准备。

（一）竞争的心理

达尔文的生物进化论提出，适者生存。同样，“适者生存”这一法则也适用于当今社会的就业市场。竞争是人类的一种本能，优胜劣汰的市场环境让这种本能变成了人们必须具备的一种能力素质。

随着社会的不断发展，各国的市场经济竞争变成了人才的竞争。要成为一名合格的现代化人才，就必须具备竞争心理、竞争能力，并积极参与竞争。

（二）合作与宽容的心理

社会并不是一个人的社会，而是由许多人组成的一个大的团体。要想在这个社会中生存，一是要学会合作。由于社会越来越复杂，分工越来越细，单打独斗的时代早已远去；二是要学会严以律己、宽以待人。正如世界上从来没有完美无缺的事物一样，完美无缺的人也从来不存在，因此，大家只有秉持相互宽容的态度，才能更好地合作。

（三）长远发展的心理

高校毕业生在求职的时候，应首先做好长远发展的心理准备和自己的职业生涯规划，然后再择业、就业。只有对自己的未来有长远的规划，心里有目标、有方向，才能在工作和生活中不骄不躁，脚踏实地地走好每一步。

（四）承受挫折的心理

每个人在从事有目的的活动或工作时，都可能会遇到各种各样的障碍和挫折，这时所表现出来的心理情绪反应被称为挫折心理。大学生要具备良好的心理素质，在遇到困难和障碍时，不要消极地面对，而是要认真地反思，找出问题所在，积极地去解决问题。

（五）能够客观评价自己

一个人要能够客观地评价自己，既要善于发现自己的优点和长处，又要敢于正视自己的缺点和不足。唯有如此，才能在择业时扬长避短，找到真正适合自己的工作。

（六）适应市场，制订合理的择业方案

高校毕业生要善于结合行业发展趋势、地理条件等因素，综合判断一份工作的发展前景。择业时不要期望值太高，可以先找一份工作增加工作经验，然后再凭借自己的能力进行正常的职业流动。

二、大学生就业期望值过高问题及其调整

目前，大学生在就业中普遍存在期望值过高的现象。一个人的职业期望能否变成现实，主要看其是否建立在合理的基础上。因此，每位大学生都应以自己的专业特长、个人素质优势及客观的社会需求为基础，确立自己合理的职业期望。

案例

下面这位同学的求职心路历程，是很多大学毕业生曾经有过的。

以前听一些人说，毕业那年，很多人都会意气风发、跃跃欲试，因此，毕业生经常被校园的学弟、学妹们投以“异样”的眼光。而当我站在即将走向求职的人生十字路口时，却丝毫没有这样的感觉，更多的是对自己命运的一种深层次的思考。在我求职的过程中，更多的是挫折、焦虑……让不谙世事的我一时手足无措。

对我来说，今天是个很重要的日子，我的一生将会因今天而改变。这是我昨晚在开往广州的列车上的美好预想。

今天是广东省最大的一次招聘会，来之前我就在报刊上看到了铺天盖地的广告。火车是早晨 6 点多到的广州，因一晚上在拥挤的火车上没有合眼，人有点疲惫不堪。提着简易的行李，揣着十多份简历，我出了站台。招聘会是 9 点开始，但 7 点 20 分的时候，门口已经挤得水泄不通了，看来像我一样要来南方的“孔雀”还真不少。

在待价而沽的人群中穿行，我开始用诗人的眼光打量今天来的“姜太公”，确切地说，是姜太公手中的“饵”。巡视良久，总算发现了一家合资企业招聘会计人员。我如获至宝，马上加入他们面前等待面试的“长龙”中。我抬头看了看他们的招聘启事，只见范围一栏写着：本科学历以上……顿时好像挨了一棒，但我还是决定坚持到最后。“姜太公”接过我的自荐书，还没等我说话，便先开口了：“大专学历，不行。下一个！”我很知趣，拿回了自荐书，逃之夭夭。我漫无目的地逛了一天，看着手中原封不动的自荐书，仰天长啸——工

作在哪里？

接下来的一段时间，我回到学校，情绪低落，信心锐减，不敢再与用人单位面谈，整天待在宿舍里睡觉、喝酒、玩扑克。好像一个置身沙漠中的人一样，我看不见前面的路，只能感觉到迷茫……

山重水复疑无路，柳暗花明又一村。正在自己叹息没有伯乐的时候，学校邀请了一些招聘单位。我听后，想试试，但是心情很乱，我知道我现在的这种心态是很有问题的。我必须先让自己笑起来，让自己开心起来。我参加了几个单位的面试，都取得了成功，后来我选择了现在的单位，干得非常开心。回首自己找工作的历程，我最想说的一句话是“守得云开见月明”。

【点评】准备迎接拒绝，坦然面对挫折。面对有限的机会，毕业生要树立一种通达乐观的得失观，用积极的态度求职择业。要意识到，成功固然可喜，失败也没什么，也许意味着另一种新生活的开始。

（一）大学生就业期望值过高的表现

所谓就业期望值，就是学生毕业时对自己即将从事的工作的薪资标准、工作环境、发展潜力等的基本预期。

近年来，随着我国高等教育的普及化，“技能型”“应用型”人才的比例迅速上升。与此同时，社会对技能型人才的需求也在迅速增加，尤其是一些高新技术企业急需一大批高技能型专业人才。据统计资料显示，我国目前高级技工的缺口高达数百万人。但是，这些需求在每年的毕业生招聘中并没有得到满足，大学生毕业后从事技术、技工类工作的人并不多。这就出现了一种社会矛盾：一方面，高级技能型人才奇缺；另一方面，大量毕业生找不到工作，出现了就业难问题。导致这一矛盾的原因很多，其中，毕业生就业期望值过高是重要的原因之一。

一般来说，大学生就业期望值过高主要表现在以下几个方面：

（1）很多毕业生不考虑当地经济发展水平，不考虑自己缺乏工作经验，而不切实际地追求高薪。

（2）大多数毕业生更愿留在东部发达地区，而不愿去经济落后的偏远地区。

（3）许多毕业生就业时好高骛远，只愿到国有大型上市企业或外资企业，而不愿到中小企业。

（4）一些毕业生眼高手低，不愿从事基层工作，只想一毕业就走上舒适安逸的管理岗位。

案例

毕业生小王来自云南罗平，直到当年 3 月份他还未落实工作单位。朋友去参加国家医药管理局的供需见面协调会，顺便将他的应聘材料带去帮他落实单位。刚好罗平有一家制药厂要他，专业对口，又是家乡，然而他本人的择业意向却是：单位地点必须在昆明市，至于到昆明的什么单位、具体做什么工作都无关紧要，除此以外，什么单位都不考虑。在这种心态下，结果自然难以如愿。

小王的思想在当前毕业生的择业过程中具有一定的代表性。不少毕业生过于向往经济发达地区，尤其是沿海地区的中心城市，最低的期望也是回自己家乡所在地的中心城市。但是，他们只注重了经济文化发达、工作环境优越的一面，而忽视了人才济济、相对过剩的一面，从而导致主观愿望与现实需求之间出现了巨大落差。

（二）大学生就业期望值过高的成因分析

大学生就业期望值过高，主要受社会、家庭和个人三方面因素的影响。

1. 社会因素

（1）社会不良观念影响严重。如今，不少大学生的就业观念受拜金主义、享乐主义、功利主义、实用主义等不良风气影响，过多地追求物质享受和个人利益，对工资高、待遇好的职业趋之若鹜，而缺乏对职业的长远考虑。例如，许多大学生在选择企业时，并不太在意企业的发展前景，只考虑企业的所在地、规模大小和工作环境。

（2）就业市场运行机制不健全。目前，中小型民营企业是大学生主要的就业方向，但这些企业大部分在发展前景、工资制度、保障制度及用人制度等方面都存在福利差、制度不规范的问题，导致许多大学生担心上当受骗而不敢贸然前去。

（3）区域及城乡发展不平衡。由于我国经济在区域和城乡之间存在着严重的不平衡问题，经济发达地区和城市中往往拥有丰富的就业岗位，因此，大学生在择业时更倾向于经济发达地区和城市。

2. 家庭因素

（1）家庭经济状况的制约。对于大部分大学生来说，求学之路并不容易，父母为了让他们接受好的教育都付出了高额的教育成本。另外，大学生们在毕业后还要负担起日益增长的生活开销。这些都在一定程度上影响了大学生的就业心态，他们需要高收入的工作来回报家庭和维持生活，因而有着较高的就业期望值。

（2）家庭传统就业观念的影响。家庭传统就业观念对毕业生择业的影响也十分明显。例如，很多家长对孩子就业有着过高的期望，认为孩子大学毕业不应该去干技术工、服务工等基层工作，而应该端“铁饭碗”或到大企业从事收入高、福利好的工作，甚至去从事管理工作。这些观念也导致大学生的就业期望值过高。

3. 个人因素

（1）个人定位不准。主要表现在以下几个方面：

① 部分大学生对自己的学历水平认识不清，对本、专科生的培养目标和两者之间的区别与分工理解不足，在择业时没有充分展示和考虑自身的特色和优势，反过来却盲目认为用人单位重学历、轻能力。

② 部分大学生不能准确、客观地为自己定位，不了解自己的性格、爱好及特长，自我评价偏高。

③ 部分大学生对自己所学的职业知识、专业技能、职业能力等没有正确的认识，对未来将要从事的工作认识不清。

（2）存在攀高心理。部分大学生把理想职业的选择标准定为“三高”，即高起点、高薪水、高职位。高起点即要求工作单位规模大、名声大，社会地位高，有发展前途；高薪水即要求薪酬待遇高；高职位即要求岗位级别高。有些大学生甚至还会要求所选工作要轻松一点，离家近一点，管理松一点。这些都是贪图享受、怕吃苦的典型表现，无形中提高了自己的就业门槛，因而增加了就业的失败率和困难度。

（3）对就业现状把握不够。不少大学生对社会和职场的了解存在很大局限性和片面性，把就业前景想象得过于美好。而现实社会是我国目前还面临巨大的就业压力，即就业人数大，且超过一半是大中专毕业生；大量的农村剩余劳动力急需转移就业；招工难和就业难并存。大学生对这些现状了解较少、感触不深，在求职过程中不知道珍惜求之不易的工作岗位，挑三拣四，甚至宁可待业也不愿意妥协，因而难以顺利就业。

（4）传统思想观念没有转变。部分大学毕业生由于受封建社会错误思想的影响，仍抱有“学而优则仕”“劳心者治人，劳力者治于人”的观念，甚至轻视劳动型职业。他们在毕业后，简单的技术性工作瞧不起，任务重的工作怕吃苦。例如，一位学建筑的女生曾称：“我们是大学生，怎么能到工地上去做那些粗活呢？我们希望能在办公室进行模型设计或者图纸设计。”

综上所述，大学生的就业期望值过高已严重影响了大学生的就业。因此，大学生要抛弃急功近利、眼高手低的浮躁心态，转变就业观念，做好个人定位和职业定位，提高承受挫折的心理素质和能力，做好自主择业和创新创业的准备。

（三）就业期望值的调整

在就业形势日益严峻的情况下，大学生应树立正确的人生观、价值观，以及行行建功、行行立业的观念，合理调整自己的就业期望值，选择正确的择业道路。

具体来说，调整就业期望值应从以下几个方面展开。

1. 加强思想品德修养，树立社会主义职业道德观

社会主义职业道德的基本规范是“爱岗敬业、诚实守信、办事公道、服务群众、奉献社会”。其中，为人民服务是社会主义职业道德的核心。大学生应不断加强自身的职业道德修养，树立为人民服务的职业观、道德观。

2. 调整择业期望值，树立正确的择业价值观

有了正确的择业价值观，求职时就不会一味地追求体面的职业，过分强调职业的社会地位；就不会只求实惠，盲目地寻找报酬高的职业；就不会狭隘地理解专业，片面地强调“专业对口”；就不会不顾自身条件，一味地往热门职业里钻；就不会只强调地理因素，

走不出地域社会的圈子；就不会盲目择业，不知道自己追求的职业是什么；就不会缺乏事业心，只图轻松就业。

3．正确认识和评价自己，准确定位职业目标

对于大学生来说，只有正确、全面、客观地认识自己、评估自己，才能对将来的就业有一个合理的预期。具体来说，正确认识和评价自己可从以下几个方面做起。

（1）自我反省。大学生要学会反思自己的缺点和不足，客观认识自己的性格优势和劣势，从而明确自己最适合干什么工作，自己今后的职业发展方向是什么，等等。

（2）社会比较。大学生要想正确认识和评价自己，可将自己与社会上的其他人做比较：一是通过与自己条件、情况类似的人比较来认识自己，避免孤立地认识和评价自己；二是要通过他人的评价和态度来认识自己，看看别人是怎样评价自己的；三是通过参加社会活动（如参加社会实践、毕业实习等），从活动的结果来分析、评价和认识自己。

（3）心理测验。大学生可根据自己的需要，在专业人员的指导下，对自己的气质、性格、兴趣、职业倾向等进行测验，通过测验分析，明确自己的个性特点，找出适合自己的职业方向，从而减少择业的盲目性，避免承受不必要的心理挫折。

此外，职业目标是大学生一生职业发展道路的指明灯，事关大学生的职业生涯和人生方向，每位大学生都应在正确认识和评价自己的基础上，确立适合自己的职业目标，并为之努力奋斗。

4．提高心理素质，保持良好的心态

职业的贵贱、社会地位的高低并不能决定一个人的命运，唯有拥有积极、健康的心态，正确认识自我，正确看待就业处境，树立自信心，对未来做出合理的规划，才能实现人生的规划。

（1）要有积极、健康的心态。大学生要保持积极、健康的心态，以阳光、开朗、热情的精神面貌克服就业道路上的种种困难，迎接就业市场的挑战。

（2）要有自信心。自信心是大学生就业非常重要的心理素质。只有拥有自信的人，才能够正确认识自己，知道自己的长处和不足，既不贬低自己，也不盲目自负，从而踏踏实实地迈入社会和职场。

5．了解就业信息，正确认识就业形势

在信息化高速发展的现代社会，毕业生应具备“信息就是机遇，信息就是成功”的择业理念，有意识地、及时地、多方地收集并掌握就业信息，正确认识和分析自己面临的就业形势，及时调整自己的择业意向与就业期望，从而顺利实现就业。

三、大学生常见就业心理问题及其调整

对于大学生来说，就业是人生中的一个重要转折点，是实现从学生到社会人过渡的重要一环。因此，及时调整就业心理，保持良好的心态，对大学生成功就业具有十分重要的

意义。

（一）就业中易出现的心理障碍

目前，由于就业形势的严峻性和就业市场的复杂性，许多大学生因就业压力过大，出现了各种心理问题，如自我认知障碍、情绪障碍等。

1. 自我认知障碍

（1）自卑心理。自卑心理主要表现为对自身的素质和就业竞争能力评价过低。有些大学生虽然在求职过程中具备一定的竞争优势，但自卑心理使得他们缺乏勇气和自信，不敢主动向用人单位推销自己，不敢主动参与就业竞争，从而陷入不战自败的困境之中。

更严重的是，一旦中途遭遇困难和挫折，他们很容易打退堂鼓，认为自己确实不行，甚至放弃竞争。此外，有自卑心理的大学生在求职面试过程中往往不能很好地展现自我，他们常常畏首畏尾、紧张害怕，不敢或语无伦次地回答面试官提出的问题，从而与得之不易的工作机会失之交臂。

（2）自负心理。有自负心理的学生常常择业期望值很高，把较高的薪酬待遇作为选择标准，不愿承担艰苦的工作，不愿到基层和经济落后地区去工作。一旦产生自负心理，大学生们很容易脱离实际、眼高手低，其择业目标和现实往往形成巨大反差。他们会认为自己是科班出身的高级人才，所学的专业知识、综合能力都比一般的劳动者高出一筹，理所当然应该找个条件好、待遇高的就业岗位。但如果未能如愿，他们的情绪马上又会一落千丈，甚至产生失落、烦躁、抑郁等心理问题。

2. 情绪障碍

（1）焦虑心理。焦虑是一种出现紧张、不安，甚至恐惧情绪的心理障碍，多是由不能实现目标理想或不能避免某些危险引起的。大学生产生焦虑心理的原因主要有以下几个方面。

① 缺乏对纷繁复杂的现实社会的理性认识，步入社会前产生了恐惧的心理。

② 缺乏充分的就业准备，选择工作时犹豫不定，产生顾此失彼的彷徨心理。

③ 缺失择业方向和择业方法，始终不能顺利就业，因遭遇挫折产生焦虑心理。

过度的焦虑不仅会影响大学生的就业，而且会抑制他们的正常思维，导致其注意力难以集中，记忆力明显减退，从而无法正常学习和生活。

（2）抑郁心理。在大学生求职过程中，可能会因为不被用人单位认可和接受而情绪低落，愁眉不展。这些大学生不仅会表现出信心不足、过度敏感的状态，还会因为生活中的不顺心而感到苦闷，甚至抑郁和绝望。

（3）患得患失的心理。具有患得患失心理障碍的大学生会使人觉得他们心性未定，不知道自己要什么，也不知道什么对自己才是最重要的。因此，他们常常陷入择业误区，不能把握好机遇，容易失去工作机会。

3．其他心理障碍或问题

（1）从众心理。从众心理是指大学生在求职择业时因“跟着感觉走”而盲目从众。一般来说，能力中等和潜能没得到发挥的大学生易产生从众心理。产生从众心理的大学生通常不能正视择业的客观环境和自己的素质层次，处于盲目、徘徊状态。

（2）依赖心理。依赖心理是指大学生在择业中缺乏独立意识和自主承担责任的意识。形成依赖心理的原因主要是个人独立决策能力不强，缺乏进取精神。有依赖心理的大学生在择业时，或表现为不主动出击，消极逃避就业市场，抱着“等、靠、要”的思想，期望家人通过社会关系实现就业；或试图坐等就业，幻想着老师、学校送工作上门，幻想着天上掉馅饼；或向千里之外的家长寻求决策。即便有就业选择机会，他们也对工作左顾右盼，拿不定主意，以致贻误择业时机。

（3）攀比心理。在就业过程中，由于每个大学生的生活环境、家庭背景、能力、性格及机遇不同，因此，在确定择业目标时，每个大学生都有其特殊性，不具有可比性。但是，现实中，不少大学生喜欢争强好胜，虚荣心较强，产生了攀比心理。例如，在择业过程中，一些大学生忽视自身特点，对自我缺乏客观正确的分析，不从自身实际出发，不考虑所选单位是否适合自己，而是盲目攀比，不屑于到基层工作，总想找一份超越别人的十全十美的工作。

 **案例**

在学校今年3月份举办的小型招聘会上，毕业生小李的父母亲在招聘会尚未开始时，就早早地到会场打听单位的情况。招聘会开始很久以后，小李姗姗来迟，并由家长陪同前往用人单位摊位前面谈。面谈过程中，小李发言的时间还没有其父母多，结果谈了一家又一家，最终仍一无所获。

小李的问题出在择业过程中过分依赖他人，其实，依赖他人是难以选择到一份满意的工作的。现在的毕业生中，独生子女所占比例越来越大，他们的生活一帆风顺，没有经历过什么波折，再加上父母的过分呵护，客观上也培养了他们的依赖心理。

这些毕业生大多缺乏主见，自我意识模糊，在择业中常会茫然不知所措，自己独立进行择业决策的能力很差，以致在人才市场上，父母代替子女，亲友代替本人与用人单位洽谈的场面屡见不鲜。因此，有用人单位对依赖性过强的毕业生说：“你本人都要靠别人来推销，企业还能靠你来推销产品吗？”

（二）诱发就业心理问题的主要因素

1．社会因素

高校的连年扩招，造成了毕业生数量的急剧膨胀，加剧了“僧多粥少”局面；企业下岗人员再就业、机构改革分流人员、农村富余劳动力进城等社会现状，使得毕业生就业竞

争更加激烈；由于国内就业存在着东西部差距和城乡差距，加之一些单位追求人才“高消费”，使得就业形势更加严峻。

此外，由于用人制度的不完善，使得部分用人单位在招聘时出现了拼关系、走后门等不正之风，从而影响了大学生就业的公平竞争。例如，一些能力差的学生凭借关系就能获得好单位中的好工作，而优秀的学生却不能优先就业。

这些现实存在的社会因素影响了大学生的就业领域和就业公平，造成了部分大学生心理上的失衡，从而产生了就业心理问题。

2．学校因素

一方面，当前大学生在择业过程中产生的心理问题与很多院校教育质量不高有密切的联系。知识不够用、能力不足是导致大学生择业产生自卑和焦虑的主要原因。另一方面，即使有些院校已开始对学生就业进行指导，这些指导也大多是毕业前的临时指导，没有形成职业规划和职业生涯设计的体系。因此，由于学校的就业指导工作明显滞后于学生就业心理的发展变化，从而导致大学生就业心理问题层出不穷。

3．家庭因素

由于受中国传统思想的影响，导致很多家庭对子女所寄予的期望过高，希望他们毕业后能到收入较高的单位或经济发达地区工作，能光宗耀祖，从而给大学生择业带来了巨大的心理压力。

4．自身因素

人与人之间存在着个体差异，在大学生择业过程中，其个体差异主要表现在性格、能力和自我认识等方面。例如，对于能力较强的学生，虽然大部分学生在择业时呈现出自信、积极、勇于竞争的心理状态，可以对职业目标及实现手段做出最佳选择，但也有部分学生呈现出自视甚高，甚至自傲的心理问题；对于能力较弱的学生，由于受到自身能力薄弱和就业压力的影响，很多学生都呈现出消极、等待、退缩等心理问题，只有少部分学生能做到虚心认识自己的不足，基于自身的现实条件去择业。

（三）就业心理问题的调整

1．学校角度——积极开展健康就业心理教育

针对大学生就业过程中出现的多种心理问题，学校应注重提高学生的综合素质，积极开展就业指导工作，加强健康的就业心理教育。

（1）培养学生树立正确的人生观、价值观和就业观。学校要加强对学生的思想品德教育、国情教育，教育毕业生正确处理好国家需要和个人志愿的关系，自觉地把国家需要与个人利益统一起来；教育毕业生要树立正确的就业观念，充分运用自身的优势，为社会多做贡献，根据社会的需要调整自己的期望值。

（2）全面提高毕业生综合素质，增强其就业竞争力。学校要根据不同类型的职业对应聘者所需知识和技能的共性要求，培养大学生掌握一定的知识和专业技能：一是宽而实

的基础知识；二是精深的专业知识；三是现代管理和人文社会知识；四是熟练扎实的专业技术操作能力。学校不仅要引导学生充分利用在校学习的时间学好专业知识，还要引导学生加强对社会和现代管理科学的了解，多读一些管理科学和社会科学等人文方面的书籍，从而拓宽知识面，开阔视野，提高综合素质。

此外，从学生进入校门开始，学校就要引导他们为就业做充分的准备，如要求学生通过各种考试取得初级会计、教师资格、导游等各种职业技能证书等。

（3）进行就业技巧的指导，开展健康的就业心理教育。大学生在择业过程中产生的心理误区和心理障碍，与大学生的社会阅历、知识结构、认识水平、心理承受能力有很大关系，这就要求学校要加强就业指导工作。

学校教学部门应开设就业指导课程，对学生进行职业、就业及创业的基本知识与能力的教育；学校就业办公室应广泛宣传国家的就业政策，介绍社会发展状况，通过媒体、网络及时提供人才供求信息，使大学生对就业环境有一个全方位的了解；学校心理咨询中心可对大学生的就业心态进行心理测试，帮助大学生客观地认识自己，分析自己的优势和不足，指导大学生提高适应社会的能力和心理承受能力，从而避免由于准备不足而错过求职机会。

（4）进行相应的体验式培训。心理学研究表明，使用传统式的培训，培训对象在课堂中仅吸收10%～30%的内容，并且随着时间的推移而逐渐遗忘。而“体验式培训”采用科学的“多重感官学习法”，如小组讨论、深度会谈、情景活动、角色扮演、作业练习、行动指南等方式，使培训对象通过亲身体验获得经验，从而在有限的时间内取得最大的收获。就业心理指导工作可采用体验式培训来帮助学生感受求职和职场环境，使学生亲身体会面试和以后的工作状态，从而掌握就业技巧。

2．自身角度——积极调整就业心态

（1）客观认识自我，树立正确的就业观。大学生在就业时，要根据所学的专业和方向，充分了解社会的需求情况，根据自己的职业兴趣、专业特长、实际能力、性格气质、家庭情况等确定就业期望值。

（2）提高抗挫折能力。就业过程中的优胜劣汰是永恒不变的，因此，每个大学生都需要正确看待就业中的困难和失败，培养健康的就业心理。

（3）学会运用心理学原理和方法进行心理调适。运用心理学原理和方法进行心理调适，能够促使自己的心理和行为产生积极变化。心理调适能帮助大学生及时解决心理冲突，消除心理误区，有效排除心理障碍，从而以积极的心态面对就业过程中的困难、挫折和失败。心理调适的常见方法有以下几种。

① 自我转化法。当就业过程中出现不良情绪时，可以采取迂回的方式，把情感和精力暂时转移到其他活动中去，如参加有兴趣的活动、学习新的知识技能、假日郊游等，从而使自己减轻或消除不良情绪的影响，求得心理的平衡。

② 适度宣泄法。忧虑隐瞒得越久，受到的伤害就越大。因此，当遇到挫折而产生焦虑和紧张时，不能一味地把不良情绪藏在心底，应进行适度的宣泄。宣泄情绪的办法有向知心朋友、老师倾诉，参加运动量大的活动（如打球、爬山）等。

③ 松弛练习法。这是一种通过练习放松身心的方法，不过，一般需要在专业人员的指导下进行。松弛练习可以帮助大学生迅速减轻或消除焦虑、恐惧、紧张、失眠、头疼等各种不良的身心反应。

④ 自我安慰法。遇到困难和挫折时，若尽最大努力仍无法改变，应说服自己适当让步。具体做法是，找一个自己可以接受的理由来承认并接受现实，以保持内心的安宁，求得解脱。

⑤ 理性情绪法。情绪困扰并不一定由诱发事件直接引起，有时也由经历者对事件的非理性思考引起。这时，若能变非理性思考为理性思考，便可消除情绪困扰。例如，个别学生认为“大学生就业应该是顺利和理想的”，遇到挫折便怨天尤人，从而产生不良情绪，引发心理问题。如果他们能够客观、理性地看待问题，转变这些错误想法，就自然能够避免不良情绪的产生。

3. 社会和家长角度——积极给予关注和引导

社会要努力为大学生提供良好的就业环境与氛围，为毕业生提供更多的就业机会，并尽快完善和规范大学生就业市场，加快人事制度改革，建立公正、公平的就业竞争机制。家长要主动关心大学生就业期间的心理变化，积极配合学校，加强与孩子的沟通，引导他们树立正确的就业观，帮助他们缓解心理压力，促使他们以积极、健康的心态面对当前的就业环境。

总之，只要各方共同努力，大学生的就业心理问题就能得到解决，就能为就业做好心理准备。

（四）就业心理障碍的调适

1. 焦躁心理的调适

要克服焦虑、急躁的心理，首先需要打破事事求稳、求顺的想法，增强竞争意识。要知道求职过程和求职成功后的工作过程都是一个优胜劣汰的竞争过程，如果不能持之以恒地努力和上进，即使通过竞争获得了比较理想的工作，未来也可能丢掉这份工作。

其次，应克服择业心切、急于求成的心理。要知道越急越容易失败，而失败的体验又会强化沮丧和焦虑的情绪。因此，要客观地分析自己，合理地设计求职目标，不盲目与他人攀比，更不应有从众心理，尽量减少挫折，从而减少焦虑。

最后，要学会利用宣泄情绪和放松心情的方法来减轻焦虑。需要注意的是，宣泄情绪时一定要注重场合、身份、气氛等，适度地进行无破坏性的宣泄。放松心情的方法有很多种，常用的有冥想、唱歌、散步、深呼吸、运动等。

2. 自卑心理的调适

正如一句名言所说："你之所以感到巨人高不可攀，只是因为自己跪着，不信你站起来试一试，你一定能发现，自己并不比别人矮一截。许多事情别人能做到的，你经过努力一样能做到。"因此，要消除自卑心理，最重要的是要能够正确地评价自己，纠正过低的自我评价。常用的消除自卑心理的方法有以下四种：

（1）优点列举法，要克服自卑心理，可最大限度地挖掘和发现自己的优点和优势。例如，可以自己先列举自己的诸多优点，然后请父母和同学写出"父母眼中的我的优点"和"同学眼中的我的优点"。进行综合比较后，得出自己身上被周围人认可的优点。

（2）能力展示法。要克服自卑感，还必须学会恰如其分地表现自己的才能，例如，可通过与他人交谈展示自己的性格优点，通过演讲展示自己的口才等。

（3）自我暗示法。在求职就业时进行自我暗示，可以起到鼓励的作用。例如，在应聘时可以暗示自己，如果这个单位不录用，还有其他的单位在等着自己，就不会再患得患失了；在面试时可以暗示自己，面试无非是一场谈话，没什么大不了的，就会放松起来，不紧张了。

（4）成功体验积累法。成功体验积累法有利于激励自我，促使自己发现自己的能力，从而提高自信心。例如，通过多参加社会实践活动、实习观摩活动等，可以获得丰富的体验，不断感受成功的喜悦。

 **案例**

独具特色的简历

小王毕业于北京某大学广告专业，成功通过了一家大型广告公司的笔试、面试，已经正式签约了。在小王正式入职后，招小王进去的人事经理告诉小王，小王之所以能被留下，除了踏实诚恳的学习态度之外，独具风格的简历也起了很大的作用，她觉得小王有创新意识。

其实，小王一开始找工作时也碰了很多壁，她并没有确定的目标，认为只要找到符合自己兴趣的工作就行。她还觉得自己没有工作经验，又是应届毕业生，应该把姿态放低些，以低工资吸引求职单位。但是，在一次求职中，她发现自己这个想法是错误的。

"当招聘者让我谈谈自己对薪酬的要求时，我想了想说，月薪有 3 000 元就行。那个招聘的主管告诉我，工资低并不能吸引他们，他们需要的是实干型人才和具备潜力的学习型人才，不怕多付工资。于是我知道自己要想成功，最好向用人单位表明我的学习态度，并让他们发现我身上的闪光点。"后来，在小王看到这家广告公司的招聘信息时，她就抱着试一试的心态去了。

"那个岗位要求应聘者有创新意识及 Photoshop 方面的技能，我认真地分析了岗位要求后，按照要求制作了一份独特的简历。简历的呈现形式是这样的：我用 Photoshop 做了

一个淡蓝色的、有‘求’字形图案的背景；个人简历内容以产品说明书的形式呈现，写着产品名称（自己的名字）、产地（毕业院校）、产品特性（所掌握的专业技能）等。面试时，我先是认真地介绍了自己，然后根据面试官的提问简要说明了简历的设计理念，幸运的是，面试官们很满意，我成功了。”

3. 自负心理的调适

在求职时，大学生不能没有自信，但是自信过了头，就成了自负。自负的人不能客观看待自己的优势和不足，夸大了自己的优势，从而导致因期望不能得到满足而产生惊慌、失望的情绪。

克服自负心理的核心是正确认识和评价自我，其方法主要有以下三种。

（1）社会比较。首先，要将自己与社会上其他人做比较，通过社会上其他人对自己的态度来认识自己。如果一个人对自己的评价与他所获得的各种比较信息基本一致，那就基本可以认为他的自我认识发展比较好，比较客观；如果不一致，差距太大甚至相反，那就表明他的自我认识发展得不好，不够客观，缺乏自知之明。

（2）自我反省。对于大学生来说，应通过反省明确自己的专业发展方向是什么，自己的优势和劣势是什么，自己的爱好特点是什么，自己的性格气质是什么，自己最适合干什么工作，从而使自己在择业过程中处于积极主动的位置。

（3）心理测验。大学生可以根据自己的需要选择质量可靠的心理测验，如能力测验、人格测验、兴趣测验等，对自己的能力倾向、兴趣和性格做一个客观评估，以帮助自己正确认识和评价自己。

4. 依赖心理的调适

虽然依赖他人的帮助可能会使大学生找到一份好工作，但从长远来说，这种方式和心理对大学生的社会适应能力是有害的。这是因为，依赖容易使人丧失自信、失去自我，不愿通过自己的努力达成目标。而在当今竞争激烈的社会中，自信心、自我效能感（即相信自己通过努力可以完成任务的自信程度）对于一个人的成功越来越重要。

要克服依赖心理，一方面，要充分认识到依赖心理的危害，提高自己的行动能力，不要什么事情都指望别人，要学会独立地思考问题；另一方面，要在生活中树立行动的勇气，自己能做的事一定要自己做，自己没做过的事要试着做，通过行动上不断累积的成功来强化自己动手的习惯。

5. 从众心理的调适

从众即当多数人的行为和意见与自己不同时，会怀疑自己的判断而顺从多数人的判断。从众心理在一定程度上有助于人们遵从一定的规范，形成一致的行为，完成群体目标。但是，它的消极影响也不容忽视，这是因为从众心理往往会排斥与众不同的行为和意见，从而抑制人们的创新精神，不利于人们个性的发展。

大学生在就业时要想克服从众心理，从根本上说还是要认清自我，坚定正确的价值观，认清自己的优势和劣势，摆正自己的位置，根据自己的实际情况，以脚踏实地的务实态度进行择业，而不是盲目随大流。

6. 自责心理的调适

要克服挫折感和自责感，大学生首先要掌握积极的思维方式，学会将思维中的负性词语改为正性词语。例如，将“我觉得很无奈，又失败了”改为“失败没什么大不了的，只是一次历练而已”；将“我为什么这么痛苦”改为“我怎样想和怎样做才最有利于问题的解决”；将“因为我找不到工作，所以，别人看不起我，我闷闷不乐”改为“我只是暂时没有找到工作，继续努力，一定会有适合自己的就业机会”。

其次，大学生应让自己的求职目标保持一定的灵活性。例如，在正确了解职业要求和自己特长的基础上，制订一个分为高、中、低三个档次的求职目标，并根据实际形势适时调整求职目标，有针对性地投放简历和参加招聘会。此外，适度的倾诉宣泄和放松练习也有助于减轻自责心理。

7. 嫉妒心理的调适

要克服嫉妒心理，首先要树立正确的竞争观。一个人在嫉妒别人时，往往只能注意到别人的优点，不能注意到自己的优点，这时，其心理就会出现不平衡。其实，多想一想自己比对方强的地方，便会使自己失衡的心理天平重新恢复到平衡状态。也就是说，对别人产生了嫉妒并不可怕，关键要看个体能不能正视嫉妒，能不能升华这种嫉妒之情，把嫉妒转化为动力。

其次，要提高自己的能力，使自己比别人“长”。而要使自己比别人“长”，最好的办法不是把别人压“短”，而是让自己更“长”。

第二节　大学生求职陷阱

一、常见的求职陷阱

（一）网上兼职招工

案例：2019 年 4 月 3 日，某高校学生小雪报警称：4 月 1 日，其微信接到添加好友信息，对方称可以为其提供兼职工作信息，但必须支付介绍费，按对方要求，以微信转账的方式转给对方 2 203 元后，被对方拉黑。

提示：网上找工作，不要被诱人的待遇和薪水所迷惑，更不要贸然向对方所提供的银行账号汇钱。

（二）网络刷单

案例： 某地大学生小张收到信息称，兼职网络刷单每月可收入过万元。小张和对方联系，对方表示小张只需按照要求完成网络购买交易，很快就会返还购物的本金和本金金额10%的佣金。小张便按照对方提供的二维码先后转账完成了多笔交易，可对方却始终没有返还本金和佣金，直至对方完全失联，小张才意识到上当被骗。

提示： “刷单”本身就是违法行为，不法分子以“高回报”“收益快”为诱饵，一开始返还本金并支付佣金，但只是为了诱惑应聘者投入更多的钱，当你大额支付后，佣金和本金便被骗子悉数收入囊中。

（三）岗前贷款培训费

案例： 学计算机的小李先后接到 10 家“网络科技公司”的面试通知，其中 9 家以招聘名义收取“培训费”，并当即表示，如果没有钱，可以帮助申请贷款，每个月还几百元就可以。

提示： 诈骗公司以高薪就业为诱饵，向求职人员承诺培训后包就业，但须借贷支付培训费。贷款培训的应聘者不仅不会获得工作，还将会背负贷款产生的高额利息。

（四）付费入职

案例： 小陈去一家公司面试，对方“经理”一直夸赞其条件优越，并表示按照规定，小陈需缴纳 1 980 元的费用，在该公司办理一张会员卡，才能算是该公司的员工。小陈办理后，该公司让其在家等上班消息。当小陈再次找过去时，该公司已经人去楼空。

提示： 皮包公司假装进行招聘，收取报名费、体检费等各种费用，一旦诈骗多人成功，便携款逃之夭夭。因此，大学生在面试前要认真了解招聘单位的相关情况。对于先让交报名费、培训费的招工，更要提高警惕，防止被骗。此外，不要轻易将本人的身份证、居住证、毕业证等有关证件随意交给招工者。

（五）群发的招工信息

案例： 2019 年 2 月，家住合肥市包河区的费女士收到招工短信，后打电话进行咨询，对方以交纳报名费、服装费、材料费为由多次让费女士转账，诈骗 5 800 元后，对方消失。

提示： 骗子以手机群发招工信息等待受骗者上钩。应聘者打电话咨询，往往被要求先交报名费、押金等。正规的单位发布招聘信息一般不会通过手机短信的形式。对手机接收到的招工短信，一定要提高警惕。

（六）试用期等于“白用期”

案例： 毕业生小韩通过参加招聘会被一家广告公司录用。按照口头约定，工作前 3 个月为试用期，公司根据他的表现来决定是否正式聘用他。在单位，小韩踏踏实实工作，按时完成任务。3 个月下来，小韩本以为自己可以轻松被该公司正式录用。谁料试用期一结束，经理却说他不称职。事后小韩得知，与他同一批进公司的员工，没一个通过试用期的“检验”。而后不久，该公司又新招了一批员工继续“试用”。

提示：劳动合同是规避试用期陷阱的重要武器。在用人单位要求试用前，一定要先签订劳动合同，看清合同单位的名称、法定代表人等信息，注意检查薪资、工作内容、劳动保护和条件、报酬等内容。

二、求职中的安全应对策略

（1）求职时务必选择高信誉度的招聘网站或到正规的人才市场，不要随意相信黑中介、游击招工者。

（2）务必核实招聘企业的真实性，例如，可以从工商局网站和企业信用信息公示系统里进行查询，从而确定该企业是不是一家经过工商注册、信誉良好的正规企业。此外，还应联系企业，确认招聘信息真实有效后再去应聘。

（3）一定要保护好个人证件与财物的安全。在求职过程中，不要随便把身份证、毕业证等证件交由中介机构或个人保管，防止被一些不法分子盗用个人身份信息。使用身份证复印件时，身份证复印件要注明身份证的用途，以及“仅可使用一次，再复印无效”等语句。

（4）遇到要求缴纳报名费、培训费、体检费等各种名目费用的招聘广告时一定要提高警惕。《中华人民共和国劳动合同法》中有明确的规定，不允许企业在员工入职时要求职员缴纳保证金、培训费、押金等，因此，要求缴费的大多都是骗子。

（5）保留好收据和发票，应聘后签订书面合同。在应聘成功后，一定要与用工方签订书面合同，特别是要写明工资数额、计酬方式、福利待遇、保险交纳、事故赔偿等条款。街头的招工小广告往往以优厚的待遇和工资报酬诱惑急于找工作的人，但其中不乏有骗取钱财的黑广告，对这类小广告要慎之又慎。

第三节　求职材料准备

求职材料是指大学生为了求职成功而准备和使用的各种书面材料，包括求职信、简历及其他材料。求职材料的准备反映了一个人做事的认真、细致程度，是今后从事任何工作都必须具备的基本素质，因此，大学生在求职前要将求职材料准备齐全。

一、求职信

求职信是大学生针对招聘岗位而向用人单位进行自我推荐的书面材料。求职信集介绍、自我推销和下一步行动建议于一身，并重点突出自身背景材料中与未来雇主最有关系的内容，以此来提高应聘的成功率。

一份好的求职信体现了应聘者清晰的思路和良好的表达能力，招聘者通过求职信可以了解其专业特长、技能优势、沟通交际能力和性格特点等。

（一）求职信的书写格式

求职信的重点在于“荐”，在构思上一定要围绕“为何荐”“凭何荐”“怎样荐”的思路来安排。求职信的书写格式与一般书信大致相同，包括标题、称呼、正文、结尾和落款。

1．标题

标题是求职信的标志，其内容通常为“求职信”3 个字，要求字体醒目、典雅、大方、美观。

2．称呼

这里的称呼是指对主送单位或收件人的称呼，因此比一般书信的称呼要正规一些，忌用“前辈、叔叔、师兄”等不正规的称呼。例如，若写给国家机关或事业单位的人事部门负责人，可用“尊敬的××处长”；若写给企业人力资源部，则用“尊敬的××经理”；若写给科研院所或高校人事部门，可称“尊敬的××教授（处长、老师）”。

如果求职信是应聘者和用人单位之间的首次交往，由于大学生未必了解和熟悉用人单位的招聘人员，因此在书写时可统称对方为“××领导”。

3．正文

正文是求职信的核心部分，其形式多样，风格各异。要想打动用人单位，就一定要反复揣摩和修改正文部分的措辞和行文风格。但是，无论形式、风格如何变化，正文部分一般都应包括以下内容。

第一，简单的自我介绍，即简要说明自己的身份。对于应届毕业生来说，在信件的开头用一两句话说明自己的学校、学历、专业等基本信息即可。例如，“我是××大学管理学院电子商务专业 2019 届本科毕业生”。

第二，说明求职信息来源。为了“师出有名”，最好在求职信的开头说明求职信息的来源，这样既可使行文比较流畅，同时也暗示用人单位的招聘广告是有反馈的。说明求职信息来源的话一般较为简单，如“本人在×年×月×日的《××报》上得知贵单位正在进行招聘活动，因此投信前来应聘”。

第三，说明应聘职位。在求职信的开头，应该说明所要应聘的职位，如“本人欲应聘网络维护一职”或“相信本人能胜任报社记者一职，故前来应聘”等。如果职位有编号，应当写上编号，以表示自己一丝不苟的态度和应聘的诚意，如“网络维护（013#）”等。

第四，说明能胜任该职位的理由。这是求职信的关键部分，主要是向对方表明自己的专业知识和工作经验，所取得的与该职位有关的一些成绩和自己所掌握的相关技能，以及与该职位相符的性格、特长、兴趣爱好和其他情况。

需要注意的是，说明能胜任该项工作的理由，并不是经验和成绩的简单堆砌，一定要突出适合这项工作的特长和个性，尽量避免出现那些风马牛不相及的东西，更不能出现与招聘条件相反的内容。例如，用人单位招聘的是“营销人员”，应聘者却对自己的“内向、文静”大写特写，这样应聘肯定会失败。

第五，暗示发展前途及潜力。在求职信中不仅要向招聘者说明你的现在，更要说明你的未来，说明你是有培养价值的、可塑造的、有发展潜力的。例如，毕业生在校期间若当过学生干部，可向对方介绍在担任学生干部的时候取得了哪些成绩，以表明自己有管理和组织方面的才能。

4．结尾

结尾一般包括两部分内容：一是盼回复（即表达希望对方答复或者获得面试机会），二是祝词。在一般的求职信中，盼回复的措辞已有约定俗成的几种格式，如“我热切盼望着您的回复”“我希望能获得与您面谈的机会”等。祝词一般较为简短，但即使只有几个字，也有着不可忽视的作用。常用的祝词如“顺候安康”“祝贵公司兴旺发达”“此致敬礼”等。

5．落款

落款应署名并注明日期。署名应与信首的“称呼”相呼应。例如，如果在信首称对方为“××老师”，则署名应为“学生××”。有时，也可直接署上自己的名字。需要注意的是，求职信无论是打印的还是手写的，署名都一定要手写。同时，署名下方不仅应完整地写上年月日，还应注明联系方式。

（二）撰写求职信的禁忌

一般来说，撰写求职信有六大禁忌。

1．忌长篇大论

用人单位不会花很长时间来阅读求职信，篇幅太长会使用人单位产生厌烦心理，甚至认为应聘者的概括能力不强。因此，求职信的内容应以简洁为原则，篇幅尽量控制在一页纸以内。

2．忌堆砌辞藻

即使你满腹经纶，也不要幻想用华丽的辞藻来打动招聘者。华而不实的语言属于大话、空话、套话，并没有实际的作用，反而那些虽无豪言壮语，但读起来亲切、自然、实实在在的求职信能给用人单位留下深刻的印象。

3．忌夸大其词

在措辞方面要留有余地，不要说得过满，如“我能适应各种工作”“我将会给贵单位带来新的生机”之类的表述，只能给用人单位留下你刚出校门的幼稚印象。

4．忌缺乏自信

适度的谦虚是一种美德，能使对方产生好感，但过分的谦虚则是不自信的表现，因为用人单位关心的是你是否符合招聘岗位的要求。

5．忌千篇一律

撰写求职信时要有自己的风格与特点，不能千篇一律、落入俗套。立意新颖、语言独特、思考多元的求职信才能引起招聘者的注意，挑起招聘者的兴趣。因此，一定要把自己的强项写出来，将自己的“亮点”展示出来。

6．忌粗心大意

只有经过严格修改和反复推敲的求职信，才能收到良好的效果。因此，完成求职信后，一定要反复检查，避免出现错别字和语法错误。此外，求职信中的资料也要齐全，切记要留下可随时联系上你的电话号码。

（三）求职信的写作要点

1．求真务实

写求职信务必本着实事求是的态度，正确介绍自己，对自己的能力、水平、特长应有恰如其分的评价，切不可弄虚作假，虚构自己的学习成绩，也不能夸大自己的工作能力和特长，更不能凭空捏造根本没有的荣誉。

2．态度诚恳

写求职信时要表现出谦虚的品质、诚恳的态度，做到自信而不自大、自谦而不自卑，让人感觉你的求职是真诚的。

3．有的放矢

写求职信之前，应通过多种渠道尽可能多地了解用人单位的基本情况，特别是现状。只有这样，才能针对单位的不同性质及岗位的不同要求来表达你对用人单位的了解，从而赢得用人单位对你的好感。切忌为了省事，使用一种求职信到处投递。

4．文字精练

求职信是一种功能性很强的应用文，不是越长越好、越详细越好，而是要思路清晰、简洁明了、重点突出、独具特色。求职信除了篇幅最好不超过一页外，还要特别注意用词是否得当，语法和标点符号是否准确等。一封精练的求职信既能显露你的才华，又能博得招聘者对你的好感，使其加深对你的印象。

（四）求职信范例

范例一

求职信

尊敬的××经理：

您好！

我是一名即将从××大学外语系毕业的大学生，从《人才报》上得知贵公司招聘××一职，我想申请这一职位。

作为一名外语系学生，我热爱我的专业并为之投入了巨大的精力和热情。经过4年的刻苦学习，我在英语的听、说、读、写、译等方面都获得了长足的进步，并通过了英语专业八级考试。此外，我还选修了德语作为第二外语，可用德语进行日常会话。

在学好本专业的前提下，我还熟练掌握了办公软件及FoxPro，VB等程序语言，以增加自己的技能。

在校期间，我曾多次获得校级奖学金，还担任过班长、团支书等学生干部职位，这些经历增强了我的组织协调能力。

随信附上我的简历。如有机会与您面谈，我将十分感谢。

此致

敬礼！

张××（手写）

××年××月××日

电话：137××××578

范例二

求职信

尊敬的先生/小姐

您好！

我是××大学××专业的应届本科毕业生，今年7月，我将顺利毕业并获得工程学士学位。近期获知贵公司正在招聘人才，本人欲申请贵公司网络维护工程师职位，我自信符合贵公司的要求。

本人具有较好的计算机知识和应用能力，并于去年通过了全国计算机等级考试（四级）；能熟练操作Windows Server 2016，并能使用C、C++、JavaScript等语言编程，能运用AutoCAD、Photoshop等软件开展相关工作。此外，我对网络技术也有一定的了解，正

准备参加 MCSE 考试。

我的英语水平也很突出，在大学二年级时通过了大学英语六级考试，有着出色的阅读写作能力和口语水平。在校期间，曾协助老师翻译过多篇技术论文。

在大学期间，本人曾多次获得多种奖学金，而且发表过多篇论文，还担任过班长、团支书等学生干部，具有很强的组织和协调能力。

我很希望能加盟贵公司，为贵公司的发展尽自己的微薄之力。随信附上我的简历，如有机会与您面谈，我将十分感谢。

此致

敬礼！

王×（手写）

××年××月××日

电话：138××××754

范例三

求职信

尊敬的招聘经理：

您好！

我是××大学经济学院经济学专业的一名应届本科毕业生。我于 2018 年 10 月 22 日参加了贵公司在我校举办的校园招聘会，得知贵公司研究部正在招聘分析员，我希望应聘贵公司“研究部分析员”一职。

我在兼职、实习期间一直关注中国金融市场的动态，对于新兴证券公司尤为关注。贵公司成立之时，我正在环邦信息咨询公司担任实习翻译，有幸采编过有关贵公司组建的背景新闻。贵公司领导团队由一批具有创新意识和进取精神的高素质人才组成，将很有发展前途。以下是我个人能力与工作教育背景的综合简介：

良好的教育背景：将于 2019 年 6 月获得××大学经济学院经济学学士学位。

金融行业工作经验：在迅联金融培训公司任兼职分析员，在环邦信息咨询公司担任兼职翻译，对金融、电子、通信等行业有较深的了解。

较强的沟通能力：曾在校“摄影协会”及“爱心社”的社会工作中较多地进行对外沟通及内部管理工作。

扎实的个人技能：在兼职工作中经常使用英语，并能熟练使用 Word，Excel 及 PowerPoint 等软件。

我希望凭借我所具有的相关工作经验和专业知识技能，以及自身的刻苦、进取精神，为公司研究部的发展尽一份力。

尊敬的招聘经理，我非常希望能够得到贵公司的面试机会。感谢您拨冗阅读我的求职材料。随函呈附中英文简历各一份。

顺祝商祺！

××大学经济学院经济学专业2015级李××

××年××月××日

地址：××市××路××号

电邮：××××××@163.com

电话：010-111234××（早8:00至晚9:00）

手机：139××××357（全天）

二、简历

个人简历是一个人生活、学习、工作的经历和成绩的概要，其真正目的就是让用人单位全面了解自己，从而为自己创造面试的机会。个人简历是用人单位对应聘者的第一印象，是用人单位对应聘者进行分析、比较、筛选，决定是否录用的主要依据。从个人简历中，可以看出应聘者在能力、性格、经验方面的综合表现。通常情况下，用人单位都是通过简历决定应聘者能否参加进一步的面试。

（一）简历的基本要素

1. 个人基本情况

简历中提供哪些信息是由应聘者自己决定的，但有些信息是必不可少的，如姓名、出生年月、性别、家庭住址、政治面貌、联系方式（电话号码和E-mail）等。

2. 教育背景

教育背景包括毕业生的毕业院校、所学专业、学历、学位、所学的主要课程（把重点放在与申请的工作有关系的课程上）等情况。

3. 求职意向

求职意向包括希望工作的地点、行业、岗位等。

4. 本人经历

本人经历主要是指上大学以后的简单经历，包括义务性工作（志愿者）、社会性工作、社会实践，以及在这些工作中学习和掌握的工作技能等。

5. 知识、技能和品质

这部分内容主要介绍个人的知识结构、技能优势、外语和计算机水平，以及获得的其他技能证书等。

6. 个人特长及所获荣誉

这部分内容主要介绍个人的兴趣、特长，在校获得的荣誉（如三好学生、优秀团员、优秀学生干部），以及参加各种竞赛所获奖项等。

7. 自我评价

自我评价主要是总结自己良好的个人品质，如学习能力、沟通能力、解决问题的能力、适应能力、好奇心或创新能力、团队合作精神、积极的工作态度、责任心、敬业精神等。

（二）简历的形式

从形式上划分，简历可分为：完全表格式简历、半文章式简历、提要式（节略式）简历、按年月顺序（时间顺序）式简历、功能式简历及创造式简历等。为了使招聘人员快速了解自己的情况，这些简历形式可混合使用。下面就来简要介绍常用简历形式的主要特点。

1. 完全表格式简历

完全表格式简历综合了个人的多种信息，非常易于阅读，比较适合年轻、缺乏工作经验的应聘者。应聘者可简单列出个人基本情况、所学课程、社会实践、业余爱好等信息，因为他们不深的资历很少需要分析和说明。

2. 半文章式简历

半文章式简历是将表格和文字记录两种格式相结合的简历形式。其中，表格的数量和文字记录的长度可以变化，以适应应聘者的不同需求。这种简历通常适用于工作经验丰富的应聘者，因为详细的资料很难用表格表达。

3. 提要式（节略式）简历

提要式简历是在完成了一份详细的简历后，通过摘编详细简历的要点而完成的。工作经历丰富的应聘者会先写一份详细的简历（如 2～3 页）来概括他完整的资历，然后再从中摘出其资历的要点。

4. 按年月顺序（时间顺序）式简历

这种简历通过按时间顺序排列资料及突出日期来强调时间，其格式可以是完全表格式或半文章式。值得注意的是，这种简历的时间顺序通常与大家的日常习惯相反，即从最近的时间开始往前推。例如，在工作经历一栏下，按时间顺序的简历是从最近的工作开始，然后是最近工作的前面一个工作，接下来是再前面的工作等；在教育栏下，学历教育的安排也是如此。

5. 功能式简历

这种简历只强调工作的种类（功能），而不含有任何特别的时间顺序。功能式简历的主要优点是能突出实际成就，缺点是招聘者不得不排出他们自己推算的时间顺序。如果严密的时间顺序对自己不利，便可使用功能式简历。

6. 创造式简历

艺术界、广告界、宣传界和其他创造性领域的应聘者在准备简历时往往会打破标准的简历形式，采用创造式简历。不过，创造式简历在运用想象力的同时，也要向招聘者清楚地展示他们需要了解的内容。

拓展阅读

简历新形式——报价单

今年刚从某高校新闻专业毕业的小程，通过在简历中对自己的能力及不足进行“明码标价”，拿到了某知名房地产公司的录用通知。她笑着说：“这一招助我一路拼杀，找到了现在非常满意的工作!”

基本价值：3 000 元——作为一个全国重点大学的毕业生，求学路上耗费了父母大量的金钱和感情，因而需要足够的物质支持来回报家人和提供个人生活基本费用，并用于支付工作技能的进一步提升。

技能价值：-300 元——明白自己作为一个新闻学专业的学生缺乏“一技之长”，所能干的工作不具有不可替代性，但在进入单位经过一段时间的磨炼后，可以有所发挥。为了感激贵单位给予的这个“进门”机会，本人认为应该减去 300 元的月薪。

性格价值：300 元——开朗、活泼、幽默的性格能最大限度地使一个团体士气高昂，在愉快的氛围中保持工作的高效。

经验价值：-500 元——深知自己经验欠缺，没有独立地完成过一次完整的学术研究，也没有组织过大型的社会活动，但作为一个具有扎实的专业知识和较高的综合素质的社会新人，相信自己能很快完成从学生到职员的过渡。

……

以上便是小程的简历，和其他毕业生的简历相比，小程的简历更像一份报价单。她对自己的各项素质进行了具体而客观的评价，一共有 10 余项，分别给出了或正或负的价值数额。最后，她给自己评定的市场价值是 4 500 元。

小程所在部门的万经理说：“小程的简历给我们留下了良好的第一印象，这也非常符合我们对营销策划人才的要求。加上她在后来的笔试及面试中表现出色，我们决定聘用她。”

（三）撰写简历的原则

1. 简短

简历不要太长，一般应届毕业生的个人简历有一页 A4 纸即可。据调查，用人单位花在每份简历上的平均时间最多 90 s，要想在这短短的 90 s 内迅速抓住招聘者的眼球，简历不做到短小精悍是不行的。

2. 清晰

简历应一目了然，确保简历的阅读者一眼就能看到他们需要的信息。具体来说，要使用简单、清晰易懂的语言，而不要用一些高深莫测或模棱两可的语言；要尽量不使用缩略语或学生中流行的时髦词汇；要保证字体清晰，字号大小合适，并符合打印要求。

3. 准确

一份简历能看出一个人的语言文字功底和工作态度，招聘人员考查应聘者的文字能力、细心程度等内容就是从简历开始的。因此，文字准确、规范，是对简历的基本要求。

4. 整洁

整洁的简历能使招聘人员在阅读内容之前就对应聘者产生好感。若想使简历保持整洁，最好用激光打印机打印，而不要使用效果不佳的复印件。

5. 真实

有些简历一看就知道是过度美化或抄袭他人的，这样会让招聘人员对你的印象大打折扣。撰写简历时，既不要过度夸大自己，也不要过分贬低自己，更不要编造事实，甚至抄袭他人的简历。

案例

小王的身高是171 cm，他听说很多单位招聘时对身高都有要求，于是就在简历里的“身高”一栏填了“175 cm”。参加招聘会的时候，为了使自己的身高显得与简历相符，他特意穿了一双鞋跟比较高的皮鞋。

招聘会上，某知名企业正在招聘管理人员，各方面待遇都非常不错，但就是要求身高在175 cm以上。小王递上了自己的简历后，用人单位向他专门强调了身高方面的要求，并问他是否确定自己的身高符合要求。为了通过第一关，小王说他绝对符合。招聘人员对他也比较满意。过了几天，该单位通知他去面试，结果面试的第一项内容就是测量身高。由于弄虚作假，小王在面试中被淘汰了。

（四）撰写简历时的常见问题

第一，篇幅过长或过短。篇幅过长，显得内容不精练，容易让招聘人员失去耐心；篇幅过短，容易缺少信息，使得招聘人员对应聘者认识不全面。

第二，条理不清。简历布局不合理，结构层次混乱，逻辑重复，会增加阅读与理解上的困难。

第三，目标不明。没有明确的求职方向，也没有标明自己的特长、兴趣爱好等，这样的简历会让招聘者直接把你的简历扔在一边。

第四，不切实际。对自己的评价明显不符合实际，一切太过完美无缺，这样的简历会让招聘者产生怀疑。

第五，版面设计不科学。版面太满、行距或段间距太小或字体太小，都会增加阅读上的困难。

第六，错别字及语法错误。在简历中出现错别字、语法错误或逻辑错误，肯定会影响招聘人员对你的印象。

资料链接

普通简历与优秀简历的区别

对于大学生而言，怎样才能在那些千篇一律的普通简历中脱颖而出呢？对此，某单位招聘人员总结了优秀简历与普通简历的区别，希望对即将面临毕业和求职的大学生们有所帮助（见表 2-1）。

表 2-1　普通简历与优秀简历的区别

区别项目	普通简历	优秀简历
校徽	大部分有	通常没有
标题	“简历”或“个人简历”	有自己的名字，应聘职位等
相片	形式花俏，千姿百态	实在
个人信息	极为全面，甚至像人口普查，有的则像征婚启事	简单，三行文字即可囊括最主要的信息，包括联系地址、电话、邮箱等
求职目标	大部分无	有
教育背景	除院校之外，详细列出了所学课程	由近及远地写毕业院校，不写课程名，只注明平均成绩及排名
实习经历	较多，只是一些事情的堆积，没有轻重之分	实习经验有主次之分，在一家公司实习的关键事件不超过 3～4 项，实习经验可按照 STAR 法则撰写
项目经历	较多，只是一些大小事情的堆积，没有轻重之分	选择与应聘职位相关的项目经验，严格按照 STAR 法则撰写
竞赛实践	长篇罗列，各种性质的竞赛混在一起	选择与应聘岗位相关的竞赛，并选择关键性竞赛做详细描述
校内工作	大篇幅书写与工作无关的学习、实践经验	简洁明快，清晰自然
获奖情况	没有或罗列较多，没有归纳	基本都有。除了描述之外，还有对各种奖项的归纳、分析和交代
个人技能	罗列较多，没有突出自己的独特之处，自己不熟悉的也列上	选择性很强，够一定水准了才写上去
性格特点或爱好	具体描述，且数量多	只写重点或者不写
页数	2 页甚至更多，最后一页不足一半	1 页，最多 2 页，都是整页
低级错误	很多，如用词不当、语法错误、逻辑混乱、字体不一等	几乎没有
真实度	夸大其词	不造假，但表述非常艺术
精确度	数字敏感性较低	数字敏感性较高
排版	很差，不讲究	一丝不苟，十分讲究
文字风格	平铺直叙，大段描述	言简意赅，分点交代
主观印象	杂乱无章，无主次之分	精美，条理清晰，主次分明

小贴士

STAR 法则

STAR 是 Situation Task Action Result 的缩写，具体含义是：

Situation：事情是在什么情况下发生的。

Task：你是如何明确自己的任务的。

Action：针对这样的情况，你采取了什么行动。

Result：结果怎样，你从中学到了什么。

简而言之，STAR 法则是一种讲述自己故事的方式，或者说，是一个条理清晰的表达模板。合理、熟练地运用此法则，可以在面试官面前表现出自己分析、阐述问题的条理性和逻辑性。

（五）简历的投送方式

简历投送的主要方式主要有本人直接送达、快件或信函投寄、利用网络投送等。

1. 本人直接送达

本人直接送达是指按照用人单位指定的时间将自己的简历直接送给招聘者。采用此种方式能使应聘者利用与招聘者初次面谈的机会展示自己，为自己在众多应聘者中脱颖而出创造机会。

2. 快件或信函投寄

快件或信函投寄是指按照指定的时间、地点将自己的个人简历用信函或快件投寄到用人单位。采用此种方式要求在信函或快件的封面上注明“应聘”字样和应聘职位，字迹要工整清楚。

3. 利用网络投送

利用网络投送是指通过电子信箱将个人简历发给用人单位。这种方式省时省力，节约招聘成本，是主要的简历投送方式。应聘者最好选择在早上 8 点招聘者上班之前将自己的简历发送到用人单位指定的电子信箱，但注意不要用附件形式发送。

（六）个人简历范例

范例一

个人简历

姓名：张×

性别：男

出生年月：1998 年 10 月 1 日

健康状况：良好

毕业院校：××大学

政治面貌：中共党员

学历：本科

社会职务：校学生会副主席、系团支部书记

求职意向：人力资源部经理助理

专业：人力资源管理

联系电话：（010）5685××××

手机：138××××2897

E-MAIL：××@sina.com

通信地址：北京市西城区××大街×号

邮编：10008

教育背景：2015.9—2019.6 ××大学

2012.9—2015.7 北京市西城区××中学

继续教育情况：2018 年底获得助理人力资源管理师资格证书。

主修课程：运筹学、市场营销、西方经济学、国际贸易、电子商务、推销与谈判、人力资源管理、组织行为学、劳动法、经济法（如需要详细成绩单，请联系我）。

英语水平：通过大学英语四、六级考试，能熟练地进行听、说、读、写。

计算机水平：通过国家计算机二级考试，熟悉网络和电子商务，能熟练使用 Office 办公软件。

获奖情况：四次获得校级二等奖学金，三次获得“优秀学生干部”和“三好学生”称号。

实践与实习：2017 年 5 月组织学校“五四”青年节大型歌咏比赛，并在比赛中获个人一等奖；2018 年 7 月在××公司见习，主要负责制订公司人员的年度培训计划、员工的再教育和再培训计划，以及人力资源相关统计：2018 年 3～5 月在××科技公司人力资源部任经理助理，主要职责：公司内部人员的岗位调动，离职人员的审批和应聘人员的挑选，制订公司人力资源招聘及管理程序。

自我评价：热情、努力，善于团队合作，有较强的交际能力；做事踏实，能自觉遵守公司的纪律。

范例二

齐×

上海市东方路 999 号

××大学 99 号楼 909 室（200002）

E-MAIL：××@163.COM

电话：（021）7658××××

139××××357（全天）

教育背景	东方大学
2015 年 9 月至 2019 年 7 月	经济学院经济学专业，于 2019 年 7 月获经济学学士学位。所学主要课程包括：宏观经济学、微观经济学、产业经济学、国际贸易、国际金融、货币银行学、财务管理、概率论与数理统计、计量经济学、应用统计学等。三次获得学校一等奖学金。
工作经验	
2019 年 3 月至今	上海迅联金融培训公司分析员（兼职） 较深层次地参与金融培训课程设计、客户需求分析和商业计划的撰写； 参与中国著名券商为期 15 个月的培训项目规划：撰写商业计划书并参与竞标，中标后采访了 10 位券商高级管理人员，并负责完成了“培训规划战略”稿件一半的内容； 参与设计了“华尔街初级员工培训中国版”培训课程。
2016 年 7 月至 8 月	上海环邦信息咨询公司新闻部（暑期实习） 每日更新金融市场最重要的 6 条新闻线索，搜索 5 条市场相关评论； 翻译当天《金融时报》《华尔街日报》等关于国内金融市场的新闻报道； 起草新闻评论稿，内容涵盖通信、电子、教育、物流、快速消费品等行业。
2016 年 5 月	东方大学“江山多娇”五一摄影采风团领队； 率领 60 名校摄影协会会员赴云南采风； 负责整个活动的策划，并为活动引入美达摄影器材公司 5 万元赞助金； 负责协调车辆调度，以及部分后勤工作； 与保险公司谈判，为参加人员购买了总值 50 万元的人身意外保险。
2015 年 9 月至 2017 年 6 月	东方大学体育部宣传干事 发起、组织了校内“新生杯”篮球赛，负责设计赛事方案，租借场地，联络校领导出席并讲话； 起草校运会赞助招商方案，获得健体运动饮料赞助经费 2 万元； 设计、张贴校内体育活动海报，每周两次起草校广播站有关体育赛事新闻稿及评论稿。
个人能力	通过大学英语六级考试，口语流利，经常与外国银行家沟通及安排培训事宜； 能熟练使用 Word，Excel，PowerPoint，Flash 等软件； 校乐团单簧管演奏员，院篮球队前锋，曾获得全校篮球赛亚军。

拓展阅读

如何让你的简历更出众

1．使用标准化的字体

在大多数情况下，人事经理希望在大量简历中很快发现具备所需技能的人选。你的最佳选择是使用 Times New Roman 字体和宋体。这两种字体便于阅读。字体大小最好为 10 磅至 12 磅。无论你选择哪种字体，请保持字体风格的一致性，这样会让简历看起来美观大方。

多种字体会使页面看起来拥挤杂乱，会让人怀疑你的组织能力。不过，若你申请的是一项富有创造力的职位，如平面造型设计，就不必拘于这些规则了，你可以充分展现自己的创意才能。

2．将最重要的信息写在开头

如果一位人事经理要在很短的时间内（15～20 s）阅读你的简历，他会将目光集中于简历的前半部分，他们希望一眼就能发现合适的人选。如若不然，你的简历将被扔到一边，经理们会继续阅读下一份简历。

要认真研究招聘的职位描述，和这个职位无关的内容不要写，有关的内容好好写。过时的内容不要写，否则，内容陈旧的简历会让你直接被淘汰出局。

要将你最重要的专业技能和工作经验写在简历的突出位置，其中，经历、经验是重点。建议把职责概括成一两句话，侧重描述取得的业绩，并且要多用数字。例如，用了 1 个月时间招聘到了 30 名新员工，开拓了新的招聘渠道，帮公司节省猎头费用 50 万/年。

数数看，你的简历上有多少数据（业绩、用户数、节省成本、市场份额……）；再数数简历上有多少形容词（勤奋、负责、敬业、积极向上、有团队精神……）。每个数据加 5 分，每个形容词扣 1 分。

简历的小标题包括：联系信息，主要资质，工作经验，相关志愿工作与其他经历，教育背景及奖励情况等。

3．不要太死板

简历不仅仅显示了你的经验和技能，也展现了你的个性。在叙述已取得的成果时，一定要自信、从容。简历要尽量写得开放、自然、专业且具有个性，这会让对方觉得你像久违的朋友。另外，要尽量表现出自己在所属专业领域的博学，并能引起对方的兴趣。千万不要让简历变成枯燥乏味的文件。

4．格式整齐、美观，绝不能有错误

最后再重申一下，好的简历应该格式整齐，有留白，让人赏心悦目。求职信息要尽量写在一页纸上（如果你在专业领域有五年以上的工作经验，可以用两页纸）。不要有错字、

漏字或语法错误——否则你的简历将立即被扔进垃圾桶里。

三、其他材料

除了求职信和个人简历外，毕业生还应提前准备以下材料。

（1）毕业证书、学位证书；

（2）各种荣誉证书，包括奖学金证书和各类活动获奖证书；

（3）英语和计算机等级证书；

（4）各类资格证书，如报关员资格证书、初级会计资格证书等；

（5）学校正式开具的、盖有学校印章的成绩单；

（6）在正式出版物上发表的文学作品、科研论文、美术作品、平面设计作品、音像作品、摄影作品，以及各类小制作、小发明、小创作的图像资料。

【课外推荐电影与图书】

一、影视作品推荐

《心灵捕手》

上映时间：1997 年

导演：格斯·范·桑特

推荐理由：从影片中不难看出，青少年常见的沟通心理障碍的表现形式是人际关系上的敏感与退缩，他们往往很少参与群体活动，缺乏自信，十分自卑，总觉得其他同学讨厌自己，对他人的反应过分敏感。他们不参与社交活动是因为害怕与同学一起玩耍时会被戏弄或受排斥，因而在人际交往中被动、胆小、害羞，害怕在公共场合抛头露面，甚至会发展到躲避与人交往。该影片中所涉及的沟通技巧与人际交往基本原则的合理运用，也为当代青年人成长提供了启示作用。在整个咨询过程中咨询师肖恩教授遇到了心理咨询中常遇到的阻抗，他通过沟通、倾听、尊重、关注、对峙等专业技巧以及更多还原，成功地使威尔的性格发生了巨大的改变。此外，在整个咨询进行的过程中肖恩教授用到了很多人际关系的原则。影片海报及剧照如图 2-1 所示。

图 2-1 《心灵捕手》海报及剧照

二、经典书籍推荐

《决策的艺术》

作者：约翰 S.哈蒙德、拉尔夫 L.基尼、霍华德·雷法

译者：王正林

出版社：机械工业出版社

出版时间：2016 年

推荐理由：不同的决策会带来不同的职业发展。做出明智的选择，是一项与每个人都息息相关的基本技能。《决策的艺术》汇集了约翰 S.哈蒙德、拉尔夫 L.基尼、霍华德·雷法三位管理学专家的智慧和力量，融入了他们近 40 年的研究和实践经验，是决策和思维方法领域的一本重要著作。本书为读者提供了一套非常直接、易行的步骤和程序，能够帮助读者迅速改进自己做决策的方法。本书封面如图 2-2 所示。

《大学生就业 36 忌》

作者：杨粟裕、刘殿权

出版社：中国科学技术出版社

出版时间：2016 年

推荐理由：大学生就业问题已经引起社会各界的广泛关注，如何从根本上解决就业难这一社会问题成为大家关注的重点。该书从注重专业学习、加强实践锻炼、调整就业心态等多方面，通过实例对大学生就业进行充分的指导。让大学生做好职业规划，加强对社会的认识和经验的积累，以便在各行各业都能开展工作。本书封面如图 2-3 所示。

图 2-2　《决策的艺术》封面

图 2-3　《大学生就业 36 忌》封面

【课后实践】

请根据自己所学专业，上网查找未来可能就业的企事业单位类型，可能的就业岗位，以及这些岗位的待遇、未来升迁路径等，如表 2-2 所示。

表 2-2　可能的就业岗位及待遇等

专业	单位类型	就业岗位	待遇	升迁路径	备注

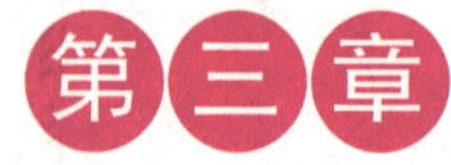

大学生求职技巧

【本章地图】

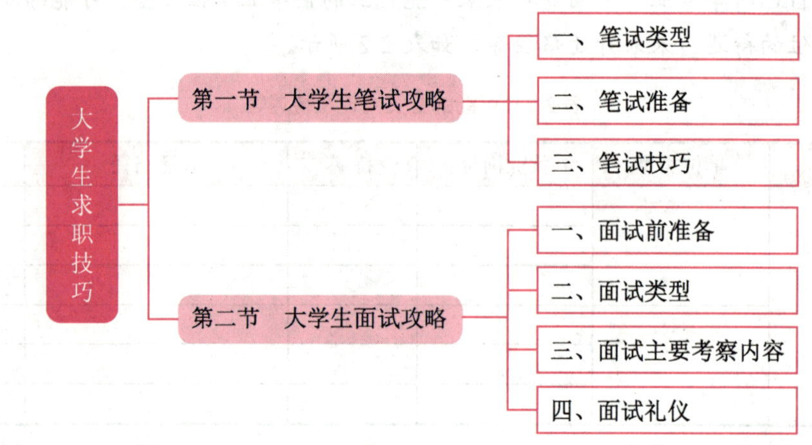

【案例导入】

面试，你真的准备好了吗

某校金融专业的毕业生小肖，一直梦想着进入银行工作，他了解到银行一般的招聘程序是：报名—资格审查—笔试—面试—入职体检—录用签约—报到—开始工作。于是他很早就开始准备笔试，查找信息、搜集资料。

刚开始应聘第一家银行时，笔试顺利过关。面试这天，小肖身着笔挺的西装，走进面试考场。然而，这次的面试跟他想象的完全不同，没有考官提问，而是十个应聘者同时出

现在考场，根据所给问题，各自随便发表见解，最终形成解决方案。一向不善言辞的小肖被这种考核方式弄得不知所措，不但思路不清，而且语无伦次，结果可想而知。这次失败的经历让小肖意识到，面试准备的重要性，以往只顾准备笔试，却忽视了面试所需要的表达能力的训练。

【点评】面试是面对面考查应聘者的能力和素质，这一环节更加直观、真实。案例中的小肖没有把握住面试的机会，原因在于缺乏对面试的了解和准备。其实，小肖的面试就是一场无领导小组讨论，如果他提前了解、适当训练，势必会减少当时的紧张、茫然和不知所措，从而有利于正常的思考和回答。如果能够知道无领导小组讨论考查的要点，就更容易扬长避短了。

第一节　大学生笔试攻略

在企业的招聘环节中，笔试是一种相对面试来说比较初级的筛选方式，多数招聘企业在筛选简历之后，都会采用笔试作为面试之前的筛选方式，其主要目的是为了选出那些具备职位要求的专业知识，具有招聘公司所希望的思维方式和个人能力的应聘者。

相对面试来说，笔试可以对大量的应聘者在同一时间集中考核，如书面表达能力、公文阅读和理解能力、职位要求的特定技能等。对于很多专业性、技术性很强的职位，笔试是必用的考核方式之一。

一、笔试类型

笔试的类型五花八门，用人单位可根据自己的需要设置不同类型、不同风格的笔试题目，以达到选人的目的。根据试题内容，常见的笔试类型可分为专业测试、智商测试、心理测试和综合能力测试等，其特点如表 3-1 所示。

表 3-1　笔试类型

类型	考核目的和形式	常用单位
技术类	检验应聘者的专业知识水平和相关的实际操作能力。这类笔试主要针对研发型和技术类职位，笔试题目主要涉及工作需要的技术性问题，专业性比较强。	外资企业、外贸企业、科研机构、国家机关
智商测试	考查应聘者是否具有不断吸收新知识的能力，题目形式有：图形识别，算术题等。	跨国公司
心理测试	根据完成的数量和质量来判定其心理水平或个性差异。有效的测试可以用来判定应聘者的个性、态度、兴趣、动机、智力、意志等心理素质。通过心理测试，用人单位可以大致了解应聘者的基本心理素质和心理倾向，继而确定应聘者是否符合岗位的要求。	跨国公司、外资企业

（续表）

类型	考核目的和形式	常用单位
综合能力测试	兼有智商测试的要求，难度大。这类考试一般是各种能力的综合考查，主要有以下几个方面的内容： ① 数量关系与资料分析，判断推理。 ② 科技、经济、管理常识和时事政治。 ③ 语言理解和表达。	外资企业、科研机构、国家机关、跨国公司

二、笔试准备

要在笔试中取得好成绩，关键是平时多学习、多练习。然而，相对于学校的专业考试来说，招聘单位的笔试都有自己的特点，因此准备方式也有所不同。

（一）技术类笔试

对于研发和技术类职位，一般都要求应聘者参加技术类笔试。由于这类职位对于应聘者相关专业知识的掌握程度要求较高，所以其题目的特点主要是职位实际工作中用到的技术性知识，专业性非常强。虽然不同行业企业技术类笔试的内容不尽相同，但多数与其在大学里学习的专业基础知识及专业技能密切相关。所以，要想成功应对这类笔试，一定要在日常的学习中打好专业基础。

（二）综合能力测试

综合能力测试，顾名思义就是要考查应聘者各方面的综合素质及能力。测试涉及的能力包括逻辑推理能力、数理分析能力、语言理解和表达能力、案例分析能力及写作能力等。企业通常会根据行业或职位的不同，对考查内容进行不同的组合。例如，IT、电子通信、机械重工类企业在招收技术类人员时，会着重考查应聘者的逻辑推理能力、数字计算能力及行业相关知识。

小贴士

行政能力测试是极具代表性的综合能力测试。这个测试是国家公务员考试的一部分，是用来测试应试者与拟任职位相关的知识、技能和能力，是考查应试者从事公务员工作所必须具备的一般潜能的一种职业能力测试。考试题型有言语理解与表达、数量关系、判断推理、常识判断、资料分析等。

三、笔试技巧

（一）做好知识储备，考前认真复习

笔试大多是对应聘者的文化水平和专业知识的测试。俗话说“巧妇难为无米之炊”，如果毕业生专业知识水平很低，专业素养较差，是很难在笔试中取得好成绩的。因此，毕业生应做好知识储备，在校期间除了要认真学习专业知识，熟练专业技能外，还要广泛涉猎与专业相关的知识，以拓展自己的知识面，培养自己独立分析问题、解决问题的能力。

另外，在笔试前要认真复习，做好考试准备。通常，比较正式的笔试都会告知应聘者考试的方式和大纲，应聘者可以据此有针对性地复习。也有的用人单位不告知考试内容，可能是对应聘者的综合素质要求较高，需要知识面广和能力强的人来担任。对于这样的考试，可以根据职位的特点来进行复习。例如，某知名出版社招聘编辑，其考试的内容必然涉及语言文字、修辞、写作、知识产权及相关法律、法规等。

（二）保持良好身心状态，积极应试

笔试前一方面要调整心态，以一种乐观、健康的心态面对考试，克服怯场与自卑。例如，临考前通过心理调适，适当减轻思想负担，保证充足的睡眠，也可适当参加一些文体活动，使高度紧张的大脑得到放松休息等，从而以充沛的精力去参加考试。

（三）科学答卷，提高效果

拿到试卷后，首先应浏览一遍试卷，了解题型结构、试题的多少和难易程度，以便掌握答题的速度和合理分配时间。然后按先易后难的顺序作答，这样就不会因为难题费时太多而导致没时间做易答的题。

此外，答题时要注意：纯知识题（如简答）要答得简单明了，可以只答要点；论述题要答得全面、充分，各要点要展开论证；案例或应用题应理论联系实际，对策要有可操作性。遇到较大的综合题可以先列出提纲，再全面解答。

（四）注重细节，塑造良好形象

人员选拔的笔试不同于学校考试，一般来说，用人单位在笔试时除了会考查应聘者的文化知识外，也会对应聘者的应试态度、行为方式、心理素质等方面进行考查。因此，应聘者在笔试过程中应该特别注重细节，从而以良好的应试态度、沉稳的举止，给监考人员留下良好印象。

一般来说，笔试时应该特别注重以下细节：

（1）遵守考试时间。应提前到达考场，准时入场。

（2）遵守考试规则。在应试过程中应遵守考试规则、服从安排，听清监考人员的说明，

不做与规则和纪律相悖之事。应在监考人员的安排下就座，不要选座位，更不要抢座位。如果遇到特殊情况确实需要调整座位，一定要有礼貌地向监考人员讲清楚并征得同意。

（3）卷面保持整洁。答卷时要字迹工整、段落清晰、卷面整洁，如果书写过于潦草，或字迹难以辨认，通常会影响考试成绩。

（4）杜绝作弊等不良现象。求职考试绝对不能有作弊等不良行为，如抄袭、夹带或与旁人商量等。这些行为会让监考者认为你是不诚信的人，从而把你排除在选择之外。另外，笔试时还应避免诸如：念念有词，把试卷弄得哗哗作响，经常移动身体或椅子，唉声叹气，烦躁不安等情况。这些行为会让监考者认为你缺乏起码的基本心理素质和修养，他们会对此记录在案并把它提供给阅卷官或面试官。

（5）礼貌待人。入场、交卷、退场都要有礼貌，主动向监考老师点头问好。

第二节　大学生面试攻略

一般来说，应聘者在通过笔试后，大多数企业都会安排面试。与笔试相比，面试应注意的问题，以及应掌握的技能和技巧要更多一些。

一、面试前准备

（一）基本准备

1．认识自我并准备相关问题

面试在很大程度上是展示自我的过程，因此，全面客观地认识自我是面试前的必修课之一。面试前最好能从职业兴趣、工作能力及职业价值观等方面进行全方位的自我评估，面试时才能把握机会、出口成章，为面试官留下良好的第一印象。

自我介绍：分别准备 1 分钟和 3 分钟的中英文自我介绍，反复练习、熟记在心。

应聘动机：比较看重这个公司和这个岗位所提供的哪些方面？

优、劣势分析：哪些特点有助于你脱颖而出？哪些方面是需要避免或改善的？

2．详细了解企业与岗位的情况

详细了解企业的情况，如企业所在行业情况，企业的规模、性质、组织结构、发展前景、企业信誉、企业文化、企业管理理念，应聘岗位的工作职责、岗位要求等。

3．查找交通路线，以免面试迟到

接到面试通知后，应仔细阅读通知上是否标有交通路线，要搞清楚究竟在何处上下车、转换车。要留出充裕的时间去搭乘或转换车辆，包括一些意外情况都应考虑在内。

4．整理文件包，带上必备用品

面试前，应仔细整理好自己准备带去参加面试的文件，如毕业证书、身份证、报名照、钢笔、其他证明文件等，以备面试官索要核查。

5．面试时的着装和个人修饰

参加面试，在衣着方面虽不需要特别讲究，但也要注意整洁大方，不可邋遢。男士衬衫要干净，皮鞋要擦亮，女士不能穿过分前卫新潮的服装。总之，着装要协调，应与所申请的职位相符。头发要梳齐，男士要把胡须刮干净。女士若感觉脸色不佳则可化淡妆，不可过分修饰。另外，还应保证睡眠充足。

6．应提前多长时间到达面试地点？

提前 10 分钟到达效果最佳。在面试时迟到或是匆匆忙忙赶到都是致命的，而提前半小时以上到达亦会被视为没有时间观念。到达面试地点后应在等候室耐心等候，并保持安静及正确的坐姿。

7．假如一些小企业没有等候室，该怎么办？

可在面试办公室的门外等候，但不要挡住门。当办公室门打开时应有礼貌地说声："打扰了。"然后向室内面试官表明自己是来面试的，绝不可贸然闯入。

8．进入面试室后能否马上坐下？

等面试官告诉你"请坐"时可坐下。坐下后不要背靠椅子，也不要弓着腰，并不一定要把腰挺得很直，这样反倒会给人留下死板的印象，应该很自然地将腰伸直。

9．与面试官交谈时是否应始终注视对方？

这并不需要，当然更不能漫不经心地四处张望。在交谈时应当显得自然，平时怎么和别人交谈的，就怎么去做。

10．面试结束后该怎么做？

站起来对面试官表示感谢。在走出面试室时先打开门，然后转过身来向面试官鞠一躬并再次表示感谢，最后轻轻将门合上。

案例

面试，就是秀出真我

案例背景

2018 届本科生小刘来自四川，他是 2012 级网络工程专业的学生，大四的时候去当了两年义务兵，刚退伍回来。因为退伍军人申请上海户籍有优惠政策，所以决定在上海找工作，最终解决上海户口。

面试节选：

……

面试官：小刘你好，看了一下你的简历，你的学号是 12 级的，为什么现在才毕业？

应聘者：因为我去当了两年兵，刚回来。

面试官：那你为什么要去当兵？是为了考军校？

应聘者：也不是，只是为了体验一下军旅生活，锻炼一下自己。

面试官：那你觉得两年的参军经历除了让你在经济方面有所收获，还有其他的收获吗？

应聘者：结交了一些朋友吧。

面试官：那你专业方面的知识，现在应该已经遗忘的差不多了吧？

应聘者：两年没接触了，确实遗忘了很多。

面试官：我看到你在校期间还参加过一些专业方面的竞赛，并且成绩还不错，那你现在还希望在本专业就业吗？

应聘者：是的，但是现在感觉就业挺难的。

面试官：现在就业是比较严峻，你肯定是要留在上海工作吗？

应聘者：是的，因为只要在上海找到就业单位，按照当兵的优惠政策，就能解决上海户口。

面试官：那你觉得在上海生活和工作压力大不大？

应聘者：应该挺大的，现在上海的房价太高了。

面试官：现在有很多人做黑客，主要是为了钱，那如果以后有人出重金让你从事这方面的工作，你会怎么做？

应聘者：我应该不会的，而且就我现在的能力，人家也看不上我。

面试官：那你知道编程工作的特点吗？

应聘者：因为没有实习过，所以也不是很清楚，但从电视和媒体的报道看，应该都比较辛苦，要经常加班吧。

面试官：那你觉得你一星期加几次班能接受？

应聘者：最好不超过 3 次吧。

……

【点评】

这段面试过程，主要是想问应聘者这样一个问题“你的经验和现在的工作的联系”。这个问题要求应聘者首先要了解公司及应聘岗位的具体职责和技能要求，甚至具体到这个工作中一些很实际的问题，进而在回答问题的时候与其他应聘者进行比较，克服自己背景中显示出来的弱点，同时强化自身优点，说明你在了解这个岗位、了解自己的前提下，觉得自己更胜任这份工作。

这位应聘者当兵的经历，会使他在专业知识方面有所遗忘，但是他在校期间成绩优秀，而且参加过相关的竞赛还获得了奖项，这在一定程度上可以弥补他的一些短处，而且他可以从兴趣点上赢得认可，强调他对专业的认可和热爱，以突出他的优势。而且因为这个岗位需要较强的吃苦耐劳精神和超负荷的工作，他当兵的经历也能突出他的适应性（时间观

念与纪律观念较强），包括面试中提到的黑客问题，他也可以用他从军之后更加强烈的敬业精神、正义感等优点予以正面回答。

在面试中我们发现，很多应聘者没有很好地认清自身的优势，也没有很好地理解和思考面试官所提问题背后隐藏的真正含义，而是在整个面试过程中出现了被面试官牵着走的情况，显得非常被动。

（二）克服面试怯场的技巧

（1）要以一颗平常心正确对待面试，要做好承受挫折的心理准备。即使面试一时失利，也不要以一次失败论英雄。

（2）对招聘单位和自己要有一个正确的评价，相信自己完全能胜任此工作。“有信心不一定赢，没信心一定输。”

（3）穿着整洁大方，树立良好的自身形象，增强自信心。

（4）面试前做几次深呼吸，平复心情，勇气也会倍增。

（5）与面试官见面时，要主动与对方进行亲切有神的目光交流，以消除紧张情绪。在心里尽量建立起与招聘者平等的关系。如果心里害怕，有被对方的气势压倒的感觉时，就鼓起勇气与对方进行目光交流，待紧张情绪消除后，再表述自己的求职主张。

（6）当出现紧张的局面时，不妨自嘲一下，说出自己的感受，可使自己变得轻松些。

（7）感到压力大时，不妨借助谈话间隙去发现招聘者的诸如服饰、言语、体态方面的缺点，借以提高自己的心理优势，这样就会在不知不觉间提升自信，回答问题时也就自如多了。

（8）当与对方的谈话出现卡壳时，不要急不可耐，这样反而给自己留下思考的空间，抓紧理清头绪，让对方感觉你是一位沉着冷静的人。

（9）回答问题时一旦紧张，说话可能结结巴巴或越说越快，紧张也会加剧，此时最好的办法就是有意放慢自己的说话速度，让字一个一个地从嘴里清晰地吐出来。速度放慢了，心情也就不紧张了。也可加重语尾发音，说得缓慢响亮，以缓解紧张。

（10）进入考场见到面试官时，不妨有意大声地说几句有礼貌的话，做到先声夺人，紧张的心情也会自然消失。

二、面试类型

如今，企业采用的面试形式越来越丰富，面试流程也越来越复杂，其目的是为了提高面试筛选的准确度和效率，降低招聘成本。对于应届生来说，有必要了解通常的面试形式和面试流程，从而结合自身的实际情况做好面试准备，进而在面试中灵活应对，展现出良好的状态，最终博得面试人员的青睐。

按照面试的形式、内容、考核的重点不同，常见的面试类型及其特点如表 3-2 所示。

表 3-2　常见面试类型及其特点

面试类型	主要特点
电话面试	指面试人员通过电话来对应聘者进行提问的面试方式。电话面试一般是在笔试之后，在面对面的面试之前经常采用的面试手段，主要是针对某些特定问题进一步了解应聘者的情况
视频面试	指面试人员与应聘者利用连通了互联网的电脑，通过视频摄像头和耳麦以语音、视频、文字方式进行即时沟通交流的面试方式
结构化面试	指面试人员依据面试内容设计相应的试题、评分标准、评分方法、分值等对面试者进行面试的方式。其主要目的是评估应聘者工作能力的高低及是否能胜任该岗位工作
无领导小组面试	无领导小组面试是一种测评技术，其采用情景模拟的方式对面试者进行集体面试。它通过给一组应聘者一个与工作相关的问题，让面试者进行一定时间的讨论。在这个过程中，多个应聘者需要合作完成某个项目，可以是实际商业环境下典型的案例讨论，也可以是集体游戏

（一）电话面试

出于面试效率、成本等因素的考虑，特别是在招聘单位与招聘地点不一致时，招聘方在收到求职材料后，会采用电话面试的方式对初选通过的应聘者进行初步筛选。

应聘者在进行电话面试前应首先准备好提纲，以便从容应答。此外，在正式电话面试前，必须将对方单位的名称、计划招聘的职位、企业的基本情况，以及自己所感兴趣的职位等弄清楚。假若面试人员表示占用时间很短，要自己配合的话，可以先做简短的自我介绍，然后有条不紊地回答提问。

一般电话面试时，面试人员会首先确认求职简历的真实性。此时，应聘者必须冷静快速地回答问题，回答过程中的任何犹豫都有可能给对方造成说谎的印象。因此，最好将简历放在手边，可以看着内容回答提问。其次，电话面试人员会针对应聘岗位问些专业技术方面的问题，比如应聘者的专业技能、对应聘职位的看法，有时可能会问得更细一些。对于这些问题，千万不要慌张，应抓住问题的要点，要尽量显示自己对那些专业术语非常熟悉，并能用简短的语言表达清楚，重点突出，不要回答得含糊不清。

电话面试时，如果可能的话，最好在手边放一些纸和一支笔，以记录面试人员的问题要点，从而便于回答。此外，在电话面试时不要机械地背诵自己所准备的材料，语速不要太快，发音吐字要清晰，表述要简洁明了、充满热情，使谈话有趣且易于进行。如果问题没听清楚，要很有礼貌地请面试人员重述一次，如有必要，甚至还可以要求面试人员改用其他方式重述问题，不要不懂装懂，答非所问。

（二）视频面试

应聘者参加视频面试时，在用人单位安排的面试时间前，要提前安装好摄像头和耳麦等相关设备，并检查电脑、网络、摄像头、耳麦、灯光等设备工作是否正常，以保证视频面试按时正常进行。

视频面试时，应聘者的发型、着装应尽可能做到干净整洁、朴实大方、和谐得体，符合大学生身份，从而给面试官一个良好的印象。此外，视频面试时要特别注意语言表达，应做到条理清晰、吐字清楚。在面试过程中，眼睛要直视对方，不要有过多的小动作。

（三）结构化面试

结构化面试是指：根据特定职位的胜任特征要求，遵循固定的程序，采用专门的题库、评价标准和评价方法，通过考官小组与应聘者面对面地言语交流等方式，评价应聘者是否符合招聘岗位要求的人才测评方法。

结构化面试是在工作分析的基础上精心设计与工作有关的问题和各种可能的答案，并根据被试者回答的速度和内容对其作出等级评价。目前，公务员、大型企业和外企使用此类面试较多。

1. 自我介绍

面试开始之前，一般都会首先要求应聘者进行自我介绍。自我介绍作为面试过程中留给面试官的第一印象，其重要性不言而喻。自我介绍时间一般为 1～2 分钟，这是让自己在众多应聘者中快速突显自己的机会。对于之前已经准备好的有价值的、与众不同的经历或者特长，务必要说出来，面试官也希望通过了解你的个人经历及个人特点，初步判断你是否符合应聘岗位要求。

拓展阅读

一分钟的自我介绍怎么说最好

面试中一段短短的自我介绍，实际上是为了进行更深入的面谈而设。自我介绍需要将自己最美好的一面毫无保留地表现出来，要令对方对自己留下深刻的印象。

1. 自我认识

要想一矢中的，首先必须知道你能给公司带来什么好处。当然，讲话时不能空口无凭，必须有事实加以证明。最好的办法就是能够展示过去的成绩，例如，你曾为以前的公司做网页设计，并获得过奖项或赞扬。当然，这些内容都必须与你要应聘的岗位相关。

2. 投其所好

清楚自己的强项后，便可以开始准备自我介绍的内容：包括自己的优点、掌握的技能，突出的成就、深厚的专业知识、良好的学术背景等。不过，由于时间只有短短的一分钟，因此，介绍的重点还是应放在与应聘岗位相关的内容方面。例如，如果应聘的计算机软件开发岗位，则介绍的重点应放在自己掌握的开发软件、已有的开发经验和曾经开发的产品等方面。

3. 身体语言

不管内容如何精彩，如果没有漂亮的包装，还是不完美的，因此，在自我介绍时，必须时刻留意自己在各方面的表现。例如，切忌以背诵的口吻介绍自己，最好事前找些朋友做练习对象，尽量让对方听起来流畅自然、充满自信。

身体语言也是重要的一环，尤其是眼神接触。它不但可以令听者专心，还可表现自己的自信。曾经有一项报告指出，在日常的沟通中，非语言成分占了将近 70%。因此，如果希望面试成功，应利用好自己的身体语言。

2. 一问一答式面试

这种形式的面试一般被应用在第一轮中，它的作用往往是将素质较低或明显不符合岗位要求的面试者淘汰出去。

这类面试大多都会倾向于围绕应聘者的简历和申请表来进行，所以简历必须是真实的，而且要对简历上涉及的所有事情都做到心中有数。在应对这种形式的面试时，应聘者要表现出自己对所申请职位的热情和浓厚的兴趣，态度太过平淡会让面试官觉得你对这个职位不太在意。

此外，在证明自己拥有某项能力的时候，最佳的方式是用实例来佐证，而不是空洞地强调自己多么优秀。同时，为了表现自己的专业素养，还可以在交流的过程中适当地使用一些本领域的专业术语。如果在面试过程中出现小的差错，可以不用太过介意，要坚持下去，以体现自己良好的素质。

面试结束时，面试官往往会问“你有没有什么想问的问题？”这个时候千万不要放松，如果你提不出一些有实质意义的问题，面试官会觉得你对这份工作不是十分重视或思考得不多，因此可以在面试前就准备 3、4 个与工作性质、工作内容、工作特点相关的问题。

但是，一定要记住，提出问题不是为了难倒面试官，也不是告诉他你有多聪明，而是告诉他你对这份工作很渴望，已经思考了不少，同时希望了解更多。这个时候，你的目标是“双赢”：既能让面试官对你有好感，也很愿意回答你的问题，这是最好的。

拓展阅读

结构化面试题举例

1. 简单寒暄

你怎么过来的？

2. 观察

应聘者的仪表风度、精神面貌、行为礼仪等。

3. 口头表达能力

请先用几分钟简单介绍一下自己吧。

4. 兴趣爱好

平时常看些什么书？最喜欢的课余活动是什么？

5. 上进心与自信心

谈谈你在担任学生干部的经历中，令你感到成功的事例及成功的因素是什么？

6. 灵活应变能力、工作态度等

你在选择工作时更看重的是什么？

7. 责任感与归属意识

如果你的班级在一项比赛中处于劣势时，你会怎么办（想法和行动）？

3. 情景模拟式面试

情景模拟是通过一系列问题，如“这件事情发生在什么时候”“你当时是怎样想的”“你采取了什么措施来应对”等，来收集应聘者在代表性事件中的具体行为和心理活动。

情景模拟的实质是考查应聘者的性格倾向和价值观是否和本企业的文化一致。面试官基于你对以往事件的描述及回答，来评价你的基本素质和推测你在今后工作中的可能表现。

情景模拟主要有以下形式：

（1）工作活动模拟。

一是上下级对话形式，由面试官饰上级，应聘者饰下级，下级向上级领导汇报工作或请示工作。这种面试一般采用面试官与应聘者对话，其余面试官观察打分的方式进行。

二是布置工作的面试。要求应聘者在看完一份文件或会议纪要后，以特定的身份结合部门实际，对工作进行分工安排。

（2）角色扮演法。

事先向应聘者提供一定的背景情况和角色说明，面试时要求应聘者以角色身份完成一定的活动或任务，如接待来访、主持会议、汇报工作等。

（3）现场作业法。

提供给应聘者一定的数据和资料，在规定的时间内，要求应聘者编制计划表、起草公文和计算结果等。

为了能够从众多的应聘者中脱颖而出，大家在进行情景模拟面试时需要特别注意以下几点：

① 沉着应对。

情景模拟面试的内容一般都可在现实生活中找到原型或样板，两者之间存在高度相似性，不同的是情景模拟面试有明确的时间限制及面试官的参与，气氛比平时更为紧张。在情景模拟面试中，应聘者心理与情绪的调节与控制是非常重要的。为了准确地感知模拟情景中的事物及其本质，提出切实可行的解决办法，应聘者一定要使自己的心绪保持稳定，沉着地应对挑战。

② 大胆创新。

情景模拟面试以考查应聘者的全面素质为目的，它所考查的内容不仅包括基本的能力与素质，还包括创新思维、随机应变等更高的要求。应聘者在进行情景模拟面试时，不能仅限于简单地演示日常工作方法与手段，而应对事物进行灵活处理，即以平时经验为基础，根据模拟情景中的条件和线索进行大胆创新，探索新的解决问题的思路与方法。这种突破常规的做法和勇气，往往会给面试官留下深刻的印象。

③ 循规操作。

情景模拟面试中，有一些内容的应答是不容许应聘者创新的，如公文处理及机关事务处理，它们的处理原则及程序都有明确规定，应聘者只能循规操作，而不可自作聪明地擅自更改某些规则。

（四）无领导小组面试

这是一种集体面试的测评技术，它通过给一组应聘者一个与工作相关的问题，让他们进行一定时间的讨论，来检测应聘者的组织协调能力、口头表达能力、辩论能力、说服能力、情绪稳定性、处理人际关系的技巧等，以确定应聘者的能力和素质是否达到拟任岗位的要求。

1. 无领导小组面试概述

无领导小组面试（以下简称小组面试）的流程大致分为介绍、陈述和讨论/辩论。与“一对一”“多对一”等传统面试形式相比，小组面试更能全方位地考查应聘者的领导能力、团队协作能力、语言表达能力、个性品质等，从而可以全面评估应聘者的综合素质。

小组面试的类型有：自由讨论式和团队协作式。自由讨论式往往是五六个人参加，分自由发言和讨论两部分，自由发言时各应聘者在规定时间内对面试官给定的题目发表自己的见解，面试官则在一旁观察和听取每个人的仪表、举止和见解。在讨论时，发言人要和其他人进行交流，很像自由辩论。团队协作式是几位应聘者就面试官给出的任务共同协作完成，这个任务可能跟应聘的职位有关，也可能跟近期发生的某件事有关。

在小组面试的讨论环节，面试官的评价标准主要包括：发言次数多少；发言的主动性如何；是否提出了新的见解和方案；是否敢于发表不同的意见，是否敢于支持或肯定别人正确的意见或坚持自己正确的意见，能否倾听和尊重别人的意见；是否善于消除紧张气氛，说服别人，调解争议，把众人意见引向一致；是否善于调动大家发言的积极性；语言表达、分析、概括和归纳能力如何；反应、应变能力怎么样；等等。

2. 无领导小组面试应试技巧

（1）发言积极、主动。

面试开始后，积极亮出自己的观点，不仅可以给面试官留下较深的印象，而且还有可能引导和左右其他应聘者的思想和见解，将他们的注意力吸引到自己的思想观点上来，以争取充当小组中的领导角色。自己的观点表述完以后，还应认真听取别人的意见和看法，

以弥补自己发言的不足，从而使自己的应答内容更趋完善。

（2）把握说服对方的机会。

不要在对方情绪激动时试图改变其观点，因为在情绪激动时，情感多于理智，反而可能使其更加坚持原有的观点，做出过火的行为。

（3）言词要真诚可信。

能够设身处地站在对方立场上考虑问题，理解对方的观点，在此基础上，找出彼此的共同点，引导对方接受自己的观点。交流时要态度诚挚，通过对问题进行更深入的分析，提供更充分的证据来说服对方。讲话时要抓住问题的实质，言简意赅，辩论时要多摆事实、讲道理。

（4）可以运用先肯定后转折的技巧，拒绝接受对方的提议。

当对方提出一种观点，而你不赞成时，可先肯定对方的说法，再转折一下，最后予以否定。肯定是手段，转折—否定才是目的。先肯定，可使对方在轻松的状态下继续听取你的意见。尽管最终转折了，但这样柔和地叙述反对意见，可使对方更易接受。

（5）后发制人。

在面试开始后，不要急于表达自己的看法，而应仔细倾听别人的发言，并从中捕捉某些对自己有用的信息，通过取人之长来补己之短。待自己的应答思路及应答内容都成熟以后，再精心阐述，最终达到基于他人而又高于他人的目的。

3．无领导小组面试试题

（1）开放式问题。

开放式问题是指答案非常灵活的问题，主要用于考查应聘者思考问题是否全面，是否有针对性，思路是否清晰，是否有新的观点和见解等。例如：

是什么决定成败。有人说细节决定成败，也有人说战略决定成败。请问：你同意上述哪个观点？并陈述你的理由。

（2）两难问题。

两难问题是让应聘者在两种互有利弊的答案中选择其中的一种。主要考查应聘者的分析能力、语言表达能力以及说服力等。例如：

假设你是某公司的业务员，现在公司派你去偏远地区销毁一卡车的过期面包（不会致命，且无损于身体健康）。在行进的途中，刚好遇到一群饥饿的难民堵住了去路，因为他们坚信你所坐的卡车里有能吃的东西。

这时报道难民动向的记者也刚好赶来。对于难民来说，他们肯定要解决饥饿问题；对于记者来说，他是要报道事实的；对于你这个业务员来说，你是要销毁面包的。

现在要求你既要解决难民的饥饿问题，让他们吃这些过期的面包，以便销毁这些面包，又要不让记者报道过期面包这一事实，请问你将如何处理？

说明：面包不致命；不能贿赂记者；不能损害公司形象。

（3）多项选择问题。

此类问题是让应聘者在多种备选答案中选择其中有效的几种或对备选答案的重要性进行排序，主要考查应聘者分析问题实质，抓住问题本质的能力。例如：

假定现在发生了一起海难，游艇上有8名游客等待救援，但现在直升机每次只能救一个人。现在游艇已坏，不停漏水。同时，现在已是寒冷的冬天，海水冰冷刺骨。

8名游客的基本情况如下：

① 将军，男，69岁，身经百战；

② 外科医生，女，41岁，医术高明，医德高尚；

③ 大学生，男，19岁，家境贫寒，参加过国际奥数大赛并获奖；

④ 大学教授，男，50岁，正主持一个科学领域的研究项目；

⑤ 运动员，女，23岁，奥运金牌获得者；

⑥ 经理人，男，35岁，擅长管理，曾将一大型企业扭亏为盈；

⑦ 小学校长，男，53岁，劳动模范，五一劳动奖章获得者；

⑧ 中学教师，女，47岁，桃李满天下，教学经验丰富。

请将这8名游客按照营救的先后顺序排序，并说明理由。

（4）操作性问题。

操作性问题是指给应聘者一些材料、工具或者道具，让他们利用所给的这些材料，设计出一个或一些由面试官指定的物体来。其主要目的是考查应聘者的主动性、合作能力以及在实际操作任务中所充当的角色。例如，给一些材料，要求相互配合，构建一座铁塔或者一座楼房的模型。

（5）资源争夺问题。

此类问题适用于指定角色的无领导小组讨论，是让处于同等地位的应聘者就有限的资源进行分配，从而考查应聘者的语言表达能力、分析问题能力、概括或总结能力，以及发言的积极性和反应的灵敏性等。例如，让应聘者担当各个分部门的经理，并就有限的资金进行分配。因为要想获得更多的资源，必须有理有据，必须能说服他人。

三、面试主要考查内容

了解面试官在面试中到底要测试什么，可以有目的地提前做好相关准备。一般来说，面试的考核要素主要有以下几项。

（一）基本素质

1. 仪表举止

这是指应聘者的衣着举止、精神状态、风度气质等。研究表明，仪表端庄、衣着整洁、举止文明的人，一般做事有规律，注意自我约束，责任心较强。因此，面试者在应聘时应

注意着装得体，举止文明、大方，表情丰富，回答问题要认真、诚实。

2. 道德品行

主要考查应聘者责任感是否强烈，考虑问题是否偏激，情绪是否稳定等。因此，应聘者回答问题时应该突出自己的自信心，表明自己是一个目标明确、意志坚强、责任感强、具有强烈上进心的人，一个做事令人放心的人。

3. 求职动机

了解应聘者为何希望来应聘单位工作，对哪类工作最感兴趣，在工作中追求什么，从而判断应聘单位所能提供的职位、工作条件等能否满足其工作要求和期望。

4. 自我控制能力与情绪稳定性

自我控制能力在工作中显得尤为重要。一方面，在遇到上级批评指责、工作有压力或是个人利益受到冲击时，能够克制、容忍、理智地对待，不致因情绪波动而影响工作；另一方面，工作要有耐心和韧劲。

5. 工作态度

一是了解应聘者过去学习、工作的态度；二是了解其对应征职位的态度。如果应聘者在过去学习或工作中态度不认真，做什么、做好做坏都无所谓，此人在新的工作岗位也很难做到勤勤恳恳、认真负责。

此外，面试时面试官还会向应聘者介绍本单位及拟聘职位的情况与要求，讨论有关薪资、福利等应聘者关心的问题。

（二）相关能力

1. 口头表达能力

主要指应聘者能否将要向对方表达的内容有条理地、完整地、准确地转达给对方；引例、用语是否确切；发音是否准确，语气是否柔和；说话时的姿势、表情是否恰如其分。

2. 综合分析能力

主要指应聘者能否通过分析面试官所提出的问题，抓住问题的本质，并且说理透彻、分析全面、条理清晰。

3. 思考判断能力

主要指应聘者能否准确、迅速地判断面临的情况；能否恰当地处理突发事件；能否迅速地回答对方的问题，且语言简练、贴切。

4. 反应能力与应变能力

主要指应聘者对面试官所提的问题能否准确理解，且回答迅速；对于突发问题的反应是否机智敏捷、应对恰当；对于意外事情的处理是否妥当，等等。

5. 学习能力

主要指应聘者理解并接受新事物、新观念的能力。担任任何职位都必须具有良好的学习能力，因为世界每时每刻都在发生变化，不断有大量的新事物、新观念涌现出来，而要

使自己跟上时代发展的步伐，必须及时地接受并理解与自己所任职位有关的新事物和新观念，只有这样才能不断提高自己的工作水平，创造性地完成职位规定的各项任务。

考查此项能力时，用人单位会首先考查应聘者是否具有学习新知识、新技能的强烈愿望和兴趣；其次会考查应聘者是否掌握了良好的学习方法和技巧。

6. 人际沟通能力

面试时，面试人员通过询问应聘者经常参与哪些社团活动，喜欢同哪种类型的人打交道，在各种社交场合所扮演的角色等，来了解应聘者的人际交往倾向，以及与他人相处的能力。

7. 职位需要的特殊能力

不同的行业、职位对应聘者有不同的特殊能力要求。例如，对新闻记者的考查会重点关注应聘者是否具备以下几个方面的特殊能力：

（1）文笔好且文思敏捷；

（2）定力强，能在嘈杂的场合下撰写文字；

（3）有良好的判断力，能迅速推定新闻之真相。

（三）职业匹配度

1. 个性特征

个性并无好坏之分，但个性特征与职业类型的匹配度会对职业发展产生重要影响。霍兰德人职匹配理论认为，人的人格类型、兴趣与职业密切相关，每个人都有自己独特的行为模式和人格特征，每个人都可以找到适合自己的职业。个人的人格特征、兴趣与职业相匹配时，可以调动工作热情、激发潜力，并提高工作满意度。因此，在面试过程中，招聘单位通常会对应聘者的个性特征进行测评，以了解其人格类型，判断其人格类型与应聘职位的匹配度。

2. 专业知识

若招聘职位的专业性较强，那么在面试过程中，面试官往往会向应聘者提一些专业方面的问题，以了解应聘者所掌握专业知识的深度和广度，测评其专业能力和技能水平是否符合任职要求。

3. 实践经验

在面试过程中，面试官通常会根据应聘者的实践经历或工作经历提问，以核查应聘者简历信息的真实性，并进一步了解应聘者的实践经历及其所获得的相关经验等。

4. 兴趣爱好

在面试过程中，面试官可能通过询问应聘者在闲暇时间所参与的活动、阅读的书籍、观看的电影等，来了解应聘者的兴趣爱好，以便更加全面地了解应聘者的综合素养和能力。

拓展阅读

面试官常设的七大招聘陷阱

面试其实就是一场战斗，为了赢得这场战斗，面试官与应聘者斗智斗勇。这里总结了七个面试官常爱设置的陷阱圈套，供大家参考。

1．压力陷阱

面试官通常会正话反说，以测试应聘者在压力下的本能反应。如“你原来的单位还是不错的，你却要走，是不是在原单位混不下去了，只好挪个窝”“我们单位工作竞争压力很大，你年纪轻轻恐怕很难适应”。若应聘者结结巴巴，无言以对抑或怒形于色，据理力争，脸红脖粗，那就掉进了面试官设置的圈套。因此，碰到此种情况时，务必要头脑冷静，明白对方在“做戏”，不必与他较劲。

2．误导陷阱

对于一些问题，面试官其实早有答案，却故意说出相反的答案。若应聘者一味讨好面试官，顺着面试官的错误答案往上爬，面试结论将是应聘者无主见，缺乏创新精神，自然属于淘汰之列。

3．关系陷阱

不要因为你有一定的社会背景，就趾高气扬，目空一切，觉得职位非你莫属。用人单位明白，对你这类人，很可能“请神容易送神难”，因此，他们会想方设法淘汰你，以免将来受你牵制。

4．薪酬陷阱

面对用人单位提出的薪酬期望值问题，应聘者常不敢贸然回答。回答低了，用人单位会觉得你自信心不足，难成大器；回答高了，又觉得养不起你这条“大鱼”。正确的回答是顾左右而言他，打太极，例如，可以回答“我想公司会根据我的业绩给予合理报酬，从而体现多劳多得的原则”，从而又将球踢了回去。

5．保密陷阱

不要在面试中泄露自己的创意和设计，或滔滔不绝地将原单位原本保密的东西一股脑儿端出来，关键时刻应注意留一手。轻易泄露公司机密，用人单位就会联想此人今后会不会同样泄露我公司的机密。另外，如果你将肚子里的“货”全部吐出来，那你岂不成为了公司无用之人，公司要你何用。

6．经历陷阱

不要因你富有工作经历而得意忘形，转职过多用人单位会觉得你好高骛远靠不住，若窝在一个工作岗位“奋斗”十年，用人单位又会说你无创造性。经历不在多而在于是否有效，摆出有益于公司的硬东西来，自然会受公司器重。

7. 事故陷阱

一群人去酒店应聘，酒店老总故意装扮成令人讨厌的问路者，结果耐心回答问题的一个应聘者被认为富有耐心与热情而被录用为餐饮部经理；一群人去应聘幼师岗位，只有一人在孩子嚎啕大哭时赶紧过去安慰孩子，此人被立即录用，原因是有工作意识，对工作“来电”。意外的“事故”常常是检验应聘者的试金石。应聘者若平常不注意操守，极易在这些“事故”面前原形毕露。

四、面试礼仪

应聘者的仪容仪表和言行举止往往会影响招聘者对应聘者的第一印象。在面试环节中，应聘者应遵守以下礼仪规范。

小齐面试成功的秘密

某校毕业生小齐在一家外企工作，这也是她应聘的第一份工作。和求职中屡屡受挫的同学相比，她几乎算一次成功。当别人向她讨教经验时，她说，“细节决定成败”的道理在找工作时也适用。

小齐应聘的第一家单位是一家保健品企业。那时，公司只招聘客服助理一人。顺利进入面试，小齐事先为自己搭配了比较大方得体的衣服，她说：“穿衣问题虽是小节，却体现了对他人的尊重”。面试时，她还特地提前半小时到达，她说：“守约不是大事，却能给人做事严谨的好印象”。

面试由总经理亲自主持，是一对一的交谈，小齐刚开始也很紧张，因为与一起前来的应聘同学比，她的优势并不特别突出。当面试官要求她“介绍下你自己有什么特点”时，她拿实例回答面试官：在学校担任就业工作助理期间，负责协助老师组织招聘会，这对没有任何“关系”的她是一种挑战。她经常从网上挑选、联系、邀请用人单位，在这个过程中，虽遇到不少挫折，却在很大程度上锻炼了自己较强的抗挫折能力。

面试结束时，她把椅子轻轻移回原位。这时，主持面试的总经理脸上产生了微妙的变化，并热情地说再见。因为这个细节，她成为唯一被录用的应届毕业生。人事经理后来告诉她，面试时，面试官都会观察应聘者是否迟到、衣着是否整齐，是否有不良习惯等。那天她不但没有迟到，还是应聘人员中唯一一个把持子移回原位的应聘者。这个小小的举动为她最后胜出奠定了基础。

【点评】在日常生活中注重衣着形象、言谈举止、气质风度、文明礼貌等礼仪，可以给他人留下良好的印象。大学生在求职过程中更要注重礼仪，因为礼仪可以反映出一个人的品德和修养，一个仪表出众、懂得礼仪的人，通常更容易得到他人赏识，也将获得更多的机会。由于对礼仪知识的缺乏或是对礼仪不重视，导致应聘者求职失败的案例屡见不鲜。

（一）面试仪容

面试前，应聘者应整理好仪容，保持头发整洁干净，不可留怪异的发型，也不可染发、烫发等。男士应确保头发长短适中，前不遮眉，侧不掩耳，后不及衣领。不可留鬓角、胡须，也不可留长发或剃光头。对于女士而言，如果是短发，则长度不宜过肩；如果是长发，则应将头发扎起来或者挽起、盘起，不得披头散发。此外，女士的刘海不能遮住眉毛。

应聘者无论男女，都应保持面部清洁，眼角、鼻孔及耳部无分泌物，口腔无异味。面试之前，女士可化淡妆，以示尊重，但不可浓妆艳抹，也不可使用浓烈的香水。

（二）面试仪表

仪表主要是指个体的着装。着装能够展示一个人的气质和修养。应聘者参加面试时应做到着装整洁、大方、搭配协调，适合面试场合，符合职业形象。在应聘不同职位时，应聘者应根据所应聘职位的性质确定自己的穿着。例如，应聘技术人员等操作型职位时应穿着朴素；去广告公司应聘时应穿着时尚、个性，等等。

具体而言，女士着装应符合以下礼仪规范：

（1）着装应简洁、大方、合体。职业套装是最合适的选择。职业套装不能太薄、太透，其颜色应显得典雅、稳重而不抢眼。

（2）皮鞋的款式应简洁大方，鞋跟不宜太高，皮鞋的颜色应尽量与套装的颜色保持一致。如果不知道如何搭配颜色，则最简单易行的办法就是穿黑色的皮鞋。

（3）丝袜颜色以近似肤色为宜。穿丝袜时应注意随时检查是否有勾丝和破损的情况，若发现勾丝或破损，则应马上更换。最好随身带一双丝袜备用。

（4）可佩戴简单朴素且与服装相匹配的饰物。

男士着装应符合以下礼仪规范：

（1）在春秋和冬季，最好穿正式的西装面试；在夏季和秋季，应穿长袖衬衫，系领带，最好不要穿短袖衬衫或休闲衬衫。

（2）皮鞋的颜色应比裤子的颜色深，且无灰尘或污痕；鞋带要系牢。

总之，大学毕业生应通过着装展示年轻而富有朝气的一面，以清新的形象示人。

（三）面试举止

举止是无声的语言，主要通过人的表情、姿势、动作等表现出来。它能够展示一个人的修养。应聘者面试时应注意以下礼仪。

1. 敲门进入

进入面试室前应先轻轻敲门，得到许可后方可进入，不可直接推门而入。敲门时应力度适中，不可用力过大。进入面试室时应体态端正、仪态大方，不可在进门前先伸头张望。进门后，应转过身轻轻地关上门。

2. 主动问候

进入面试室后应主动向面试官行点头礼或鞠躬礼，并向其问好，如“上午好”“下午好”“各位领导好”等。若面试官没有主动伸手与自己握手，则应聘者无须主动与之握手。进入面试室后，不能随便落座，而应待面试官说“请坐”时才能入座，并且应坐到面试官指定的座位上。

3. 态度恭谦

应聘者在面试过程中回答问题时应精神集中、态度恭谦，给面试官留下诚恳、自信、乐观、不卑不亢的印象。如实地回答面试官的提问，切忌含糊其词。

4. 注重仪态

（1）坐姿。应聘者落座后，应保持端正的坐姿。正确的坐姿如下：坐满椅子的2/3，上身自然挺直并略向前倾，双脚、双膝并拢，双手自然放于腿上等。需要注意的是，不能坐满整个椅面，否则显得太随意；也不能坐在椅子边沿上，否则显得太过拘谨。

小贴士

落座后不要有下列小动作：下意识地看手表；抖腿或跷二郎腿；双腿叉开，并不停地摇晃；用手掩口；讲话时摇头晃脑；不停地挠后脑勺；不停地玩弄随身携带的小物件。

（2）眼神。合适的眼神可以展示应聘者的自信，也可以表达对面试官的尊重。与面试官交谈时，应聘者应自然地注视面试官，且最好将目光集中在对方的眼睛与鼻子之间的三角区，切勿长时间直视对方的眼睛或避免与对方有眼神接触。注视面试官时，每次的注视时长以15秒左右为宜，然后转而注视他处，间隔30秒左右之后再转而注视面试官。

（3）笑容。俗话说：“面带三分笑，礼数已先到。”微笑是最美的语言。应聘者在面试过程中应保持自然的微笑，这样既能够适当地消除紧张感，又能够展现自己的自信，提升自己的外部形象，还能够增进沟通，拉近自己与面试官的心理距离。

（4）手势。在面试过程中，应聘者可以适当地使用手势，但应确保手势得体、协调。手势并非多多益善，而应适量。手势的使用频率、摆动幅度及所呈现的姿态等都应配合有声语言进行。过多、过杂且姿态不雅的手势会给人以张牙舞爪和缺乏修养之感。

5. 注意聆听

在面试过程中，应聘者一定要仔细聆听面试官的讲话并适时以“嗯”“对”“是的”“我想是的”等话语予以回应。这样能够给面试官留下良好的印象。聆听是有礼貌、有修养的表现，若随意打断面试官的讲话或抢着发言，则可能给面试官留下急躁、不够稳重、缺乏修养的印象。

6. 谈吐文雅

面试官一般比较欣赏谈吐优雅、表达清晰、逻辑性强的应聘者。应聘者在与面试官交谈时应语言简洁、吐词清楚、条理清晰。同时，应多用敬语，如提到面试官时要用“您”，提到应聘的公司时要用“贵公司”等。

与面试官交谈时不要发生争论，不要抢话头，不要连珠炮式地发问，也不要乱开玩笑；当对方谈兴正浓时，不要轻易转移话题。在表达自己的观点时根据实际情况谈自己的看法，也可以使用“我很同意您的观点”之类的话来回应。在面试过程中，可以真诚地表达自己的意愿，如可以直接表达“我真心想得到这份工作”等意愿，然后运用恰当的语言说明自己能够胜任所应聘职位的理由。

需要注意的是，在交谈过程中切勿过多地使用“呢”“啦”“吧”“啊”等语气词，也不要使用口头禅，否则会影响表达效果，并给面试官留下不良印象。

7. 适时告辞

当面试官示意面试结束时，应聘者应微笑着起立，感谢用人单位给予面试的机会，然后道“再见”，最后从容地走出房间并轻轻地关上门。如果进入面试室时有人接待或引导，则离开面试室时应向其致谢、告辞。

小贴士

面试时的不当言行

面试时切忌出现以下言行举止：

（1）面试时迟到。

（2）等候面试时嚼口香糖、抽烟、喧哗等。

（3）回答面试提问时空话连篇，甚至撒谎。

（4）面试期间不停地看表。

（5）面试时盯着面试官或不看面试官。

（6）反复地问“您能再说一遍吗”。

（7）为了取悦面试官而伪装自己。

（8）直截了当地询问待遇。

（9）面试期间随意走动、做小动作或处理其他事务。

（10）面试期间不关闭手机或接听电话。

（11）对面试官冷嘲热讽或随意评价他人。

（12）在面试官解答了自己的疑惑时忘记对其说“谢谢”。

案例

面试中回答问题的技巧

在一次选调生面试中，面试官先后向两位应聘者提出了同样的问题：“作为选调生，按照组织的要求都要到基层去锻炼，而且基层条件比较艰苦，请问你们是否有思想准备？”

毕业生小王说："吃苦对我来说不成问题，因为我从小在农村长大，父亲早逝，母亲年迈，我很乐意到基层去，只有在基层摸爬滚打才能积累丰富的工作经验，为今后发展打下基础。"毕业生小李则回答："到基层去锻炼我认为很有必要，我会尽一切努力克服困难，好好工作，但作为年轻人总希望有发展的机会，不知组织安排我们下去的时间多长？还有可能上来吗？"结果前一学生被录用，后一学生被淘汰。

在面试过程中，回答问题的技巧非常重要。对有些问题的回答，表面上看来合情合理，无可厚非，但却令考官反感。这是因为：考官并不在乎你回答内容的多少，而在于考查你对问题本身的态度，进而了解你对职业的态度等。显然，这一案例中，小王同学对下基层态度端正、诚恳，令主考官欣赏；而小李思想上明显有顾虑，尽管是人之常情，但这种场合下他的回答显然不合时宜。

【课外推荐电影与图书】

一、影视作品推荐

《铁拳男人》

上映时间：2005 年

导演：朗·霍华德

推荐理由：这是一部讲述 30 年代美国经济大萧条时期，一个男人为了生计参加拳击比赛，最终竟获得拳王称号的故事。影片汇集了众多大牌，特别是导演朗·霍华德与主演拉塞尔·克劳继奥斯卡大赢家《美丽心灵》之后再一次联手，成为影片最大看点。此次能吸引这位金像导演再次触及人物传记题材，是由于影片剧本深深地吸引了他，主角詹姆斯·布洛克的传奇人生即使在多年之后仍然鼓动人心，因为它向我们展示了爱的神奇力量和人性非凡的忍耐力。影片海报如图 3-1 所示。

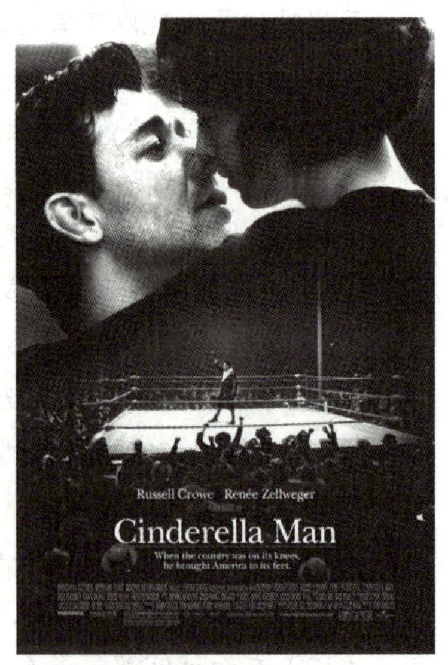

图 3-1 《铁拳男人》海报

二、经典书籍推荐

《说话的魅力》

作者：刘墉

出版社：接力出版社

出版时间：2015 年

推荐理由：读完这本书你一定会对人际交往语言的应用有一个新的认识。刘墉在这本书中以"说话"为主题，教你如何坏话好说，狠话柔说，长话短说，虚话实说等，也会帮你分析怎么将说话内容变得更幽默风趣，还会教你说话时候的呼吸调整、仪表姿态等我们容易忽略的地方。本书封面如图 3-2 所示。

《沟通的艺术》

作者：罗纳德 · B．阿德勒、拉塞尔 · F．普罗科特

译者：黄素菲、李恩、王敏

出版社：北京联合出版公司

出版时间：2017 年

推荐理由：本书分为“看入人里”“看出人外”和“看人之间”三个部分。“看入人里”主要探讨了与沟通者有关的因素，说明了人际关系的本质，强调自我在沟通中的角色，并分析了知觉与情绪在沟通中的重要性；“看出人外”聚焦于沟通者之外信息的发送与接收，分析了语言的运用和非语言线索的特征，强调了倾听的重要性；“看人之间”则主要讨论了关系的演变过程，侧重于亲密关系的区辨，提出了改善沟通氛围、处理人际冲突的各种沟通方法。本书既关注有关人际沟通的理论介绍，也加入了丰富实用的阅读材料。8 大专栏、超过 100 篇文章，让读者可以轻松学习和应用书中的沟通技巧。新增多部热门美剧、电影和真人秀的分析，让你可以轻松印证作者在每一章总结的沟通准则，增加阅读的趣味性。本书封面如图 3-3 所示。

图 3-2　《说话的魅力》封面

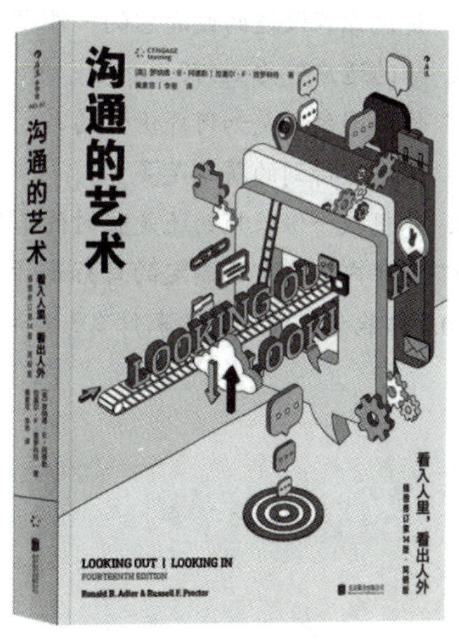

图 3-3　《沟通的艺术》封面

【课后实践】

模拟面试

为增强求职意识，提高求职技能，提升就业竞争力，大学生可以以班级为单位自发组织模拟面试，邀请师兄师姐或者老师当面试官，体验一下面试的氛围。通过模拟面试，掌握简历制作技巧、面试流程、面试礼仪等，从而以最佳的状态面对今后的面试。

组织形式：在教室里模拟企业招聘全过程。

准备事项：桌子和椅子、简历、着装、面试问题、其他道具。

活动内容：邀请师兄师姐或者老师担任面试官，小组同学事先准备好自己的简历，依次应聘。面试过程中回答面试官提出的各种问题，结束后由面试官点评，其他同学也可以参与评议。

面试问题：（仅供参考）

1. 谈谈你自己（请介绍一下你自己）。
2. 对我们公司了解吗？为什么愿意应聘这个工作？
3. 请你用两分钟描述自己的优势和不足。
4. 说说你曾做过的最满意的一件事。
5. 你的适应能力如何？
6. 你周围的人是如何评价你的？
7. 你希望得到的薪酬是多少？
8. 你想找一份长期的还是临时的工作？
9. 五年内你给自己制定的目标是什么？
10. 你能为我们公司带来什么？

第四章

大学生职业适应

【本章地图】

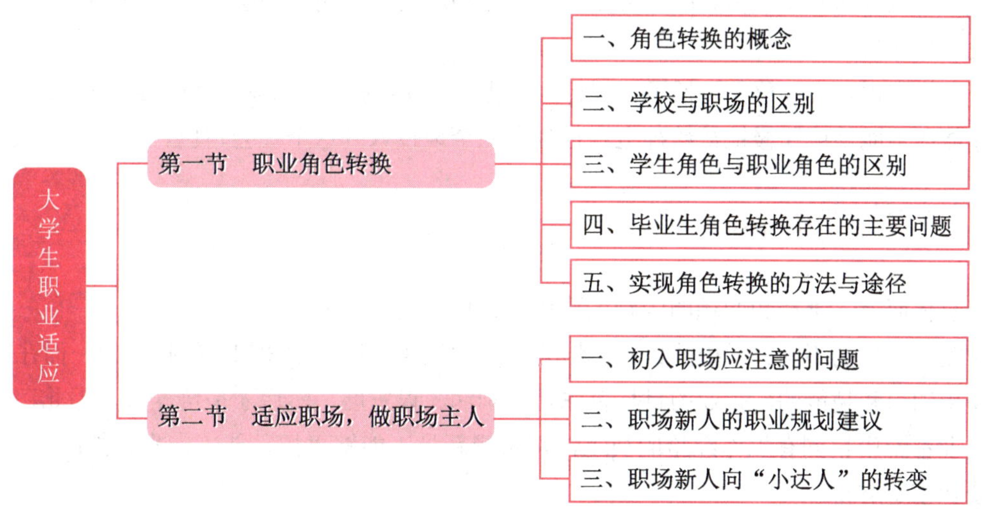

【案例导入】

小 A 毕业以后进入了一家知名企业，由于他所在的部门工作比较繁忙，上班第一天，经理便说没时间带他，让他自己学习。但是小 A 不知道怎么开始学习，上班都已经两天了，他只能把时间都用来看书。小 A 感到，周围的同事似乎都忽略了他的存在，这让他很郁闷。如果你是小 A，面对这样的困境你会怎么办？

【点评】一般情况下，这种情况是不会发生的。之所以会发生这种情况，估计有两种可能，一种是公司内部没有协调好，或者部门主管近期比较忙；一种是公司对小A进行进一步的考查。此时小A可以主动找到部门主管，向其咨询自己的工作安排。如果部门主管不在的话，可以向同事了解一下公司的情况，看看是否有关于公司或部门的资料。

第一节　职业角色转换

一、角色转换的概念

角色是对群体或社会中具有某一特定身份的人的行为期待。所谓角色转换，是指个体因社会任务和职业生涯的变迁，从一个角色进入另一个角色的过程，其根本的变化是社会权利和义务的变化。

人在一生中要扮演多种角色，要发生多次的角色转换。其中，大学毕业到一个新的单位工作，就是一次角色转换的过程，即实现由“校园人”到“职业人”的转换。大学生大学毕业也就意味着要承担新的社会角色，但这种新的社会角色的确立并不是一蹴而就的，而是一个行为过程。

一般来说，进入角色包括了下列行为过程：表现出扮演这个社会角色必需的社会品质和才能；本能地或积极地从精神上和行为上完全地投入到这个社会角色。

二、学校与职场的区别

总体而言，学校和职场的区别主要体现在以下几个方面：

第一，目的不同。学校的目标是培养人，学生在学校是学知识、练技能的，而在职场是使用知识和技能的，企业的目标首先是谋利润、谋发展，然后才是培养人。因此，所有的企业都希望招到有工作经验的员工，都希望新员工能够“招之能来，来之能战”，能够为企业创造财富。

第二，在学校里学生可以“单兵作战”，独自完成各类作业。但在职场上，几乎所有的任务都需要通过团队协作来完成，而且，个人任务的完成情况会受到上一个环节的制约，也会影响下一个环节，甚至影响到整个企业。因此，在职场上，如果不善于与人交流和沟通，不能与人合作，是不能“毕业”的。

第三，学校和职场都看重成绩，但学校看重的是学习成绩，而职场看重的是工作业绩。

第四，学校鼓励学生大胆探索学习方法，提高学习效率。职场则有种种规则和惯例，需要员工用特定的方式去工作。工作后，要养成随时向领导和同事请教的习惯，以便较好地完成工作任务，减少工作中的纰漏。

第五，在学校犯错，后果一般不会危及学校的生死存亡。而在职场，一个小小的失误，

都有可能会影响个人的发展，甚至还可能会给企业造成重大的损失。

第六，学校的管理相对来说比较松散，学生有较大的自由度。而企业却有着严格的制度，更多地要求服从、遵从，按规章办事，违规即罚。

三、学生角色与职业角色的区别

（一）社会责任不同

在校园里，大学生以学习为主要任务，是被培养的对象。而成为一个职业人后，就要以特定的身份去履行自己的职责，依靠自己的本领或技能去完成某项工作。

（二）社会规范不同

对学生角色的规范主要反映在国家制定的《大学生行为准则》和各学校制定的《大学生手册》之中。同时，由于学生是受教育者，所以在其违反角色规范时，主要是以教育帮助为主。虽然对于职业角色的规范因为职业的不同而有所区别，但相比大学生而言，职业规范要严格得多。如果违背了职业规范，就需要承担相应的责任，甚至是法律责任。

（三）社会权利不同

学生的主要权利是依法接受教育，而职业人员的职责是运用自己的知识和能力，向外界提供自己的劳动力，并在履行义务的同时取得相应的报酬。

（四）面对的环境不同

学生生活基本是“寝室—教室—图书馆—食堂”四点一线，校园文化氛围相对单纯，学习时间可弹性安排，学术上多鼓励师生讨论甚至争论，布置的作业在规定时间内完成即可。职业角色面临的社会环境是快速的生活节奏、紧张的工作和加班，员工必须按照单位规定的上下班时间上班或下班，不能迟到或早退。在单位，员工必须按时完成上司或老板安排的每件具体的、实实在在的工作任务。

案例

小刘毕业于某大学服装设计与营销专业，今年 23 岁，毕业后的两年时间里，一共换了 9 份工作。第一份工作是在一家大型外资企业做设计，他干了 3 个月；第二份工作是在一家大型私营企业做销售，又只做了 3 个月；随后的时间里，他换了 6 份工作，做过销售、跟单员、设计助理等；最后一份工作是一家专卖店的销售员，他仅干了 2 个星期又辞职了。

现在小刘又回到他熟悉的人才市场，又一次重复他已经习惯的动作，投简历→面试→再投简历→再面试。为此，他感到非常苦恼和迷茫，他总是想起学校生活的美好，总感觉工作不如意，行事有规则，干活有压力，同事之间的关系也总是处不好，他不知道自己该

怎么办。

【讨论与思考】

（1）你认为小刘频繁换工作的主要原因是什么？

（2）如果你是小刘，此时你该怎么做？

四、毕业生角色转换存在的主要问题

大学毕业生的角色转换不是一帆风顺的，当角色转换遇到困难时，就会发生角色不适的问题。目前，大学毕业生在角色转换时主要存在以下几方面的问题。

（一）狂妄自大的“唯他”心态

面对社会，有的毕业生认为自己具有很多有利条件，从而盲目自信。到单位后往往眼高手低，认为自己理所当然地会得到重用，轻视细小的、基础性的事务，不屑于与人合作，不虚心向别人请教，结果往往是小事不愿为，大事干不了，与周围同事的情感交流也在不知不觉中筑起了一道屏障。

（二）自卑畏惧的“无我”心态

部分大学生由于缺乏自信，觉得自己处处不如别人。工作时畏首畏尾，顾虑重重，缺乏创新的胆量和参与竞争的勇气，从而导致工作始终打不开局面。

（三）盲从的“唯他”心态

还有部分大学生，面对陌生的环境茫然不知所措，遇事随波逐流，从而给用人单位留下没有主见，缺乏独立工作能力的感觉。

造成上述问题的原因主要有如下几个：

第一，缺乏对自身的客观评价，既未弄清楚“我是谁”“我能做什么”，也不知道“谁要我”“要我干什么”。一部分大学生因为在大学里学习成绩优异，就以为自己什么都行，在实际遇到困难时，唯恐别人笑话而不愿虚心请教。

第二，不能恰当处理理想与现实的差距。大学生希望凭借自己的能力找到理想的工作，实现人生的理想与抱负。但事实上，择业的艰难就给了他们当头棒喝，许多时候不是毕业生选单位，而是单位选毕业生，并且用人单位提出的种种条件和要求更让“有抱负”的大学生难以接受。

第三，缺乏必要的锻炼和社会实践。大学生从小学到中学再到大学，基本上处于依赖家长、与社会隔绝的状态，对社会缺乏了解和认识，因此，工作中表现出种种不适应也就顺理成章了。

五、实现角色转换的方法与途径

经历了千辛万苦的求职过程，毕业生们终于怀着兴奋而又忐忑的心情，踌躇满志地开始了自己的职业生涯。尽管在走出校门之前，毕业生们接受过一些职业指导，同时也会从其他各种渠道了解一些职业的相关信息。但是，当美丽的职业憧憬变为真实的人生实践时，初出校门的职场新人仍然会有些茫然。

如何尽快做好充分的准备，在这个全新的职业环境中顺利完成由校园人向职业人的转变，并迅速适应悄然开始的职业生活，就成为每一个职场新人都不得不面对且必须认真思索的人生课题。

（一）从“要”到“给”

从大学生到职业人的转变关键是从“要”到“给”，或者说从“索取”到“贡献”。大学生转变成职业人，首先是要“给”，否则什么也“要”不到，将“索取”的心态转变为“贡献”的心态，是成为职业人的关键。

从企业的角度来说，企业对职业人的判断有两个：一是贡献，即看你的加入对这个团队能产生什么样的价值；二是潜力，即看你未来成长的空间。作为职业人，应该考虑“我能够为单位带来什么”“我能为企业创造什么”，而不是首先考虑“企业和老板能够给我什么样的待遇”。只有那些既能为企业和老板带来实际效益，又能实现自身可持续发展的职业人，才是最受欢迎的。

（二）脚踏实地，摆正心态

大学生步入社会后，切忌眼高手低，好高骛远，应摆正自己的心态和位置，踏踏实实地从小事、琐事和实事做起，一步一个脚印，一丝不苟地努力做好每一件事。在很多单位，新员工往往都首先被安排在基层工作，干一些简单的事务性工作。只有当新员工很好地胜任基层工作后，才会安排其承担比较复杂且富有创造性的工作。

俗话说“不积跬步，无以至千里”，任何辉煌的职业生涯都是从迈好职场第一步开始的，只有树立从基层工作做起的意识，做好从小事做起的心理准备，才能为以后的职业发展奠定良好的基础。

（三）增强归属感，融入团队

在现代企业中，单打独斗是行不通的，必须与同事通力合作，有人形象地形容现在是“打群架”的时代。一个企业好比一个团队，是靠企业文化来把大家凝聚在一起的。因此，要想被企业真正接纳，就必须认同企业的文化。

就具体方法而言，积极参加单位举办的各种活动，是新员工快速融入团队的一个有效途径。但需要注意的是，融入团队并不是拉帮派、搞小圈子。

（四）谦虚谨慎，善于学习

谦虚是一种美德，也是进步和成功的必要前提。有真才实学的人往往虚怀若谷、谦虚谨慎，而不学无术的人却常常骄傲自大、自以为是。

事实表明，一个人在学校学到的东西毕竟是有限的，大部分知识和能力仍需在工作实践中学习、锻炼和提高。尽管毕业生在学校期间已经学到了一定的知识，但在陌生的职场中还是新手，一切都要从头开始。因此，毕业生要根据岗位工作的实际需要，通过向有经验的技术人员、领导、师傅、同事请教和自学，补充一些实践知识和技能，尽快地熟悉有关业务，掌握和提高观察问题、分析问题、解决问题的方法和能力，早日胜任本职工作。

完成本职工作是每个员工应当达到的起码标准，但是要想使自己的工作卓有成效，仅仅完成本职工作是远远不够的，还需要充分发挥自己的聪明才智、开动脑筋、勤于思考。只要勤于思考，就能发现问题，并能运用自己所掌握的知识去解决问题；只有勤于思考，才能认清行业和职业的本质、特点及规律，才能提升工作的质量和效率，才能逐步具备独立开展工作的能力。

（五）甘于吃苦，乐于奉献

有的大学生缺乏吃苦耐劳的精神，在工作岗位上拈轻怕重，怕苦怕累，斤斤计较，一遇到困难便退缩避让，时常抱怨“工作劳累，工资又低”，总想舒舒服服、轻轻松松地获得高薪。事实上，这无异于白日做梦。

俗话说，一分耕耘一分收获，一份付出一分回报。只有甘于吃苦、乐于奉献，才能赢得他人的尊重，才能获得企业的重视。

案例

小溪毕业后进入一家杂志社担任编辑，由于文笔出色、工作认真，赢得了领导和同事的一致好评。不过，杂志社提供给新员工的薪水比较低。工作了一段时间后，有的新员工开始抱怨：“原以为进了这家杂志社能拿到很好的薪水和福利，没想到工作都快一年了，也没涨过工资。”

当时杂志社正在进行一个新刊物的创刊工作，每个人都分配了不少任务。然而，杂志社并没有打算增加人手，编辑部的人也经常会被派往新刊物去帮忙。这样一来，不仅新员工，就连老员工也开始出现不满情绪，整个编辑部只有小溪乐意接受领导的指派。

两年以后，当初和小溪一起进入杂志社的员工，有的已经辞职，有的虽然还在编辑部，但待遇仍然没有太大提升。而小溪不但薪水翻了几倍，还当上了编辑部的负责人。

【点评】一些初入职场的毕业生对自己抱有很高的期望，认为自己一开始工作就应该得到重用，薪水俨然成了他们衡量成功的唯一标准。切记你现在的工作是为了获得更多的

工作经验，当工作经验积累到一定程度时，自然会得到升职加薪的机会。

第二节　适应职场，做职场主人

大学生习惯了相对单纯的校园生活，走上工作岗位后，常常会感觉到自己与同事之间存在着一些矛盾，工作当中有许多的困难。这些矛盾和困难导致了大学生对职场的不适应，以致无法很好地完成工作任务，进而影响到以后的职业发展。所以，大学生在踏上工作岗位后，应首先尽快适应职场，找准自身定位。

一、初入职场应注意的问题

即便做好了万全的准备工作，在实际工作中，职场新人仍然会遇到各式各样的问题。初入职场，毕业生应特别注意以下几个问题。

（一）做事积极主动

一旦到了工作单位，就要处处把自己当职业人看待，努力学习实践知识，寻找、创造锻炼业务能力的机会，要做到眼勤、手勤、腿勤，多想、多问、多做。此外，要做到每天早上班，晚下班。积极主动的工作态度总是很受人欢迎的，领导和同事都喜欢工作积极、态度认真、学习刻苦的新同事。

（二）为人诚实守信

初到工作岗位，要严格遵守单位的规章制度，与人交往不失约、不失信，以便给人留下诚实守信的印象。

（三）不轻易卷入人际关系旋涡

职场新人的优势之一就是人际关系都相对简单，因此，毕业生初入职场时应时刻提醒自己，不拉帮结派，不搬弄是非，不轻易卷入人际关系旋涡。

（四）学会正确提问

正确提问是一种能力，它看似简单，但往往能在关键时刻解决关键问题。因为正确提问的前提是精益求精的态度，细致入微的观察，踏实肯干的付出，实事求是的作风等，是个人综合能力和素质的体现。职场新人要善于发现工作中存在的各种问题，及时向相关专业人员请教，不断提高自身解决问题的能力。

（五）有沉稳的处事态度

应对工作岗位上遇到的各种问题时，职场新人要摆脱学生时代幼稚的处事态度，沉稳

对待，体现应有的职业素质。这种沉稳的处事态度包括能够控制自己的情绪，不轻易向人诉苦，说话适可而止，正视自身缺点，正确对待批评，懂得适时表现个人才能等。

（六）不损公肥私

毕业生就业伊始，就要树立正确的职业道德观，遵纪守法，遵守单位的规章制度，具体要做到：不把单位的一些东西据为己有；不利用职务之便，谋取私利；不占用办公电话谈私人事情；不收受贿赂，贪赃枉法。尤其是在政府机关、事业单位工作的人员，损公肥私、自私自利的行为会损害国家和人民的利益，最终会受到法律的惩处。

（七）不找借口

毕业生刚参加工作，工作不适应、工作中出现差错是难免的，但千万不要把不适应、刚来不熟悉当借口，而要从自身主观方面找原因。例如，业务不适应可以熟悉和掌握，人际关系不适应可以改善，生活习惯和节奏不适应必须尽快克服。只有这样，才能使自己尽快进入新角色。

二、职场新人的职业规划建议

职场，是一个人从半成熟走向成熟的过程，是一个人人生观、价值观、世界观进一步成熟的过程，是一个人人格不断完善的过程。初入职场，毕业生常常会有很多困扰：不知道自己的职业目标在哪里？不知道现在的工作是否适合自己？不知道如何规划自己的工作？……为此，初入职场的毕业生需要认真地为自己进行一次职业规划。

（一）认识自己

进入职场之前，毕业生应该进行充分的自我探索，了解自己的职业兴趣、职业性格及职业能力。不过，依靠单纯的自我思考和亲友询问所得到的信息不一定准确和全面，对此，毕业生可以通过职业测评来认识自己。

目前，常用的职业测评工具主要有迈尔斯—布里格斯人格类型指标测评（MBTI）、艾森克人格问卷（EPQ）、霍兰德职业兴趣问卷、施恩职业锚测试、360 度评估、生涯彩虹图等。毕业生可以根据自身情况，有针对性地选择 2～3 种测评工具进行自我探索，一般推荐 MBTI 测试、霍兰德职业兴趣问卷和施恩职业锚测试。

毕业生在进行自我测试时，需要注意以下几点：

（1）所有测评仅仅只是辅助测试者全面了解自己，测试结果只能作为一个参考，需要理性对待。

（2）职业兴趣、职业性格和职业能力并非对等关系。职业兴趣仅代表你喜欢的东西或愿意干的事情；职业性格更多用来解释你在人际交往方面的习惯；职业兴趣和职业性格是不能直接转化为职业能力的，而职业能力才是成功实现职业梦想的关键要素。

（3）正式测试需要有专业人士的陪同和解读，因为不准确的测试会导致后续职业规划执行层面上的诸多问题。

测评结果出来后，毕业生可根据各个测评代码筛选出相对应的职业，并结合自身所学专业、自己的职业诉求、家庭的期待、自己的职业能力等因素进行综合考虑，最终选出1～2种自己较满意的职业。如果满意的工作较多（超过 3 个），那么职业价值观的确定就变得尤为重要了。

职业价值观，是个人的人生目标和人生态度在职业选择上的具体表现，也是个人对待职业的一种信念和态度。根据不同的划分标准，人们对职业价值观的种类划分也有所不同。心理学家洛特克在其所著《人类价值观的本质》一书中提出了 13 种价值观：成就感、审美追求、挑战、健康、收入与财富、独立性、爱、家庭与人际关系、道德感、欢乐、权利、安全感、自我成长和社会交往。

北森研发的“职业规划分类卡”中指出：职业价值观包括安全、晋升、生活与工作的平衡、有益社会等 56 种价值观。毕业生可以通过求助职业规划师进行相关测试，最终确定自己的核心职业价值观，进而选出自己比较满意的职业。

（二）了解职业

职业选择如同管理决策，需要知己知彼，方能百战不殆，在充分了解自己的前提下，毕业生应该充分收集目标职业的相关信息，以了解目标职业。收集目标职业相关信息的方法有很多，如通过网络、书籍、报纸等，其中最直接、有效的方法为“生涯人物访谈”。

毕业生应至少找三个人（尽量与自己同性别）进行“生涯人物访谈”：一是在目标行业、公司、岗位工作1～3年的人，从而了解“入行条件”或者“入职条件”；二是在目标行业、公司、岗位工作3～5年的人，从而了解职业的核心能力体系；三是在目标行业、公司、岗位工作5年以上的人，以便了解未来你将过一种什么样的生活。

通过“生涯人物访谈”，可以深度了解职业的入职条件、薪水待遇、市场需求情况、工作内容、职业升迁路径、职业社会价值、职业能力体系等，从而帮助毕业生更加理性地进行职业决策。

拓展阅读

新版职业分类大典净增 158 个新职业

2022 年 9 月 28 日，人力资源和社会保障部正式发布《中华人民共和国职业分类大典》（2022 年版）（以下简称“新版大典”）。据介绍，新版大典适应当前职业领域的新变化，能够更好满足优化人力资源开发管理、促进就业创业、推动国民经济结构调整和产业转型升级等需要，对于经济社会各领域都具有重要价值。

近几年来，我国陆续颁布 74 个新职业，均被纳入新版大典。同时，围绕制造强国、数字中国、绿色经济、依法治国、乡村振兴等国家重点战略，将工业机器人操作员和运维人员、农业数字化技术员和农业经理人等也纳入新版大典。经调整，与 2015 版大典相比，在保持八大类不变的情况下，新版大典净增 158 个新职业，职业数达 1 639 个。

新版大典的一个亮点是首次标注了数字职业。数字职业是从数字产业化和产业数字化两个视角，围绕数字语言表达、数字信息传输、数字内容生产三个维度及相关指标综合论证得出。标注数字职业是我国职业分类的重大创新，对推动数字经济、数字技术发展以及提升全民数字素养，具有重要意义。新版大典中共标注数字职业 97 个，占职业总数的 6%。同时，延续 2015 年版大典对绿色职业标注的做法，标注 134 个绿色职业，占职业总数的 8%。其中既是数字职业也是绿色职业的，共有 23 个。

资料来源：光明日报，http://www.gov.cn/xinwen/2022-09/29/content_5713525.htm

（三）锁定职业目标

当自我探索和职业探索结束后，毕业生将面临选择职业目标的终极决策。此时“职业生涯决策平衡单”可以帮助毕业生快速明确职业目标。

“职业生涯决策平衡单”是一种常用职业决策工具，主要框架包括自我物质方面的得失、他人物质方面的得失、个人精神方面的得失（自我赞许与否）、他人精神方面的得失（社会赞许与否）四个方面，每个方面具体需要思考的内容如表 4-1 所示。

表 4-1　职业生涯决策平衡单的主要框架

个人物质方面的得失	他人物质方面的得失	个人精神方面的得失	他人精神方面的得失
收入 工作的难易程度 升迁的机会 工作环境的安全 休闲时间 生活变化 对健康的影响 其他	家庭经济 家庭地位 与家人相处的时间	生活方式的改变 成就感 自我实现的程度 兴趣的满足 挑战性 社会声望的提高 其他	父母 师长 配偶 其他

（四）制订行动方案

当最终的职业目标确定后，就迎来了最重要且最困难的一步——制订行动方案。很多毕业生在制订行动方案时，通常会存在以下三方面的问题：

（1）过分强调长期目标，忽略短期目标，使得行动方案“高、大、空”。

（2）方案不具体、不量化，不能落地，持久执行度差。

（3）行动与目标的关联度欠缺。很多毕业生不清楚参与的活动和职业能力提升之间的关系，常常做了很多事，但最后找工作的时候一个都用不上。

毕业生在制订行动方案时，需遵循 SMART 原则，以使行动方案的可行度更高。其中，SMART 原则的意义如下：

（1）目标必须是具体的（Specific）。

（2）目标必须是可以衡量的（Measurable）。

（3）目标必须是可以达到的（Attainable）。

（4）目标必须和其他目标具有相关性（Relevant）。

（5）目标必须具有明确的截止期限（Time-based）。

三、职场新人向“小达人”的转变

（一）积极的工作态度及行为

1. 加速职业认同

职业认同是指个体对于所从事职业的肯定性评价。对于大学毕业生等初次就业者来说，他们处于从学校环境到职场环境、从学生角色到职业角色的转变过程中，只有通过积极的探索并加速职业认同，才能实现与组织的共同发展。

2. 热爱你的工作

热爱工作，就是要在工作中脚踏实地、实实在在地做好每一件事情。工作单位的领导、同事等所有人员构成了一个集体，而你作为这个集体中新的一员，应该以饱满的工作热情，努力做好自己的本职工作。

3. 端正工作态度

任何单位对于刚刚参加工作的年轻人都不会在业绩上有过高的要求，他们更关注的是新人对待工作的态度。因此，对于职场新人来说，无论自己的能力是强是弱，必须首先端正自己的工作态度，即做事要认真、细致、严谨，对待工作要精益求精。

（二）尊重领导，取得共赢

由于领导对下属的职业发展和职位升迁有裁决权、评判权，因此，处理好与领导的关系是十分重要的。

（1）尊重领导。单位的领导一般具有较高的威望、资历和能力，有很强的自尊心。作为下级要经常肯定上级的领导水平，保持其主角地位，适应其工作方法，以维护领导的威望和自尊。

在工作交往中，对领导的尊重可以通过以下行为方式得以体现。① 遇到领导时要主动问候或让路。② 上下汽车、进出大门和电梯时应让领导先行。③ 经常向领导请示、汇报工作，听取领导对工作的意见。④ 与领导交谈时应认真倾听，不能顶撞领导，特别是公开场合更要注意。即使与领导的意见相左，也应在私下向其说明。

（2）服从安排。由于领导对下属有工作方面的指挥权，因此，对领导在工作方面的安排和指挥，下级必须服从。

（3）学会体谅。领导在工作中由于受到主客观条件的影响，难免会遇到各种困难，下属应该体谅领导的难处，不能轻易因为某些要求未得到满足就对领导产生不满。当领导遇到困难，下属应主动为其排忧解难。这样既可以避免与领导产生矛盾，又能拉近与领导之间的关系。

（4）注意沟通。工作中要经常与领导进行沟通，不失时机地与领导交换意见，让领导了解你的想法。只有经常与领导沟通，领导才会更深一步地了解你、重用你。

（5）虚心接受批评。在领导批评自己时，一定要虚心接受、坦率认错、及时道歉。哪怕错误不在自己，也要心平气和地向领导说明情况。

（三）与同事建立良好关系，共同进步

同事之间是天然的合作者，又是客观的竞争者。这种微妙的关系，必然使人产生既渴望合作又警觉竞争的复杂心理。要想与同事建立良好的人际关系，应注意以下几点。

（1）相互尊重。相互尊重是处理好任何一种人际关系的基础，同事关系也不例外。对待同事不仅要做到以礼相待，而且要注意不能厚此薄彼，不能在背后议论同事的隐私和损害同事的名誉，不要在上级面前诋毁、攻击同事。

（2）关心同事。同事遇到职位变化、工作受阻和挫折不幸时，要能及时地给予真诚的关心和帮助，及时地伸出援助之手，为同事排忧解难。这样可以增进双方之间的感情，

使同事关系更加融洽。

（3）公平竞争。工作中存在竞争是不争的事实，竞争能促进工作的有效开展。但是切记：同事之间要公平竞争，不能在背后耍心眼，贬低别人抬高自己，更不能踩着别人的肩膀往上爬。

（4）宽以待人。同事之间经常相处，误会在所难免。如果是自己的失误，应主动向对方道歉，以获得对方的谅解；当对方误会自己时应主动向对方说明，不可“小肚鸡肠”，耿耿于怀。

案例

小王就读于某学校会计专业，毕业时参加了公务员考试，并顺利进入某机关工作。毕业初期，怀着对公务员工作的向往，小王干劲十足。可是她渐渐发现许多工作无法按照自己的意愿进行，和领导、同事的关系也远比同学关系复杂。郁闷时，她更加怀念大学生活，感叹好日子已一去不复返。

【讨论与思考】小王应如何摆脱这种困境。

（四）避免冲突，学习他人长处

在职场中，竞争是必然的，但我们应该尽可能地避开与竞争对手的正面冲突，要以婉转但又不卑不亢的态度来处理和竞争对手的冲突和矛盾。当面对竞争对手具有攻击色彩的言行举止时也要保持镇静，因为适度的沉默和谨慎行为可以帮助你免去很多麻烦。

此外，要学会欣赏对方，发现对方的长处，并虚心学习，这样才能汲取他人所长，补自己之短，并在竞争中超越竞争对手；还要学会理解别人，学会用换位思考的方式去看待问题。

【课外推荐电影与图书】

一、影视作品推荐

《听见天堂》

上映时间：2006 年

导演：Cristiano Bortone

推荐理由：该片讲述了一个从小失明的孩子，如何成为闻名全欧洲的声音剪接师。米可出生于托斯卡尼，从小就热爱电影，因为一次意外，他必须永远与黑暗为伍，只能到政府规定的盲人特殊学校就读，这一切挫折直到他在学校找到一台老旧的录音机开始转变，一个崭新的世界为他而展开。然而这个生命中重新点燃的希望却被主张盲人不该拥有梦想

的校长硬生生地打断。即使不被认同，米可仍然朝着梦想迈进，他的热情逐渐感染周围的同学，引导着他们重新定义视障者的梦想与能力。该片告诉我们，生理的残障，是障碍却又非障碍，孩子们心灵的自由为声音插上了翅膀，这欣喜也就超越了漫无边际的黑暗。影片海报如图 4-1 所示。

《洛奇》

上映时间：1976 年

导演：约翰·G. 艾维尔森

推荐理由：影片结构简洁，感情真挚，虽然属于小成本制作，没有任何大场面，没有精雕细刻的痕迹，但充满了原始之美，表演、台词和配乐都相当到位。作为一个下层社会的不起眼人物，洛奇的生活波澜不惊，平淡无奇，本人也似乎显得有些木讷古板，但当世界拳击冠军决定把他视为提高自己声誉的沙包时，他内心那股永不服输的精神才表露无遗，艰苦的训练证实了一个男人在面对巨大压力和挑战时所应该体现的精神。《洛奇》通过影片表现了这种顽强不服输的精神，而这种精神中某些地方明显是超越国界的。影片海报如图 4-2 所示。

图 4-1 《听见天堂》海报

图 4-2 《洛奇》海报

二、经典书籍推荐

《学生领导力发展手册》

作者：苏珊·R. 库米维斯

译者：张智强

出版社：北京大学出版社

出版时间：2015 年

推荐理由：本书以手册的形式介绍了关于学生领导力的基本研究、理论框架、实践指南，对领导力项目设计、环境与内容、执行等做了详细阐述，并穿插介绍了一系列领导力开发项目，以培养学生解决问题所需的冒险精神和创新精神，提升他们在突发情境下的问题解决能力。另外，本书还提供了各种丰富的相关资料，以供学习者深入研究。本书封面如图 4-3 所示。

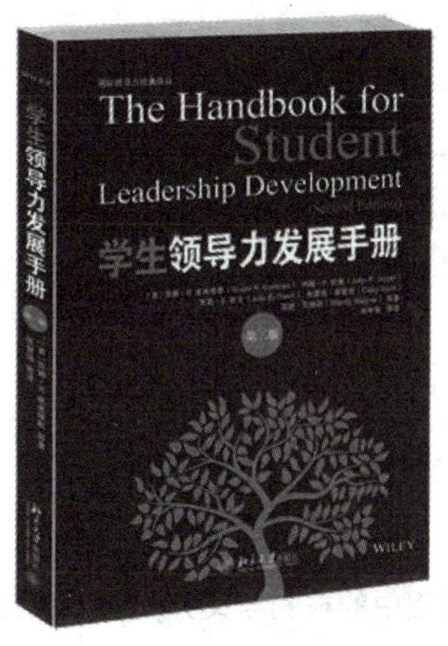

图 4-3　《学生领导力发展手册》封面

【课后实践】

发挥优势站住脚

小王是一名外语专业的毕业生，现在在一家远洋运输公司工作。大四快毕业的时候，她通过校友介绍来到这家外企公司实习。刚开始的时候，由于她对公司的业务不熟悉，还不能独立承担起草报告等工作，于是公司安排她翻译相关资料。这样一方面可以让小王尽快熟悉公司业务，另一方面也可以充分发挥她外语好的优势。

小王通过翻译资料快速了解了公司的工作流程。半个多月后，她就开始独立承担起公司起草报告的工作。小王说，实习是非常锻炼人的，不要妄自菲薄，不要认为找的工作与专业不对口，年轻没经验等就不能胜任工作，要肯定自己的能力，要多学多做多问。

从案例可以看出，小王的专业虽然与职业相关，但并不完全匹配。但是，小王并没有怨天尤人，而是通过自己的努力，很快就适应了工作的要求。请大家就此案例进行讨论，谈谈自己的感想。

第五章

大学生就业权益与保障

【本章地图】

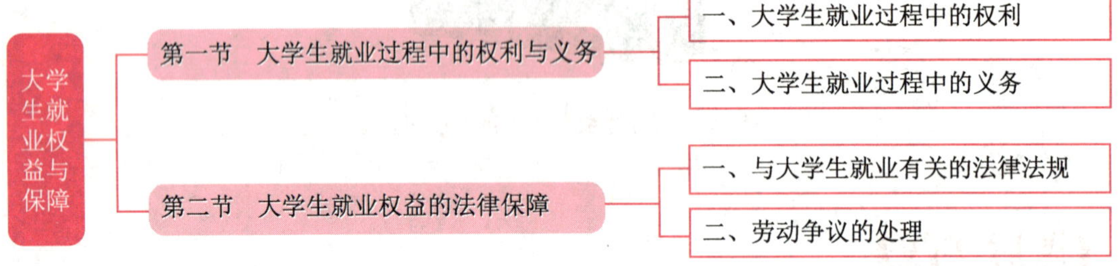

【案例导入】

2017年2月，某院校应届毕业生季某获悉某空调设备有限公司（以下简称某公司）欲招收一名办公室文员后，持学校下发的《毕业生双向选择就业推荐表》前去报名应聘，双方于2017年2月27日签订了劳动合同。

合同订立后，季某即开始到公司上班。此时，季某的毕业论文及其答辩尚未完成。2017年4月21日，季某发生交通事故，之后未到公司上班。季某在治疗和休息期间，经学校同意，以邮寄方式完成了论文及答辩，并于2017年7月1日正式毕业。

2017年11月8日，季某向劳动部门提出认定劳动工伤申请，同时某公司也向劳动部门提出仲裁申请，要求确认劳动合同无效。劳动争议仲裁委员会于2018年4月20日做出了仲裁，认为季某在签订劳动合同时仍属在校大学生，不符合就业条件，不具备建立劳

动关系的主体资格，其与某公司订立的劳动合同无效。

季某不服此裁决，诉至法院，要求确认双方签订的劳动合同有效。法院认为，季某已年满 16 周岁，其在校大学生的身份也非《劳动法》规定排除适用的对象，已完全具备面向社会求职、就业的条件。

某公司在与季某签订劳动合同时，对其基本情况进行了审查和考核（面试）。在此基础之上，双方就应聘、录用达成一致意见而签订的劳动合同应是双方真实意思的表达，不存在欺诈、隐瞒事实或胁迫等情形，双方签订的劳动合同也不违反法律、行政法规的有关规定，因此，该劳动合同应当有效，应对双方具有法律约束力。

第一节　大学生就业过程中的权利与义务

一、大学生就业过程中的权利

大学生作为就业过程中的重要主体之一，享有多方面的权益。根据我国《宪法》《劳动法》《高等教育法》《普通高等学校毕业生就业工作暂行规定》等法律法规和政策中的有关规定，大学生主要享有以下几方面的基本权利。

（一）自由择业权

大学生有按自己的意愿、自己的专业能力选择单位的权利。在市场经济体制下，大学生就业由过去的“统包统分”方式，转变为现在的“供需见面、双向选择”和“自主择业”的方式。在这种方式下，只要符合国家的就业方针和政策，大学生可以自主地选择用人单位，学校、其他单位和个人均不得干涉。任何将个人意志强加给大学生，强令大学生就业的行为都是侵犯大学生自由择业权的行为。

需要注意的是，在特定时期或特定情景中，这种“双向选择”或“自主择业”是有一定限度的，是在国家计划指导下的双向选择，国家有指导干涉的权利。

（二）公平竞争权

公平竞争权包括平等地获得就业指导、平等地获得就业信息、平等地被推荐、平等地接受考核等权利。

1．接受就业指导权

就业指导工作对大学生来说意义重大，它会直接影响大学生的职业生涯规划、就业意识及就业方向。学校在大学生就业指导中占据重要位置，为此，学校应成立专门机构，安排专门人员对大学生进行就业指导，包括向大学生宣传国家关于大学生就业的有关方针、政策；对大学生进行择业技巧的指导；引导大学生根据国家、社会需要，结合个人实际情

况进行择业，从而使大学生对自己准确定位，合理择业。

2. 获取信息权

大学生拥有及时、全面获取各种公开的就业信息的权利。它包括三个方面的含义：

（1）信息公开，指所有用人单位的需求信息必须向全体大学生公开，任何单位和个人不得隐瞒、截留需求信息。

（2）信息及时，指大学生获取的信息必须是及时、有效的，不能将过时、无利用价值的信息传递给大学生。

（3）信息全面，指大学生有权获得准确、全面的就业信息，以便对用人单位有全面的了解和准确的判断，从而做出符合自身实际情况的选择。

3. 被推荐权

高等学校在就业工作中的一个重要职责就是向用人单位推荐大学生。实践经验证明，学校的推荐往往在很大程度上影响着用人单位对大学生的取舍。大学生享有的被推荐权主要包含以下几方面内容：

（1）如实推荐，即学校在对大学生进行推荐时，应实事求是，根据大学生本人的实际情况向用人单位进行介绍、推荐。

（2）公正推荐，学校对大学生进行推荐应做到公平、公正，应给每一位大学生推荐就业的机会。

（3）择优推荐，学校根据大学生的在校表现，在公正、公开的基础上择优推荐大学生。

（三）择业知情权

大学生在与用人单位签订就业协议及劳动合同前，有权了解用人单位及工作岗位的基本情况，如工作地点、工作环境、工资待遇等。用人单位应当如实向大学生说明，不能回避或故意隐瞒某些职业危害，也不能夸大单位规模和提供给大学生的待遇。

案例

应届毕业生小莫应聘到一家软件公司上班，双方口头约定月薪 6 000 元。拿到劳动合同的时候，小莫发现合同上并没有写明岗位和工资，但为了尽快落实工作还是在这份空白劳动合同上签了字。

可几个月下来，他每月工资只有 3 000 多元。小莫找到人事部门屡次协调未果，最终公司让他马上走人。小莫要求公司支付当初承诺的工资并支付补偿金，此时公司拿出了与小莫签订的劳动合同，与当初不同的是，这份合同“被填空”了，原来的劳动报酬处已写上 3 000 多元。

【点评】像小莫这样遭遇劳动合同“被填空”的人并不少见。虽然用人单位与劳动者

签订了劳动合同，但合同文本保留了一些空白处，用人单位可根据自己的意愿随意更改，这都为劳动者日后维权埋下了隐患。

如果小莫想要证明用人单位在劳动合同上弄虚作假，就得找到相应的证据，但现实中很难取证。因此，毕业生签订劳动合同时，一定要查看合同文本内容是否完整，是否加盖了单位公章，起止日期是否明确，等等。

了解岗位信息是求职者应有的权利，如果发现空白劳动合同，要勇敢地向用人单位提出自己的疑问，不要贸然签字，以免被用人单位钻空子。

（四）平等待遇权

用人单位招录大学生，应坚持公开、公平、公正的原则，对所有大学生一视同仁。《劳动法》第十二条规定："劳动者就业，不因民族、种族、性别、宗教信仰不同而受歧视。"

国家保障妇女享有与男子平等的劳动权利。用人单位招用人员，除国家规定的不适合妇女的工种或者岗位外，不得以性别为由拒绝录用女性大学生或者提高对女性大学生的录用标准。用人单位录用女性大学生，不得在劳动合同中规定限制女性大学生结婚、生育的内容。

各民族劳动者享有平等的劳动权利。用人单位招用大学生，应当依法对少数民族大学生给予适当照顾。

国家保障残疾人的劳动权利。各级人民政府应当对残疾大学生就业统筹规划，为残疾大学生创造就业条件。用人单位招用大学生，不得歧视残疾大学生。

用人单位招用大学生，不得以大学生是传染病病原携带者为由拒绝录用。但是，经医学鉴定传染病病原携带者在治愈前或者排除传染嫌疑前，不得从事法律、行政法规和国务院卫生行政部门规定禁止从事的易使传染病扩散的工作。

案例

女大学生郭某在招聘网站上看到某职业技能培训学校招聘文案岗位人员，她认为自己的学历及实习经验符合招聘要求，便在网上提交了简历。等待多天后没有得到任何回复，郭某又浏览了相关的页面，才发现招聘页面上写着"限男性"的要求。

郭某表示不解，多次向对方咨询并到学校当面了解，但对方坚持只要男性，表示这个岗位不适合女性。"企业拒绝女生的理由太多了，女生们不能再忍气吞声。"于是，郭某便向法院提起了诉讼。

【点评】根据《劳动法》《就业促进法》等相关法律规定，劳动者享有平等就业的权利，劳动者就业不因性别等情况不同而受歧视，国家保障妇女享有与男子平等的劳动权利，用人单位招用人员，除国家规定的不适合妇女的工种或者岗位外，不得以性别为由拒绝录用妇女或者提高对妇女的录用条件。该培训学校的做法侵犯了郭某的平等就业权，郭某可

以通过法律途径维护自己的合法权益。

（五）协商签订劳动合同权

随着大学生就业市场的不断完善，用人单位和大学生法律意识的增强，为避免就业过程中各方出现矛盾，同时便于运用法律手段解决就业过程中的争议和纠纷，大学生和用人单位必须在就业协议的基础上，根据《劳动法》的规定订立劳动合同。

（六）违约求偿权

违约求偿权，即向违约方要求承担违约责任、获得赔偿的权利。大学生、用人单位签订协议后，任何一方不得擅自毁约。如用人单位无故要求解约，大学生有权要求对方严格履行就业协议，否则用人单位应对大学生承担违约责任，支付违约金。

二、大学生就业过程中的义务

大学生在享有法律、法规和有关政策规定的权利的同时，也应当履行自己的义务，主要包括：

（1）服从国家需要的义务。虽然大学生在择业过程中有相当大的自主权，可以根据个人意愿选择用人单位，但当国家需要时必须履行服从国家需要的义务。例如，当国家重点建设项目或某些行业急需人才的时候，应积极为国家的重点建设工程或项目服务，如参加西部志愿者、“三支一扶”服务，服兵役等。

《普通高等学校毕业生就业工作暂行规定》第三条规定：“毕业生有执行国家就业方针政策和根据国家需要为国家服务的义务。必要时，国家采取行政手段，安置大学生就业。”之所以有这样一条规定，主要原因有二：一是由于大学生学习期间所交纳的培养费仅占整个培养费的25%～30%，国家投资占绝大比重，因此，大学生有服从国家分配的义务；二是作为一个在国家庇护下成长的大学生，从民族情感和道义来说，亦有服从国家分配、到国家最需要的地方去的义务。

（2）向用人单位如实介绍个人情况的义务。大学生在向用人单位进行自我推荐、自我介绍和接受考查时，有义务全面、详细、实事求是地介绍个人情况，以利于用人单位进行遴选，不得夸大其词、弄虚作假。

（3）按时到用人单位报到的义务。《普通高等学校毕业生就业工作暂行规定》要求，毕业生办理完派遣手续后，应持相关凭证按时到工作单位报到。如果自派遣之日起，无正当理由超过3个月不去工作单位报到的，由学校报主管毕业生调配部门批准，不再负责其就业。在其向学校缴纳培养费和奖（助）学金后，由学校将其户籍关系和档案转至家庭所在地，按社会待业人员处理。

（4）接受用人单位组织的测试或考核的义务。用人单位为了招聘到符合要求的大学

生，一般都要通过一些测试或考核手段来了解大学生的情况，通过比较，做出是否录用的决定。对此，大学生应予以积极配合，充分展现自己的能力，接受用人单位的测试和考核。

（5）严格按照就业协议及其他合法约定履行相应的义务。《合同法》第八条规定："依法成立的合同，对当事人具有法律约束力。当事人应当按照约定履行自己的义务，不得擅自变更或者解除合同。依法成立的合同，受法律保护。"大学生应认真履行协议或合同，不得无故擅自变更或自行解除。如果单方违约，必须主动承担违约责任。

第二节 大学生就业权益的法律保障

一、与大学生就业有关的法律法规

与大学生就业有关的法律法规主要有《中华人民共和国劳动法》（简称《劳动法》）、《中华人民共和国劳动合同法》（简称《劳动合同法》）、《中华人民共和国就业促进法》（简称《就业促进法》）等。

（一）《劳动法》

《劳动法》于 1994 年 7 月 5 日经第八届全国人民代表大会常务委员会第八次会议通过，自 1995 年 1 月 1 日起施行，2009 年 8 月 27 日第一次修正，2018 年 12 月 29 日第二次修正。国家制定和实施《劳动法》的宗旨是，保护劳动者的合法权益，调整劳动关系，建立和维护适应社会主义市场经济的劳动制度，促进经济发展和社会进步。

《劳动法》明确规定了劳动者享有的权利及应当履行的义务。其中，劳动者享有的权利主要包括：平等就业和选择职业的权利、取得劳动报酬的权利、休息休假的权利、获得劳动安全卫生保护的权利、接受职业技能培训的权利、享受社会保险和福利的权利、提请劳动争议处理的权利以及法律规定的其他权利。劳动者应当承担的主要义务主要包括：完成劳动任务，提高职业技能，执行劳动安全卫生规程，遵守劳动纪律和职业道德。

1. 关于工作时间和休息休假的规定

根据《劳动法》规定，国家实行劳动者每日工作时间不超过 8 小时、平均每周工作时间不超过 44 小时的工时制度。用人单位应当根据以上规定，合理确定计件工作者的劳动定额和计件报酬标准。用人单位应当保证劳动者每周至少休息一日。企业因生产特点不能实行以上规定的，经劳动行政部门批准，可以实行其他工作和休息办法。用人单位在下列节日期间应当依法安排劳动者休假：元旦、春节、五一国际劳动节、国庆节、其他休假节日。

用人单位由于生产经营的需要，经与工会和劳动者协商后可以延长工作时间，一般每日不得超过 1 个小时；因特殊原因需要延长工作时间的，在保障劳动者身体健康的条件下延长工作时间每日不得超过 3 个小时，但是每月不得超过 36 个小时。

有下列情形之一的，用人单位应当按照下列标准支付高于劳动者正常工作时间工资的工资报酬：安排劳动者延长工作时间的，支付不低于工资的 150%的工资报酬；休息日安排劳动者工作又不能安排补休的，支付不低于工资的 200%的工资报酬；法定休假日安排劳动者工作的，支付不低于工资的 300%的工资报酬。

2．关于工资的规定

根据《劳动法》规定，工资应当以货币形式按月支付给劳动者本人。不得克扣或者无故拖欠劳动者的工资。劳动者在法定休假日和婚丧假期间以及参加社会活动期间，用人单位应当依法支付工资。

3．关于劳动安全卫生的规定

根据《劳动法》规定，用人单位必须为劳动者提供符合国家规定的劳动安全卫生条件和必要的劳动防护用品，对从事有职业危害作业的劳动者应当定期进行健康检查。劳动者在劳动过程中必须严格遵守安全操作规程。劳动者对用人单位管理人员的违章指挥、强令冒险作业，有权拒绝执行；对危害生命安全和身体健康的行为，有权提出批评、检举和控告。

4．关于女职工特殊保护的规定

根据《劳动法》规定，禁止安排女职工从事矿山、井下等国家规定的第四级体力劳动强度的劳动和其他禁忌从事的劳动。不得安排女职工在经期从事高处、低温、冷水作业和国家规定的第三级体力劳动强度的劳动。不得安排女职工在怀孕期间从事国家规定的第三级体力劳动强度的劳动和孕期禁忌从事的劳动。对怀孕 7 个月以上的女职工，不得安排其延长工作时间和夜班劳动。

女职工生育享受不少于 90 天的产假。不得安排女职工在哺乳未满一周岁的婴儿期间从事国家规定的第三级体力劳动强度的劳动和哺乳期禁忌从事的其他劳动，不得安排其延长工作时间和夜班劳动。

5．关于社会保险和福利的规定

根据《劳动法》规定，国家发展社会保险事业，建立社会保险制度，设立社会保险基金，使劳动者在年老、患病、工伤、失业、生育等情况下获得帮助和补偿。社会保险基金按照保险类型确定资金来源，逐步实行社会统筹。用人单位和劳动者必须依法参加社会保险，缴纳社会保险费。用人单位无故不缴纳社会保险费的，由劳动行政部门责令其限期缴纳，逾期不缴的，可以加收滞纳金。

国家发展社会福利事业，兴建公共福利设施，为劳动者休息、休养和疗养提供条件。用人单位应当创造条件，改善集体福利，提高劳动者的福利待遇。

6．关于法律责任的规定

根据《劳动法》规定，用人单位有下列侵害劳动者合法权益情形之一的，由劳动行政

部门责令支付劳动者的工资报酬、经济补偿，并可以责令支付赔偿金：克扣或者无故拖欠劳动者工资的；拒不支付劳动者延长工作时间工资报酬的；低于当地最低工资标准支付劳动者工资的；解除劳动合同后，未依照本法规定给予劳动者经济补偿的。

用人单位有下列行为之一的，由公安机关对责任人员处以 15 日以下拘留、罚款或者警告；构成犯罪的，对责任人员依法追究刑事责任：以暴力、威胁或者非法限制人身自由等手段强迫劳动的；侮辱、体罚、殴打、非法搜查和拘禁劳动者的。

由于用人单位的原因订立的无效合同，对劳动者造成损害的，用人单位应当承担赔偿责任。用人单位违反《劳动法》规定的条件，解除劳动合同或者故意拖延不订立劳动合同的，由劳动行政部门责令改正；对劳动者造成损害的，应当承担赔偿责任。

（二）《劳动合同法》

《劳动合同法》于 2007 年 6 月 29 日经第十届全国人民代表大会常务委员会第二十八次会议通过，自 2008 年 1 月 1 日起施行，2012 年 12 月 28 日进行了修正。

《劳动合同法》适用于中国境内的企业、个体经济组织、民办非企业单位，以及国家机关、事业单位、社会团体等组织与劳动者建立劳动关系，订立、履行、变更、解除或者终止劳动合同。

《劳动法》与《劳动合同法》都是为了保护合法的劳动关系和双方的合法利益而制定的法律，《劳动合同法》是《劳动法》的特别法，在关于劳动合同的问题上，优先适用《劳动合同法》。《劳动合同法》突出了以下内容：一是立法宗旨非常明确，就是为了保护劳动者的合法权益，强化劳动关系，构建和发展和谐稳定的劳动关系；二是解决目前比较突出的用人单位与劳动者不订立劳动合同的问题；三是解决合同短期化问题。

（三）《就业促进法》

《就业促进法》于 2007 年 8 月 30 日经第十届全国人民代表大会常务委员会第二十九次会议通过，自 2008 年 1 月 1 日起施行。制定《就业促进法》的目的是为了促进就业，促进经济发展与扩大就业相协调，促进社会和谐稳定。人们普遍关心的禁止就业歧视、扶助困难群体、规范就业服务和管理等就业问题在这部法律中都有体现。

大学生在就业中常常遭遇就业不平等、就业歧视等问题，《就业促进法》给大学生提供了明确的法律依据。《就业促进法》第 25 条规定："各级人民政府创造公平就业的环境，消除就业歧视，制定政策并采取措施对就业困难人员给予扶持和援助。"这一条对用人单位实施就业歧视的行为进行了明确否定。

《就业促进法》第 26 条规定："用人单位招用人员、职业中介机构从事职业中介活动，应当向劳动者提供平等的就业机会和公平的就业条件，不得实施就业歧视。"这一条规范了用人单位的招聘和职业中介机构的中介行为。

此外，《就业促进法》对保障妇女、少数民族、残疾人、传染病患者等劳动者的权益也都做了明确规定。目前，社会上就业歧视现象仍屡见不鲜，用人单位违反《就业促进法》实施就业歧视的，大学生可以向人民法院提起诉讼，以维护自己平等就业的权利。

二、劳动争议的处理

（一）劳动争议的含义

劳动争议，是指劳动关系的当事人之间因执行劳动法律、法规和履行劳动合同而发生的纠纷，即劳动者与所在单位之间因劳动关系中的权利义务而发生的纠纷。

劳动争议的范围在不同国家有不同的规定。根据我国《劳动争议调解仲裁法》第2条规定，劳动争议的范围包括：

（1）因确认劳动关系发生的争议。

（2）因订立、履行、变更、解除和终止劳动合同发生的争议。

（3）因除名、辞退和辞职、离职发生的争议。

（4）因工作时间、休息休假、社会保险、福利、培训以及劳动保护发生的争议。

（5）因劳动报酬、工伤医疗费、经济补偿或者赔偿金等发生的争议。

（6）法律、法规规定的其他劳动争议。

（二）劳动争议的处理程序

《劳动法》第七十七条规定："用人单位与劳动者发生劳动争议，当事人可以依法申请调解、仲裁、提起诉讼，也可以协商解决。调解原则适用于仲裁和诉讼程序。"根据上述规定，劳动者与用人单位可以通过下列程序解决劳动争议。

1．协商程序

协商是指劳动者与用人单位就争议的问题直接进行协商，寻找解决纠纷的具体方案。与其他纠纷不同的是，劳动争议的当事人一方为单位，一方为单位职工，双方已经发生一定的劳动关系而使彼此之间有所了解。双方发生纠纷后最好先协商，通过自愿达成协议来消除隔阂。但是，协商程序不是处理劳动争议的必经程序。双方可以协商，也可以不协商，完全出于自愿，任何人都不能强迫。

2．调解程序

调解程序是指劳动纠纷的一方当事人就已经发生的劳动纠纷向劳动争议调解委员会申请调解的程序。根据《劳动法》规定，在用人单位内，可以设立劳动争议调解委员会，负责调解本单位的劳动争议。调解委员会委员由单位代表、职工代表和工会代表组成，成员一般都具有一定的法律知识，又了解本单位具体情况，有利于解决纠纷。除因签订、履行集体劳动合同发生的争议外，均可由本单位劳动争议调解委员会调解。但是，与协商程序一样，调解程序也由当事人自愿选择，且调解协议不具有强制执行力，如果一方反悔，

另一方可以向仲裁机构申请仲裁。

拓展阅读

劳动争议调解委员会调解劳动争议的步骤

1．申请与受理

劳动争议发生后，当事人不愿协商或者协商不成并自愿选择调解的，应及时申请调解。调解委员会接到调解申请后，应对调解申请书进行审查，看其是否符合受理条件和范围。经审查决定受理的，应征询对方当事人的意见，对方当事人愿意调解的，应将调解的地点、要求等以口头或书面形式通知双方当事人。对方当事人不愿调解的，应做好记录，在三日内以书面形式通知申请人。对不予受理的，应向申请人说明理由。

2．调查核实

调解委员会对决定受理的案件，应及时指派调解员对争议事项进行全面调查核实。调查应做笔录，并由调查人签名或盖章。调查工作一般包括：

（1）查清案件的基本事实：主要包括双方发生争议的原因、经过、焦点及有关的人员情况。

（2）掌握与争议问题有关的劳动法律法规的规定和劳动合同的约定，分清双方当事人应承担的责任，拟定调解方案和调解意见。

3．调解

对于较复杂的案件，由调解委员会主任主持召开有争议双方当事人参加的调解会议（发生争议的职工一方在三人以上，并有共同申诉理由的，应当推举代表参加调解活动），有关单位和个人可以参加调解会议协助调解；对于简单的争议，可由调解委员会指定一至二名调解委员进行调解。

通常情况下，调解会议的议程是：

（1）会议记录员向会议主持人报告到会人员情况。

（2）会议主持人宣布会议开始。接着，会议主持人宣布申请调解的争议事项，会议纪律，当事人应持的态度。

（3）听取双方当事人对争议的陈述和意见，进一步核准事实。

（4）调查人员公布核实的情况和调解意见，征求双方当事人的意见。

（5）依据事实和法律及劳动合同的约定促使双方当事人协商达成协议。不过，不管双方是否达成协议，都要记录在案，并且当事人核对后签字。

4．制作调解协议书或调解意见书

调解达成协议的，制作调解协议书，双方当事人应自觉履行。协议书应写明争议双方当事人的姓名（对单位来说，应写明单位名称及单位法定代表人姓名）、职务、争议事项、调解结果及其他应说明的事项，由调解委员会主任（简单争议由调解委员）及双方当事人签名或盖章，并加盖调解委员会印章。调解协议书一式三份（争议双方当事人、调解委员会各一份），应及时送达当事人。

调解不成的，应做好记录，并在调解意见书上说明情况。同样，调解意见书要写明当事人的姓名、年龄、性别、职务，争议的事实，调解不成的原因，调解委员会的意见。最后由调解委员会主任签名、盖章，并加盖调解委员会印章。调解意见书一式三份（争议双方当事人、调解委员会各一份），应及时送达当事人，告知当事人可以在规定的期限内向当地劳动争议仲裁委员会申请仲裁。

3．仲裁程序

仲裁程序是劳动纠纷的一方当事人将纠纷提交劳动争议仲裁委员会进行处理的程序。该程序既具有劳动争议调解灵活、快捷的特点，又具有强制执行的效力，是解决劳动纠纷的重要手段。劳动争议仲裁委员会是国家授权、依法独立处理劳动争议案件的专门机构。申请劳动仲裁是解决劳动争议的选择程序之一，也是提起诉讼的前置程序，即如果想提起诉讼，必须要经过仲裁程序，而不能直接向人民法院起诉。

为了解决有些证据属于用人单位掌握管理，而劳动者无法提供的问题，《劳动争议调解仲裁法》规定，如果与争议事项有关的证据属于用人单位掌握管理的，用人单位应当提供，用人单位不提供或不在规定期限内提供证据，应当承担不利后果。

因支付拖欠劳动报酬、工伤医疗费、经济补偿或者赔偿金事项达成调解协议，用人单位在协议约定期限内不履行的，劳动者可以持调解协议书，依法向人民法院申请支付令。

对追索劳动报酬、工伤医疗费、经济补偿或者赔偿金的仲裁案件，在当事人之间权利义务关系明确，不先予执行将严重影响申请人生活的情况下，根据当事人的申请，仲裁庭可以裁决先予执行。对于追索劳动报酬、工伤医疗费、经济补偿或者赔偿金，金额不超过当地月最低工资标准 12 个月的争议；或因执行国家的劳动标准在工作时间、休息休假、社会保险等方面发生的争议，除非劳动者对仲裁裁决不服的以外，该项仲裁裁决为终局裁决。

《劳动争议调解仲裁法》规定，劳动争议申请仲裁的时效期间为一年，从当事人知道或者应当知道其权利被侵害之日起计算。劳动关系存续期间因拖欠劳动报酬发生争议的，劳动者申请仲裁不受仲裁时效期间的限制，但是劳动关系终止的，应当自劳动关系终止之日起一年内提出。

4．诉讼程序

根据《劳动法》第 83 条规定：“劳动争议当事人对仲裁裁决不服的，可以自收到仲裁裁决书之日起 15 日内向人民法院提起诉讼。一方当事人在法定期限内不起诉，又不履行仲裁裁决的，另一方当事人可以申请人民法院强制执行。”诉讼程序即我们通常所说的“打

官司”。诉讼程序具有较强的法律性、程序性，做出的判决也具有强制执行力。

【课外推荐电影与图书】

一、影视作品推荐

《百万美元宝贝》（Million Dollar Baby）

上映时间：2004 年

导演：克林特·伊斯特伍德

推荐理由：该片讲述了一位有名的拳击教练法兰基因为太过于投身拳击事业而陷入了长期的自我封闭和压抑状态，一位学徒麦琪坚毅的决心软化了法兰基并成为出色的女拳击手。影片获得第 77 届奥斯卡金像奖最佳影片、最佳导演、最佳女主角、最佳男配角等奖项。影片海报及剧照如图 5-1 所示。

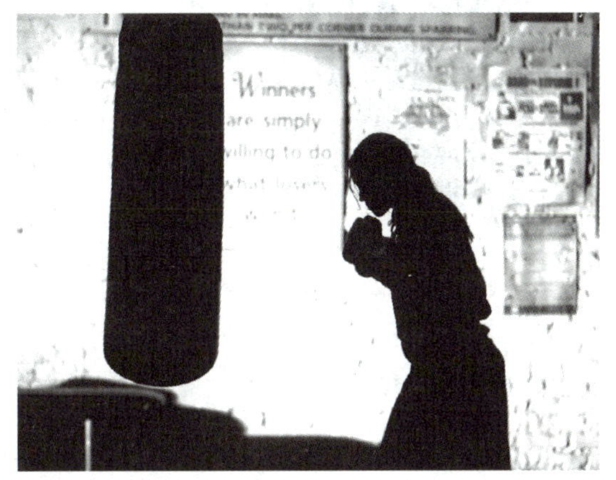

图 5-1　《百万美元宝贝》海报及剧照

二、经典书籍推荐

《大学生求职决胜宝典》

作者：麦可思研究院

出版社：清华大学出版社

出版时间：2013 年

推荐理由：麦可思（MyCOS）是中国最专业、最全面、具有第三方公正性的教育数据咨询公司，麦可思研究院从 2006 年开始，每年耗资数百万元对毕业半年后的大学生的就业状态和工作能力进行全国性调查，由此而形成全国大学毕业生就业数据库。本书的数据来源于 2012 年调查的有效答卷。本书封面如图 5-2 所示。

《大学生就业权益保护实用手册》

作者：卢少华

出版社：中国政法大学出版社

出版时间：2014 年

推荐理由：该书以“大学生就业权益保护”为中心，以大学生就业的实践活动为脉络，以大学生在就业过程中可能遇到的法律问题为切入点，站在大学生的角度，直切重点，以提问、案例、解答和法律政策链接的形式，梳理就业法律知识和涉法问题的解决，提高大学生对就业法律问题的认识以及运用法律武器保护自身合法权益的能力。帮助大学毕业生更全面地掌握就业权益保护的内容，对即将步入职场的大学毕业生而言是一本不可多得的具有较强实用性的重要资料。本书封面如图 5-3 所示。

图 5-2　《大学生求职决胜宝典》封面

图 5-3　《大学生就业权益保护实用手册》封面

【课后实践】

毕业后，王明与某企业签订了为期两年的劳动合同。合同期间，企业为了上新项目派王明到香港培训半年，并且双方约定，培训期间劳动合同继续有效，培训时间计入劳动合同履行期间。

合同期满后，王明向企业提出解除劳动关系，但企业不同意为王明办理解除劳动关系的手续，要求王明必须续订劳动合同，否则公司要求王明赔偿为其支付的培训费 8 000 元，为此双方发生纠纷。

请大家结合《劳动法》就此问题展开讨论：

（1）王明是否应该赔偿公司为其支付的培训费？

（2）王明是否必须续订劳动合同？

（3）如果王明不同意企业的要求，应该怎么办？

第六章

创业准备

【本章地图】

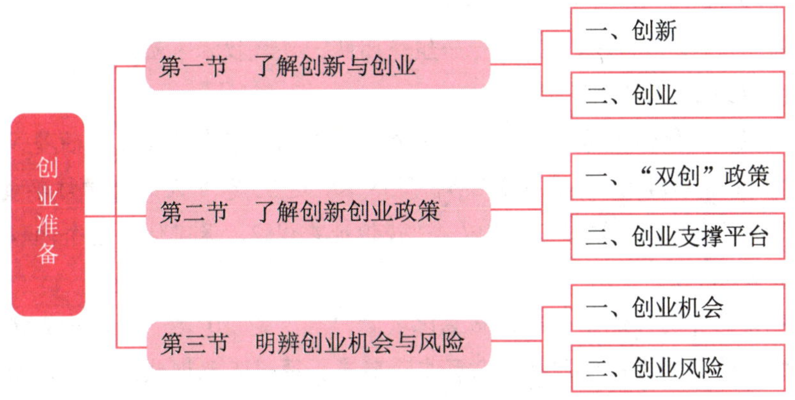

【案例导入】

中南大学外卖姐　拉肚子点亮创业灵感

学校食堂能不能做外卖？中南大学大三女生袁慧因为拉肚子引发的创意，不仅获得了国家级课题立项，还做成了全国第一个校园餐饮 O2O 创业项目。

全国首个高校食堂外卖平台

上午 11 点，中南大学七食堂。

戴上口罩、手套，拿出订单，袁慧和两个学妹开始分装饭菜，同是大三的男生刘国臣、徐连政熟练地将饭菜打包并放入保温箱。原来，他们正在处理学校食堂外卖订单。这是他们的校园餐饮 O2O 平台——预餐网上线的第四天，中午有 100 多份订单。这还是为保证

服务质量，特意控制订单量的结果。

预餐网打通线上、线下，通过微信服务号订餐，线下打包、物流配送，将学校食堂饭菜打包送到教学区的同学们手中。

创意的缘起其实并不美好

一天，袁慧因吃了一份外卖拉肚子，身体虚弱，独自在寝室。“好想吃饭，可室友不在，又去不了食堂。点外卖吧，我正是吃外卖吃坏了肚子。我就想如果学校食堂有外卖就好了。”几天后，刘国臣找到她，说：“全国大学生创新创业训练项目开始申报了，咱们想个点子，报个项目。”

于是，一个因吃外卖拉肚子引发的感慨，被他们写成了课题“大学用餐网络化可行性分析及方案设计”。没想到，方案竟获得了国家级课题项目立项。“为什么能获得国家级立项呢？我们琢磨着，这事儿有搞头！”况且餐饮外卖是个大市场，何不把课题落地，真正地实践创业呢？

令人吃惊的外卖市场

有了创业想法后，袁慧和刘国臣开始组建团队，寻找技术人员。最终，一个以袁慧等大三学生为主力的13人的创业团队成立。

趁着国庆假期，他们走访了中南大学南校区周围165家有外卖服务的餐馆，结果让人吃惊不已。“在165家店中，我们抽样统计了35家，这35家一天的外卖订单量在3 500单到4 200单之间。我们还不敢拿35乘以4，谨慎地乘以2，保守估计整个南校区学生一天订外卖的量有8 000单。”

“校外餐馆的外卖可能不干净，而且比较贵，至少是10元一份，一般就一个菜。另外，很多送外卖的车辆进出校园也带来了安全隐患。通过互联网线上平台和线下配送，把学校食堂饭菜外卖，就把这些风险和隐患都规避了。”中南大学的新校区没有食堂，到本部或南校区食堂有近20分钟路程，“下午有课的同学来回赶很匆忙，很多人选择点外卖或吃泡面”。于是，他们将目标市场暂时锁定在新校区。

根据实际不断调整

11点25分，骑上电动车，载上保温箱，刘国臣和徐连政往新校区驶去。

到达约定的取餐教室不一会儿，外卖都被取走了。研一的杨同学第二次在预餐网点餐，她说：“饭菜很实惠，预订也方便，对食堂的油放心，吃着很安心。要是实验室也能订就好了。”团队成员李林玉告诉记者：“今天来迟了两分钟，来不及分类摆放餐品。我们预设的是提前3至5分钟到，按订单分ABCD四类摆好，大家很快就可以拿到自己订的饭。”分类摆放的点子源于第一天的实践。那天，订单多，取餐的场面有些混乱。分类摆放后，取餐就很有序了。

在运营过程中，根据实际情况做的调整还有不少。袁慧说："最初定了两个套餐，10 元土豪餐，有卤肉、鸡肉等，很丰盛，我们觉得应该很受欢迎；3 元减肥餐比较单调，我们感觉可能没什么人订。但从第一天的订单情况发现，3 元餐大受欢迎，10 元餐反而订得少。于是调整了菜单。"

在正式上线前，预餐网还试运营了一次。"最初，方案跟传统外卖一样，点餐即送。结果发现，物流完全跟不上。"于是，提出预订餐的概念，上午 7:30—11:00 接受点餐，11 点后概不接单。没想到，同学们很接受这个理念，"8 点之前就有很多订单了，且大多数都在 10 点前下单"。

最初，团队还设计了电脑网站、手机网站，后来发现教学区的同学主要用微信订餐，于是集中运营微信渠道。

目前，他们打算先在中南大学做好，再辐射周边高校。"'创业'有两个字，'创'是创新、创造，'业'是业绩、实业。谁都有美好的想法，但光想、光写都不够，你要做出来。而且，你要有承受失败压力、承担受损失责任的准备和魄力。"袁慧说。

资料来源：http://chinadxscy.csu.edu.cn/entre/practice/run/team/2016112912779.html

第一节 了解创新与创业

一、创新

（一）创新的含义

创新是指人们遵循事物发展规律，对事物的整体或部分进行变革，从而使其得以更新和发展的活动。创新是以新思维、新发明和新描述为特征的一种概念化活动。实际上，并非只有重大的发明创造才叫创新，对各种产品、技术、工作方法、制度规定、商业模式、服务模式等的改进都属于创新。

（二）创新的类型

创新主要分为产品创新、技术创新、制度创新、职能创新和结构创新。

1. 产品创新

产品创新就是研发和生产出性能更好，外观更美，使用更便捷、更安全，更符合环境保护要求的产品。

产品创新可从以下 3 个层面来实现：

(1)开发具有新功能的产品。例如，3D 打印行业的翘楚——3D Systems 发布的 Cube 3D

打印机，具有打印平台自动找平功能，采用了全新的彩色触摸屏，具有直观的用户界面，打印时拥有漂亮的 LED 高亮显示效果，且其打印支撑结构更容易拆除。正因为有了这些创新，这种打印机堪称 3D Systems 的杀手级产品。

（2）优化产品结构。例如，通过优化电子产品的结构，使产品变得轻、巧、小、薄，更加节能环保。

（3）改进产品外观。例如，苹果公司曾推出彩壳流线型 PC 机（个人计算机），以提高市场占有率。

2. 技术创新

技术创新是指采用新的生产方法或新的原料生产产品，以达到提升质量、降低成本、保护环境或使生产过程更加安全和省力的效果。

技术创新可从以下 4 个层面来实现：

（1）革新工艺路线。例如，用精密铸造、精密锻造、粉末冶金技术代替金属切削技术来生产复杂的机械零件，可大大缩短生产周期，降低成本。

（2）替代和重组材料。例如，从环保角度出发，以农产品为原料生产工业产品，如用玉米生产一次性水杯、餐具和包装盒等。

（3）革新工艺装备。例如，用电脑绣花机代替手工绣花，用数控机床代替手动操作机床，等等。

（4）革新操作方法。例如，用更省力、更高效的操作方法，代替一些传统的、不适应现代技术进步的操作方法。

3. 制度创新

制度创新就是从社会经济角度对企业的生产方式、经营方式、分配方式、经营观念等进行调整和变革，以推动企业发展和社会进步的创新。

4. 职能创新

职能创新就是在计划、组织、控制、协调等管理职能方面采用更有效的新方法和新手段，以提高企业运行效率的创新。其常见形式如下：

（1）计划形式的创新。例如，某企业在购电、电网运行和用电方面创造性地采用了目标规划方案，结果每年节约电费 2 000 万元以上。

（2）控制方式的创新。例如，丰田汽车公司首创的准时生产制（just in time, JIT），显著降低了生产成本。

（3）用人方面的创新。例如，使用测评法选拔和考核干部，采用拓展训练等方法改善员工培训效果等。

（4）激励方式的创新。例如，某企业实行“自助餐式”奖励制度，即员工可以从企业提供的列有多种福利项目的“菜单”中选择自己需要的福利，这种创新型激励方式使企业在付出同等成本的情况下获得了更好的激励效果。

（5）协调方式的创新。例如，某市政府试行科技特派员制度，市政府工作人员先通过调查，了解村镇和农业大户所需要的技术支持，同时将全市 3 500 名农业科技人员按专长分类并公布，然后将两者对接起来，让双方实行双向选择。经过这种协调方式的创新，农户和农业科学技术人员的收入都得到了大幅度增加。

5. 结构创新

结构创新是指设计和应用更有效率的新组织结构。结构创新按其影响范围的不同，可分为技术结构的创新和经济与社会结构的创新。

（1）技术结构的创新。例如，福特汽车公司在 20 世纪 20 年代首创了流水线生产方式，让工人分工完成流水线上的简单工序，大大提高了生产率，从而开创了大规模生产标准产品的工业经济时代。

（2）经济与社会结构的创新，即通过调整人们的责、权、利关系来提高组织效能。例如，通用汽车公司在 20 世纪 20 年代采用了事业部制，化解了统一领导与分散经营之间的矛盾，使规模经营与市场适应得到了很好的统一，从而极大增强了公司的市场竞争力。

（三）创新意识的激发

创新意识是指人们因社会发展和个人生活的需要，而产生的创造新事物或新观念的动机，以及在创造活动中表现出来的意向、愿望和设想。它是人们进行创造活动的出发点和内在动力，是培养创造性思维和创造力的前提。

创新意识是可以培养的，大学生可以从以下几个方面来培养自己的创新意识，从而为未来创业做好准备。

（1）增强独立意识，摆脱从众心理。创新就是要做别人没有做过、没有想过的事情。大学生如果没有独立意识，不善于独立思考，而屈从于多数人的意志，就无法产生新的想法，创新也就无从谈起了。

（2）敢于突破传统，克服迷信权威的心理。英国学者贝尔纳曾说："构成我们学习的最大障碍是已知的东西，而不是未知的东西。"知识是创造的必要前提与基础，但如果笃信原有的知识，迷信权威，就无法跳出原有的思维模式，无法产生新的想法。要创新，就必须灵活运用已有知识，突破盲从心理，敢于质疑权威。

（3）培养想象力，敢于假设。创新意识作为一种复杂的心理活动，来源于丰富的想象力。可以说，想象力是创新的基础。古今中外，许多伟大的科学家、思想家、艺术家都具有丰富的想象力，许多伟大的科学理论和发明创造都萌芽于想象。

（四）创新精神的培养

创新精神是指综合运用已有的知识、信息、技能和方法，提出新方法、新观点的思维能力和进行发明创造、改革、革新的意志、信心、勇气和智慧。创新精神的培养可以从以下几个方面入手：

（1）要有好奇心。好奇心是点燃创新的“火把”。只有多问为什么，创新活动才有可能开始。牛顿因为好奇发现了万有引力，瓦特因为好奇发明了蒸汽机，弗莱明因为好奇发现了青霉素。好奇心包含着强烈的求知欲和追根问底的探索精神。大学生要想拥有创新精神，就必须有强烈的好奇心。正如爱因斯坦所说：“我没有特别的天赋，只有强烈的好奇心。”

（2）要敢于质疑。“学起于思，思源于疑。”疑问能促使个体去思考，去探索，去创新。许多科学家对旧知识的扬弃和对谬误的否定，无不从质疑开始。例如，伽利略因对亚里士多德“物体依本身的轻重而下落时有快有慢”结论的怀疑，发现了自由落体规律。因此，大学生应该敢于质疑，敢于提出问题，并寻求解决问题的最佳方案。

（3）要有追求创新的欲望。大学生不能满足于现有的思想、观点、方法及物品的质量、功用，而要经常思考如何在原有基础上推陈出新，如经常思考“能否换个角度看问题？”“有没有更简捷有效的方法和途径？”等问题。

很多时候，随着经验的积累，人们往往自以为能够“见微知著”。这就会引发一种弊病——单凭表面现象来判断一切，而不进行更深层次的思考。这是制约创新的主要原因。在日常生活和学习中，大学生一定要有意识地培养创新精神，既尊重权威，虚心学习他们的丰富经验，又敢于超越权威，在他们创造性劳动的基础上进行新的创造。

（五）创新思维的训练

创新思维是指以新颖独特的方法解决问题的思维活动过程。这种思维能突破常规思维的限制，从超常规甚至反常规的视角去思考问题，进而提出与众不同的解决方案。它往往表现为提出新问题、设计新方法、开创新途径、解决新问题、创建新理论等。

创新思维有很多种，不同形式的创新思维，其训练方式也不同。大学生可以通过训练下面 5 种思维来锻炼自己的创新思维。

1. 逆向思维

通常，人们习惯于沿着事物发展的正方向去思考问题并寻求解决办法。其实，对于某些问题，尤其是一些特殊问题，从结论往回推，反过来思考，或许会使问题简单化。这就是逆向思维，也就是“反其道而思之”。运用逆向思维往往能出奇制胜，取得意想不到的效果。

相对而言，常规思维有时不能解决问题，反而会影响人的创造性。大学生应有意识地训练逆向思维，在寻求问题解决方案时应让思维适时地“转弯”，从相反的方向去思考问题。这样往往能找到新的思路，让问题迎刃而解。

2. 发散思维

俗话说：“条条大路通罗马。”人的思维也是一样。面对同一个问题，人们可以从多角度思考，进行大量不同的设想，尽可能多地提出解决方案，先不论方案是否可行。这就是发散思维，即扩散思维。

发散思维没有一定的方向，也没有一定的范围，它要求人们将单向思考转为多向思考或立体思考，不墨守成规。从一定程度上说，人与人的创新能力的差别就体现在发散思维能力上。

大学生要勤于实践，有意识地训练自己的发散思维。遇到问题时，应当尽可能赋予问题所涉及的人、物及事情以新的性质，摆脱旧思维、旧方法的束缚，运用新观点、新方法、新结论解决问题。按照这个思路进行发散思维训练，往往能收到良好效果。

3. 集中思维

集中思维是指在发散思维的基础上，将已获得的若干信息或思路加以组织，使之指向一个最佳的答案、结论或方案的一种思维方式。具体来说，就是对发散思维提出的多种设想进行整理、分析，再从中选出最可行、最经济、最有价值的设想，并加以深化和完善，从而获得一个最佳方案。

集中思维与发散思维如同“一枚钱币的两面”，是对立统一的，两者不可偏废。实践证明，只有既重视发散思维的培养，又重视集中思维的培养，才能较好地促进创新思维的发展，进而提高创新能力。

一般情况下，人们在信息量的占有上并无多大差别，但有些人能通过所占有的信息发现问题，抓住机会，而有些人却茫然不知。为什么会有这种差异呢？其实，这主要是因为这两类人的思维能力不同。在占有相同信息量的情况下，集中思维能力较强的人能够更加准确、及时地提取有用信息并加以利用。

4. 联想思维

万事万物总是相互联系的。只要善于发现，勤于思考，就能找到事物之间的联系。联想思维是指使不同表象之间发生联系，没有固定思维方向的自由思维活动。联想思维包括相似联想、对比联想、因果联想、类比联想等，在人们的创造活动中具有重要的作用。它可以帮助人们在创造活动中摆脱习惯性思维的束缚，并可以使人们从众多的信息中获得有益的启发。

人人都能产生联想，但并不是人人都具有较强的联想思维能力。大学生只有经常进行专门的联想训练，丰富联想的内容，提高联想的速度，才能提高自身的联想思维能力，为创造性思维的发展打下基础。

5. 逻辑思维

逻辑思维是人们在认识事物的过程中，借助概念、判断、推理等思维形式能动地反映客观现实的理性认识过程。逻辑思维处于认识的高级阶段，即理性认识阶段。通过逻辑思维，人们能更好地把握事物的本质。

也许有人会问，逻辑思维和创新有什么关系呢？其实，两者之间有很紧密的联系：创新思维需要人们拓展思路，而任何思路的转换、创新都和逻辑思维活动（分析、比较、综合、概括、演绎等）密切相关。因此，大学生应在日常生活中有意识地锻炼自己的逻辑思维能力，从而为提升自己的创新能力打好基础。

二、创业

（一）创业的含义

创业是指承担风险的创业者通过寻找和把握创业机会，投入已有的技能知识，配置相关资源，创建新企业，为消费者提供产品和服务，为社会创造价值和财富的过程。创业包含以下 4 层含义：创业是一个创造的过程；创业的本质在于发掘与利用机会的商业价值；创业的潜在价值需要通过市场来体现；创业以追求回报为目的。

（二）创业的分类

1. 按创业动机分类

按创业动机的不同，创业可分为机会型创业与就业型创业。

（1）机会型创业是指并非为了谋生，而是为了创造、利用市场机会而从事的创业活动。这类创业活动能创造出新的市场需求或满足潜在的市场需求，从而带动新的产业发展，通常不会加剧市场竞争。

（2）就业型创业是指创业者为了谋生而自觉或被迫开展的创业活动。这类创业通常是在现有的市场上寻找创业机会，而不会创造新需求。

2. 按创业起点分类

按创业起点的不同，创业可分为创建新企业与企业内创业。

（1）创建新企业是指创业者个人或团队从无到有地创建全新的企业组织的创业活动。这种创业具有很大的风险和难度（如资源缺乏、经验欠缺等），充满挑战，但创业者能最大限度地发挥个人能力。

（2）企业内创业是指在现有企业内部将创意转化为可获利的产品或服务，并得到该企业授权和资源支持的创业活动。企业内创业是动态的，是通过连续不断的创业（如二次创业、三次创业等）来实现的。

3. 按创业者数量分类

按创业成员数量的不同，创业可分为独立创业与合伙创业。

（1）独立创业是指由一个创业者独立出资创办自己的企业并独自经营的创业活动。其特点主要有：企业产权归创业者独有，企业由创业者自由掌控，决策迅速；创业者要独自承担风险，创业资源整合比较困难，且企业发展受创业者才能的限制。

（2）合伙创业是指两个以上创业者通过订立合伙协议，共同出资，合伙经营，共享收益，共担风险，并对合伙企业债务承担无限连带责任的创业活动。其特点主要有：能充分发挥集体智慧，能有效地抵御市场风险；创业者承担风险的能力和相互协作的能力往往会影响企业的发展。

4．按创业项目性质分类

按创业项目性质的不同，创业可分为传统技能型创业、高新技术型创业和知识服务型创业。

（1）传统技能型创业是指使用传统技术、工艺制造商品或提供服务的创业活动。传统技能型创业通常适用于酿酒、饮料生产、中药材种植与加工、工艺品制作、服装与食品加工等与人们日常生活紧密相关的行业，这些行业中的传统技能项目往往展现出独特的魅力。

（2）高新技术型创业是指以高新技术为基础，从事一种或多种高新技术及相关产品的研究、开发、生产和技术服务的创业活动。如无人机、机器人、高端数控机床、新材料的研发与制造等。

（3）知识服务型创业是指利用知识为人们提供信息服务或创造价值的创业活动。例如，创业者通过创建律师事务所、会计师事务所或管理咨询公司，为客户提供知识咨询服务等。这类创业往往投资少，见效快，但竞争也日渐激烈。

5．按创业方向或风险分类

按创业方向或风险的不同，创业可分为依附型创业、尾随型创业、独创型创业和对抗型创业。

（1）依附型创业主要包括以下两种：一是依附于大企业或产业链而生存，为大企业提供配套服务，如专门为某个或某类企业生产零配件，或者生产、印刷包装材料；二是利用特许经营权开展创业活动，如加盟餐饮连锁店等。

（2）尾随型创业，即模仿他人创业。其通常具有如下特点：其目标是在短期内维持经营状态，待积累了足够的经营经验后，再逐步跨入强者行列；不求独家承揽全部业务，只求在市场上分得一杯羹。

（3）独创型创业是指所提供的产品或服务能够填补市场空白的创业活动。独创型创业可以采用旧内容、新形式的模式，如销售产品并送货上门，虽然经营的产品并无变化，但服务方式有所变化，从而使产品更具竞争力。

（4）对抗型创业是指进入其他企业已占据垄断地位的某个市场，并与之对抗较量的创业活动。这类创业的风险最高，创业者必须在知己知彼、科学决策的前提下，抓住市场机遇，乘势而上，把自己的优势发挥到极致。

6．按创新内容分类

按创新内容的不同，创业可分为基于产品创新的创业、基于营销模式创新的创业和基于组织管理体系创新的创业。

（1）基于产品创新的创业是指基于技术创新或工艺创新等研制、生产新产品，以挖掘新的消费需求的创业活动。例如，采用新工艺制作紫砂保温杯、生产高档洁具等。

（2）基于营销模式创新的创业是指采取有别于其他厂商的市场营销模式，以提高消费者满足度的创业活动。例如，在零售店实行开架销售模式就是最典型的例子。

（3）基于组织管理体系创新的创业是指采取有别于其他厂商的企业组织管理体系，以降低产品生产成本，提高企业运营效率的创业活动。例如，新建运输企业由于全面采用了信息化管理，大幅度减少了管理人员，提高了运营效率，降低了运营成本，从而使企业一开始就具备了较大的竞争优势。

（三）创业的过程

创业的过程包括从产生创业动机到创建新企业并获取回报的整个过程，通常可分为以下 6 个主要环节。

1. 产生创业动机

创业动机是创业者愿意冒各种风险去创立新企业的激励因素，它是创业的原动力，它推动创业者去发现和识别市场机会。一般来说，对掌控自己命运的强烈愿望，对金钱的渴望，对理想和成就感的追求，都可以成为创业动力。

2. 识别创业机会

识别创业机会是创业者对可能成为创业机会的各种事件的分析，以及对创业预期结果的判断。创业机会一般分为两种：一种是直接发现的，一种是经过深入分析后发现的。国家产业政策的调整、新技术的出现、人口和家庭结构的变化、人们物质需求和精神需求的变化、流行时尚的变化等都可能带来创业机会。创业者应该具有敏锐的观察力，及时、准确地识别创业机会，并对创业机会进行评估和筛选。

3. 整合有效资源

资源是创业的基础条件，整合资源是创业者创业的重要手段。之所以强调资源整合，是因为创业者可以直接控制的可用资源往往很少，许多创业者都需要白手起家。一般来说，创业者需要整合的资源主要包括基本信息（有关市场、环境和法律问题等）、人力资源（合作者、最初的雇员等）、财务资源、人脉资源等。

4. 创建新企业

创业者在做好创业计划并准备好相应的创业资源后，就可以创建新企业了。所谓创建企业，主要就是企业的注册登记。在我国，企业的注册登记主要包括确定企业地址和名称，名称核准，确定企业的类型和经验范围，领取营业执照，银行开户等。企业登记注册的管理机关为各省区市的市场监督管理局，企业的具体注册登记工作可完全通过网络进行。

5. 收获创业回报

追求创业回报是开展创业活动的目的。对创业者来说，创业是获取回报的手段和途径。创业回报可能是多种多样的，如金钱、成就感等。

案例

硕士小伙用 O2O 模式卖水果

新时代下，不少年轻创业者都瞄准了互联网创业。2013 年，28 岁的硕士研究生邱旺健放弃了自己稳定的工作，注册了长春果健商贸有限公司（以下简称“果健”），并用 O2O（online to offline 的缩写，即“线上到线下”）模式卖起了绿色有机水果。

从开水果超市起步

上大学期间，有一次邱旺健去沈阳旅行，路过水果批发市场时，看到有些商贩在市场上买水果时一买就是十多箱，进货量较大，不像普通的水果商贩。出于好奇，邱旺健上前询问，得知他们都是开水果超市的。

善于留心生活细节的邱旺健想起，长春还没有大规模的水果超市，“为何不在长春开一家水果超市呢？”。于是，他在沈阳对多家水果超市进行了考查，以了解他们的经营方式。

回到长春后，邱旺健便筹集了资金，并在某新住宅区租了一间 130 多平方米的门面房，复制沈阳大型水果超市的经营模式，和父母一道开起了水果超市。在开业的第一天，销售额就达到了 1.3 万元。“其实没有什么技术含量，就是照搬别人的开店模式。”邱旺健说。他认为，当时的生意之所以好，是因为水果超市在长春还很少见。随后，邱旺健采取了一系列的销售措施（如发传单、每天推出特价水果等），以吸引顾客，并取得了显著的效果。

创业的路途总是充满着艰难。邱旺健为了节省成本，凡事都亲力亲为，每天凌晨就到长春水果批发市场进货。看到水果超市利润喜人，邱旺健打算进一步扩大规模，与志同道合的几个朋友合作开水果连锁店，各店统一品牌，独立结算。开店第一年，邱旺健就还清了因创业而欠下的债务。但好景不长，因为这种传统水果超市门槛不高，复制性很强，所以没过多久，长春市的水果超市数量激增，再加上房租不断上涨，邱旺健的收入变得不再那么可观。

鲜果切的失败反助成功转型

面对危机，邱旺健决定出去走一走，以寻求解决办法。于是，他先后到北京、上海、广州等地考查，发现电子商务模式在水果行业的应用越来越普遍，并且鲜果切（即新鲜的水果切片）在一线城市的需求量很大。回到长春，仅做了简单的随机调研后，邱旺健便购买了物流配送车，选好了宅配地点，建好了网上鲜果切商城，做起了鲜果切生意。

鲜果切销售了 3 个多月，平均月销售额却只有 1 000 多元，鲜果切网上商城入不敷出，损失惨重。失败让邱旺健开始冷静下来思考其中的原因。在他看来，长春的生活节奏和消费水平与一线城市的不一样，所以深受一线城市认可的鲜果切，在长春却“水土不服”。

此外，顾客对鲜果切的质量和卫生问题的质疑，也没能得到很好的解决。

既然顾客对鲜果切的质量和卫生问题存在质疑，那就直接做绿色有机水果。这种水果既不用切块，又是绿色无公害的。首先被邱旺健选中的是草莓。邱旺健找到辽宁省丹东市的“九九草莓种植基地”，与当地农户签订了排他性协议，成为吉林省唯一的代理商。邱旺健明白，单凭自己宣传草莓如何绿色、健康，消费者是不会相信的。为消除消费者的疑虑，他想到了“让水果可溯源”这一办法。

于是，邱旺健在草莓种植大棚内安装摄像头，实时监控草莓的生长过程，并将监控内容链接到“果健”官网，消费者登录官网后便可观看草莓的相关状况。此外，草莓包装箱体上贴有二维码，客户扫码后也可以看到草莓的各种情况。

至于销售渠道，邱旺健放弃了网上商城，而改用更加方便的微信。进货前，由公司的销售人员通过微信朋友圈了解周围人对草莓的需求量。第一次进货时，邱旺健采购了 100 箱草莓，这些草莓一下子便销售一空。3 个月下来，销售额达 84 万元，邱旺健的水果生意再次红火起来。

草莓的销售期只有短短 4 个月。为增加绿色有机水果的种类，邱旺健又先后到海南、四川、云南等地，复制与丹东农户合作的模式，建立了自己的货源基地。2015 年，“果健”在全国建立了 20 多个绿色有机水果基地。

情感营销增加客户黏性

在水果质量得到了保证后，如何才能广而告之并增加客户的黏性呢？邱旺健带领团队尝试微信情感营销，即销售团队除在朋友圈发布水果销售信息外，还要晒工作和生活等内容，让客户对“果健”产生感情。同时，鼓励客户在朋友圈晒“买家秀”，客户凭“买家秀”即可参与每月一次的抽奖活动。经过一年多的积累，“果健”线上的稳定客户达 3 万余人。

资料来源：https://m.sohu.com/a/272648651_117373

第二节　了解创新创业政策

一、“双创”政策

“双创”是“大众创业，万众创新”的简称。创新创业是指基于技术创新、产品创新、品牌创新、服务创新、商业模式创新、管理创新、组织创新、市场创新、渠道创新等方面的某一种或几种创新而进行的创业活动。在创新创业这一概念中，创新强调的是开拓性与原创性，而创业强调的是通过实际行动获取利益的行为。创新是创新创业的基础，创业是创新创业的目标。

（一）国家政策

1．政策密集出台

2010 年 5 月，教育部颁布了《关于大力推进高等学校创新创业教育和大学生自主创业工作的意见》，要求在高等学校开展创新创业教育，积极鼓励高校学生自主创业，培养学生创新精神和实践能力，落实以创业带动就业，促进高校毕业生充分就业。

2015 年 3 月，国务院办公厅印发了《关于发展众创空间推进大众创新创业的指导意见》，部署推进大众创业、万众创新工作。明确推进大众创新创业的基本原则是坚持市场导向、加强政策集成、强化开放共享、创新服务模式；重点任务是加快构建众创空间、降低创新创业门槛、鼓励科技人员和大学生创业、支持创新创业公共服务、加强财政资金引导、完善创业投融资机制、丰富创新创业活动、营造创新创业文化氛围。

2015 年 5 月，国务院办公厅印发了《关于深化高等学校创新创业教育改革的实施意见》，明确提出了高等学校创新创业教育改革的主要任务和措施，即完善人才培养质量标准、创新人才培养机制、健全创新创业教育课程体系、改革教学方法和考核方式、强化创新创业实践、改革教学和学籍管理制度、加强教师创新创业教育教学能力建设、改进学生创业指导服务、完善创新创业资金支持和政策保障体系。

2015 年 6 月，国务院印发了《关于大力推进大众创业万众创新若干政策措施的意见》，指出为改革完善相关体制机制，构建普惠性政策扶持体系，推动资金链引导创业创新链、创业创新链支持产业链、产业链带动就业链，而提出总体思路和具体措施。主要措施包括：创新体制机制，实现创业便利化；优化财税政策，强化创业扶持；搞活金融市场，实现便捷融资；扩大创业投资，支持创业起步成长；发展创业服务，构建创业生态；建设创业创新平台，增强支撑作用；激发创造活力，发展创新型创业；拓展城乡创业渠道，实现创业带动就业；加强统筹协调，完善协同机制。

2．政策深入展开

2015 年 9 月，国务院印发了《关于加快构建大众创业万众创新支撑平台的指导意见》，明确提出：把握发展机遇，汇聚经济社会发展新动能；创新发展理念，着力打造创业创新新格局；全面推进众创，释放创业创新能量；积极推广众包，激发创业创新活力；立体实施众扶，集聚创业创新合力；稳健发展众筹，拓展创业创新融资；推进放管结合，营造宽松发展空间；完善市场环境，夯实健康发展基础；强化内部治理，塑造自律发展机制；优化政策扶持，构建持续发展环境。

2016 年 2 月，国务院办公厅印发了《关于加快众创空间发展服务实体经济转型升级的指导意见》，指出为充分调动各类创新主体的积极性和创造性，发挥科技创新的引领和驱动作用，紧密对接实体经济，有效支撑我国经济结构调整和产业转型升级，需要继续推动众创空间向纵深发展。通过龙头企业、中小微企业、科研院所、高校、创客等多方协同，打造产学研用紧密结合的众创空间，吸引更多科技人员投身科技型创新创业，促进各类创新要素的高效配置和有效集成，推进产业链创新链深度融合，不断服务创新创业的能力和水平。

2016 年 5 月，国务院办公厅印发了《关于建设大众创业万众创新示范基地的实施意见》，指出为在更大范围、更高层次、更深程度上推进大众创业万众创新，加快发展新经济、培育发展新动能、打造发展新引擎，按照政府引导、市场主导、问题导向、创新模式的原则，加快建设一批高水平的双创示范基地，扶持一批双创支撑平台，突破一批阻碍双创发展的政策障碍，形成一批可复制可推广的双创模式和典型经验。

2017 年 7 月，国务院印发了《关于强化实施创新驱动发展战略进一步推进大众创业万众创新深入发展的意见》，进一步系统性优化创新创业生态环境，强化政策供给，突破发展瓶颈，充分释放全社会创新创业潜能，在更大范围、更高层次、更深程度上推进大众创业、万众创新。

2018 年 9 月，国务院印发了《关于推动创新创业高质量发展打造“双创”升级版的意见》，要求深入实施创新驱动发展战略，通过打造“双创”升级版，进一步优化创新创业环境，大幅降低创新创业成本，提升创业带动就业能力，增强科技创新引领作用，提升支撑平台服务能力，推动形成线上线下结合、产学研用协同、大中小企业融合的创新创业格局，为加快培育发展新动能、实现更充分就业和经济高质量发展提供坚实保障。

2020 年 7 月，国务院办公厅印发了《关于提升大众创业万众创新示范基地带头作用进一步促改革稳就业强动能的实施意见》，要求深入实施创新驱动发展战略，聚焦系统集成协同高效的改革创新，聚焦更充分更高质量就业，聚焦持续增强经济发展新动能，强化政策协同，增强发展后劲，以新动能支撑保就业保市场主体，尤其是支持高校毕业生、返乡农民工等重点群体创业就业，努力把双创示范基地打造成为创业就业的重要载体、融通创新的引领标杆、精益创业的集聚平台、全球化创业的重要节点、全面创新改革的示范样本，推动我国创新创业高质量发展。

2020 年 12 月，国务院办公厅印发了《关于建设第三批大众创业万众创新示范基地的通知》，要求贯彻落实《政府工作报告》部署，更好发挥大众创业万众创新示范基地对促改革、稳就业、强动能的带动作用，进一步推动大众创业万众创新向纵深发展，更大程度激发市场活力和社会创造力，以新动能支撑保就业保市场主体。

2021 年 9 月，国务院办公厅印发了《关于进一步支持大学生创新创业的指导意见》，要求以习近平新时代中国特色社会主义思想为指导，深入贯彻落实党的十九大和十九届二中、三中、四中、五中全会精神，全面贯彻党的教育方针，落实立德树人根本任务，立足新发展阶段、贯彻新发展理念、构建新发展格局，坚持创新引领创业、创业带动就业，支持在校大学生提升创新创业能力，支持高校毕业生创业就业，提升人力资源素质，促进大学生全面发展，实现大学生更加充分更高质量就业。

（二）相关政策解读

1. 加强创业投资

《关于大力推进大众创业万众创新若干政策措施的意见》中，国家非常明确地提出了扩大创业投资、发展创业投资服务，促进并实施四个维度的大众创业万众创新战略，加速

我国经济竞争力的提升：其一，对基于国家高端科技成果的创业创新，给以财政和风险投资等金融支持，打造引领我国经济发展的高端引擎；其二，针对以发明专利为基础的创业创新，给以政府引导的风险投资支持，促使我国产业结构升级，提升产业发展竞争力；其三，对基于就业的创业创新，政府给以普惠性的财税支持，促使更多的人以创业带动就业，化解人口与就业的矛盾；其四，对基于未来高端科技研发的创业创新，通过设立国际研发基金，吸引聚集世界一流的人才来一道共同研究，从源头上掌握高端科技成果研发主动权，针对国际一流科技成果创业创新，设立国际化的天使投资基金，早早抓住世界一流科技成果转移的机会，创造引领世界发展的一流科技产业。

2．优化创业环境

《关于强化实施创新驱动发展战略进一步推进大众创业万众创新深入发展的意见》从五个方面提出了 39 项措施，强化实施创新驱动发展战略，进一步推进“双创”深入发展。五个方面主要政策措施具体如下：

一是加快科技成果转化。重点突破科技成果转化的制度障碍，保护知识产权，活跃技术交易，提升创业服务能力，优化激励机制，共享创新资源，加速科技成果向现实生产力转化。

二是拓展企业融资渠道。不断完善金融财税政策，创新金融产品，扩大信贷支持，发展创业投资，优化投入方式，破解创新创业企业融资难题。

三是促进实体经济转型升级。深入实施“互联网+”、军民融合发展、新一代人工智能等重大举措，着力加强创新创业平台建设，培育新兴业态，发展分享经济，以新技术、新业态、新模式改造传统产业，增强核心竞争力，实现新兴产业与传统产业协同发展。

四是完善人才流动激励机制。充分激发人才创新创业活力，改革分配机制，引进国际高层次人才，促进人才合理流动；健全保障体系，加快建设规模宏大、结构合理、素质优良的创新创业人才队伍。

五是创新政府管理方式。持续深化“放管服”改革，加大普惠性政策支持力度，改善营商环境，放宽市场准入，推进试点示范，加强文化建设，推动形成政府、企业、社会良性互动的创新创业生态。

拓展阅读

高校毕业生自主创业的优惠政策

（1）大学生创业税收优惠。持有人力资源社会保障部门核发就业创业证的高校毕业生，在毕业年度（指毕业所在自然年，即 1 月 1 日至 12 月 31 日）内创办个体工商户、个人独资企业的，3 年内以每户每年 8 000 元为限额依次扣减其当年实际应缴纳的增值税、城市维护建设税、教育费附加和个人所得税。高校毕业生创办的小型微利企业，按国家规定享受相关税收支持政策。

（2）创业担保贷款和贴息。符合条件的大学生自主创业时，可在创业地按规定申请创业担保贷款，贷款额度为 10 万元。鼓励金融机构参照贷款基础利率，结合风险分担情况，合理确定贷款利率水平；金融机构对个人发放的创业担保贷款，在贷款基础利率基础上上浮 3 个百分点以内的，由财政给予贴息。

（3）免收有关行政事业性收费。毕业 2 年以内的普通高校毕业生从事个体经营（除国家限制的行业外）的，自其在工商部门首次注册登记之日起 3 年内，免收管理类、登记类和证照类等有关行政事业性收费。

（4）享受培训补贴。大学生创办的小微企业新招用毕业年度高校毕业生，签订 1 年以上劳动合同并缴纳社会保险费的，给予 1 年社会保险补贴。对在毕业学年（即从毕业前一年 7 月 1 日起算的 12 个月）内参加创业培训的大学生，根据其获得的创业培训合格证书或就业、创业情况，按规定给予培训补贴。

（5）免费创业服务。有创业意愿的大学生，可免费获得公共就业和人才服务机构提供的创业指导服务，包括政策咨询、信息服务、项目开发、风险评估、开业指导、融资服务、跟踪扶持等“一条龙”创业服务。各地在充分发挥各类创业孵化基地作用的基础上，因地制宜地建设一批大学生创业孵化基地，并给予相关政策扶持。对基地内大学生创业企业要提供培训和指导服务，落实扶持政策，努力提高创业成功率，延长企业存活期。

（6）取消高校毕业生落户限制。高校毕业生可在创业地办理落户手续（直辖市按有关规定执行）。

资料来源：中华人民共和国教育部，http://www.moe.gov.cn/jyb_xwfb/xw_zt/moe_357/jyzt_2018n/2018_zt24/2018_zt24_zzcy/201812/t20181204_362360.html

二、创业支撑平台

（一）推进“四众”持续健康发展

“四众”是众创、众包、众扶、众筹的统称。

众创，即汇众智搞创新，通过创业创新服务平台聚集全社会各类创新资源，大幅降低创业创新成本，使每一个具有科学思维和创新能力的人都可参与创新，形成大众创造、释放众智的新局面。

众包，即汇众力增就业，借助互联网等手段，将传统由特定企业和机构完成的任务向自愿参与的所有企业和个人进行分包，最大限度利用大众的力量，以更高的效率、更低的成本满足生产及生活服务需求，促进生产方式变革，开拓集智创新、便捷创业、灵活就业的新途径。

众扶，即汇众能助创业，通过政府和公益机构支持、企业帮扶援助、个人互助互扶等多种方式，共助小微企业和创业者成长，构建创业创新发展的良好生态。

众筹，即汇众资促发展，通过互联网平台向社会募集资金，灵活高效满足企业产品开发、企业发展的融资需求，有效增加传统金融体系服务小微企业的新功能，拓展创业创新投融资新渠道。

2015 年，为加快构建大众创业万众创新的支撑平台，国务院出台了《关于加快构建大众创业万众创新支撑平台的指导意见》，首次提出众创、众包、众扶、众筹“四众”的概念，并对加快构建大众创业万众创新支撑平台、推进“四众”持续健康发展提出了以下意见。

1．全面推进众创，释放创业创新能量

（1）大力发展专业空间众创。鼓励各类科技园、孵化器、创业基地、农民工返乡创业园等加快与互联网融合创新，打造线上线下相结合的大众创业万众创新载体。鼓励各类线上虚拟众创空间发展，为创业创新者提供跨行业、跨学科、跨地域的线上交流和资源链接服务。鼓励创客空间、创业咖啡、创新工场等新型众创空间发展，推动基于“互联网+”的创业创新活动加速发展。

（2）鼓励推进网络平台众创。鼓励大型互联网企业、行业领军企业通过网络平台向各类创业创新主体开放技术、开发、营销、推广等资源；鼓励各类电子商务平台为小微企业和创业者提供支撑，降低创业门槛；加强创业创新资源共享与合作，促进创新成果及时转化，构建开放式创业创新体系。

（3）培育壮大企业内部众创。通过企业内部资源平台化，积极培育内部创客文化，激发员工创造力；鼓励大中型企业通过投资员工创业开拓新的业务领域、开发创新产品，提升市场适应能力和创新能力；鼓励企业建立健全股权激励机制，突破管理瓶颈，形成持续的创新动力。

2．积极推广众包，激发创业创新活力

（1）广泛应用研发创意众包。鼓励企业与研发机构等通过网络平台将部分设计、研发任务分发和交付，促进成本降低和提质增效，推动产品技术的跨学科融合创新。鼓励企业通过网络社区等形式广泛征集用户创意，促进产品规划与市场需求无缝对接，实现万众创新与企业发展相互促进。鼓励中国服务外包示范城市、技术先进型服务企业和服务外包重点联系企业积极应用众包模式。

（2）大力实施制造运维众包。支持有能力的大中型制造企业通过互联网众包平台聚集跨区域标准化产能，满足大规模标准化产品订单的制造需求。结合深化国有企业改革，鼓励采用众包模式促进生产方式变革。鼓励中小制造企业通过众包模式构筑产品服务运维体系，提升用户体验，降低运维成本。

（3）加快推广知识内容众包。支持百科、视频等开放式平台积极通过众包实现知识内容的创造、更新和汇集，引导有能力、有条件的个人和企业积极参与，形成大众智慧集聚共享新模式。

（4）鼓励发展生活服务众包。推动交通出行、无车承运物流、快件投递、旅游、医疗、教育等领域生活服务众包，利用互联网技术高效对接供需信息，优化传统生活服务行业的组织运营模式。推动整合利用分散闲置社会资源的分享经济新型服务模式，打造人民群众广泛参与、互助互利的服务生态圈。发展以社区生活服务业为核心的电子商务服务平台，拓展服务性网络消费领域。

3．立体实施众扶，集聚创业创新合力

（1）积极推动社会公共众扶。加快公共科技资源和信息资源开放共享，提高各类公

益事业机构、创新平台和基地的服务能力，推动高校和科研院所向小微企业和创业者开放科研设施，降低大众创业、万众创新的成本。鼓励行业协会、产业联盟等行业组织和第三方服务机构加强对小微企业和创业者的支持。

（2）鼓励倡导企业分享众扶。鼓励大中型企业通过生产协作、开放平台、共享资源、开放标准等方式，带动上下游小微企业和创业者发展。鼓励有条件的企业依法合规发起或参与设立公益性创业基金，开展创业培训和指导，履行企业社会责任。鼓励技术领先企业向标准化组织、产业联盟等贡献基础性专利或技术资源，推动产业链协同创新。

（3）大力支持公众互助众扶。支持开源社区、开发者社群、资源共享平台、捐赠平台、创业沙龙等各类互助平台发展。鼓励成功企业家以天使投资、慈善、指导帮扶等方式支持创业者创业。鼓励通过网络平台、线下社区、公益组织等途径扶助大众创业就业，促进互助互扶，营造深入人心、氛围浓厚的众扶文化。

4. 稳健发展众筹，拓展创业创新融资

（1）积极开展实物众筹。鼓励消费电子、智能家居、健康设备、特色农产品等创新产品开展实物众筹，支持艺术、出版、影视等创意项目在加强内容管理的同时，依法开展实物众筹。积极发挥实物众筹的资金筹集、创意展示、价值发现、市场接受度检验等功能，帮助将创新创意付诸实践，提供快速、便捷、普惠化服务。

（2）稳步推进股权众筹。充分发挥股权众筹作为传统股权融资方式有益补充的作用，增强金融服务小微企业和创业创新者的能力。稳步推进股权众筹融资试点，鼓励小微企业和创业者通过股权众筹融资方式募集早期股本。对投资者实行分类管理，切实保护投资者合法权益，防范金融风险。

（3）规范发展网络借贷。鼓励互联网企业依法合规设立网络借贷平台，为投融资双方提供借贷信息交互、撮合、资信评估等服务。积极运用互联网技术优势构建风险控制体系，破解信息不对称问题，防范风险。

（二）创业平台介绍

1. 创业咖啡

（1）车库咖啡：即“北京创业之路咖啡有限公司”，它是全球第一家创业主题的咖啡厅，2011 年 4 月在北京中关村创立。“点一杯咖啡，创业的梦想也许就会实现”“创业者的乌托邦”“草根创业者之家”是车库咖啡的标签。在这里，有人带来了技术，有人带来了想法，有人找到了资金，有人找到了团队。一方面，车库咖啡为创业企业提供一站式投融资综合解决方案，帮助项目方迅速融资，同时提供创业辅导、资源对接、宣传报道等优质增值服务；另一方面，车库咖啡帮助投资人快速发现好项目，为投资人的领投、跟投、资源输出、经验输出等提供依据，并推动多层次的投资人群体协作发展。可以说，车库咖啡是创业者碰撞灵感、发现资源的平台，也是投资人的项目库。

（2）3W 咖啡：2010 年 11 月在北京中关村创立，是由一群热爱互联网、致力于行业

交流、酷爱咖啡的互联网人士通过微博发起，由百名互联网资深人士热烈响应和支持的互联网主题馆，是国内首家众筹咖啡馆。3W 咖啡的主旨是为互联网人士提供一个开放、专业、休闲的交流场所和沟通平台，其工作目标是展现日新月异的创意产业、提高企业竞争力和影响力、繁荣互联网文化、增进业界交流和促进行业发展。

（3）“一八九八”咖啡馆：2013 年 11 月由北京大学 200 位校友企业家、创业者依托北京大学校友创业联合会联合创建，是国内首家校友创业主题咖啡馆。“一八九八”咖啡馆旨在通过联结学校、校友和社会，聚集多方资源，为更多处于成长中的创业校友服务。

从 2012 年开始，一些创业咖啡平台陆续在大学区或软件园等地涌现。2015 年以后，创业咖啡成为高校内部最为流行的一种众创空间，受到了高校学生的热切追捧。大学生在创业咖啡这个专业场所中，可以畅谈学习、生活、工作和投资。于是，创业咖啡逐步成为大学生创业者的集聚地。

2. 众创空间

2015 年国务院办公厅《关于发展众创空间推进大众创新创业的指导意见》出台后，科技部组织认定了若干国家级众创空间、国家专业化众创空间，各地科技厅组织认定了若干省级众创空间，各地科技局组织认定了市级众创空间。

众创空间是指顺应“创新 2.0”（即信息时代、知识社会的创新形态）时代用户创新、开放创新、协同创新、大众创新的趋势，把握全球创客浪潮兴起的机遇，依托互联网应用，适应“创新 2.0”环境与网络时代创新创业特点和需求，通过市场化机制、社会化运作、专业化服务和资本化途径构建的低成本、便利化、全要素、开放式的新型创业服务平台的统称。

众创空间不仅能为创新创业者提供创业活动的聚集交流空间，而且能按需提供个性化的创业增值服务。众创空间的功能特点如下。

（1）低成本与开放性。众创空间面向所有公众群体开放，采用部分服务免费、部分收费，或者会员服务的制度，为创新创业者提供成本相对较低的成长环境。

（2）互助与协同性。众创空间通过沙龙、训练营、培训、大赛等活动促进创新创业者之间的交流和圈子的建立，通过共同的办公环境促进创新创业者之间的互帮互助、相互启发、资源共享，从而达到协同进步的目的。

（3）共享性。共享性体现在团队与人才结合、创新与创业结合、线上与线下结合、孵化和投资结合四个方面。

（4）便利化。众创空间通过提供场地、举办活动，为创新创业者的产品展示、观点分享和项目路演等提供便利。此外，还能向创业企业提供其在萌芽期和成长期的相应服务，如金融服务、工商注册、法律咨询、补贴政策申请等，帮助其健康而快速地成长。

（5）“全要素”创新。提供创新创业活动所需要的材料、设备、设施，以及创意、创新创业方案等“全要素”创新创业服务。

3．创业孵化器

创业孵化器是指为创业企业提供办公场地、设备、创业指导和资金的企业。创业孵化器具有行业或专业特色，能够整合外部专业资源，为在孵企业提供管理、资源、策划等专业化服务，帮助在孵企业快速成长。

（1）创业孵化器的类型。

创业孵化器分为托管型和策划型两种，其中，托管型孵化器面向适用的人群为初次创业者或高科技与互联网创业者。其提供的典型服务一般包括免费或付费的办公场地、定期的创业培训、项目路演培训、投资人对接等。托管型孵化器为创业者提供企业生存的基础设施，使创业者可以全身心投入到产品的设计和研发中。

例如，很多大学为支持大学生创业，都建立了创业园区，创业园区以极低的价格将工位租给大学生创业者。这种创业园区是典型的有政府支持的托管型孵化器。此外，还有很多企业家、投资人为了支持创业、孵化优质的高科技与互联网项目，成立了私营的托管型孵化器，如联想旗下的联想之星创业孵化基地等。

托管型孵化器为有想法的年轻人提供了良好的创业平台。创业企业进入平台之后，可以借助平台的资源快速度过婴儿期，并有机会获得投资，不断发展壮大。

策划型孵化器一般依托于大型的咨询策划公司，适用人群为有一定经济基础的传统中小微企业。入驻策划型孵化器的企业可以分为两类：一类是在初创阶段因找不到合适的商业模式而需要进行资源对接的企业；另一类是由于发展遇到瓶颈而需要转型的企业。这些企业的创建者往往“身怀绝技”，在某一领域内拥有一定的人脉、技术等资源，常由于受行业的限制或者未能及时顺应时代的潮流而陷入困境。

策划型孵化器凭借其多年的企业服务经验，为创业企业提供一对一的咨询服务，并可用自有基金对创业企业直接投资，或者帮助创业企业对接外部投资机构。其孵化的项目通常质量高，具有较高的投资价值。同时，策划型孵化器常以企业联盟的形式搭建企业资源平台，共享孵化器的资本、咨询和人脉等资源。

（2）创业孵化器运营模式。

创业孵化器运营模式主要有技术转移型、技术服务型、产业链型和投融资型四大类，其特点如下：

技术转移型运营模式以技术转移为特色，并辅以投融资功能，能发挥服务联盟的优势，加强产学研的紧密结合。这种运营模式下的创业孵化器主要依托大学、科研院所而建立，目的使将自身的科技成果进行转化。

技术服务型运营模式是指孵化器根据在孵企业的技术需求，建立专业技术平台，为在孵企业提供测试、化验、技术培训等多种技术服务。在这类运营模式下的孵化器中，专业技术平台发挥了非常突出的作用。

产业链型运营模式是指孵化器依托大公司的背景资源，对某个技术领域内的上下游资源进行整合，进而实现对研发、中试（产品正式投产前的试验）、生产、销售等整个产业链的孵化。这种孵化模式基本锁定了在孵企业的市场风险，有利于在孵企业快速打通产业化通道。

投融资型运营模式以投融资为主要服务内容，同时辅以一定的专业技术平台，主要在若干技术领域内投资，具有很强的专业性。

上述四种运营模式并不是孤立存在的，有的创业孵化器可能同时采用两种以上运营模式，如综合孵化器。

4. 创业集市

创业集市是指在相对开放的空间里举办创业交流活动，并免费提供展位，以供创业者参展的一种活动。在创业集市中，创业者可以展示创意作品，交易创业商品，开展创业沙龙、创业项目路演，进行创业培训、投融资对接等活动。创业集市可由政府、高校、创业服务企业等举办。

5. 产业园区

产业园区是指由政府或企业为实现产业发展目标而创建的特殊区位环境。它能够有效地聚集创造力，通过共享资源和克服外部负面效应，带动关联产业的发展，从而有效推动产业集群的形成。产业园区的类型十分丰富，常见的有高新技术开发区、经济技术开发区、科技园区、工业园区、金融后台、文化创意产业园区、物流产业园区，以及近年来各地陆续出现的产业新城、科技新城等。

 **案例**

致力于机器人研发和创客教育推广的创业者卫小学

卫小学，1997 年就读于成都市温江区燎原职业技术学校电子专业，后来参加高考并进入大学学习。他是一名“80 后”创业者，从一名创客转变成一位拥有多家公司的企业家。

卫小学从小就是一名创客，喜欢动手制作各种玩具，对创造发明具有浓厚的兴趣。上学期间，他和同班同学庄某都热爱机器人技术，共同的爱好让两人迅速成了好友。他们经常浏览关于机器人的网站，了解机器人领域的一些新技术和新理念，并与全国各地的机器人爱好者进行交流。卫小学和庄某在读书及工作期间不断学习，共同设计、创作了一些科技产品并在网上销售。销售的成功极大地激发了他们的创新热情，使他们对科技产品的研究更加乐此不疲。就这样，卫小学成为一名研发、制作科技产品的创客。创客经历为他的后续创业打下了坚实基础。

2008 年，卫小学等四人成立了第一家公司——北京龙凡汇众机器人科技有限公司，该公司主营机器人和自动化相关产品。2010 年，他们投资 50 万元，注册了上海智位机器人股份有限公司，并将它作为总公司，将北京龙凡汇众机器人科技有限公司作为销售子公司。

为了加强产品的研发和生产，他们于 2011 年成立了成都极趣科技有限公司，作为总公司的生产基地，由卫小学任总经理，负责该公司的运营管理。成都极趣科技有限公司专注于硬件、机器人配件、3D 打印机等产品的研发与生产，以及创客文化的推广。

卫小学与其合作者创建的公司非常关注科技动态，只要国内外出现了新的技术，他们就积极学习、消化、创新，将新技术应用于自己的产品，同时也积极研发新技术，研制新产品，并注重知识产权保护。此外，他们积极联系北京多所高等院校，为各院校定制机器人教学设备平台，并与大学教授合作研发新产品，这使他们的公司驶入了科技发展的快车道。

回顾卫小学的成长历程，他的创业能力首先得益于他的兴趣爱好，其次得益于他良好的学习能力。如今作为企业家的他还在不断学习新的知识和技术，他说："像我们这种技术型企业，如果不学习就会跟不上时代的发展，因此必须活到老，学到老。"当然，在卫小学的创业能力中，最核心的还是他的创新能力。在校期间，他就是一位爱提问题的学生，时常有一些新奇的想法。后来，他在《机器人爱好者》的网站上与天南海北的人共同探讨、学习，创作科技创新产品并在网上销售，并成为一名创客。这都是他积极培养自身创新能力的表现。由此可见，要想具备创新能力，不仅需要积累知识，更需要用发现的眼光和创新的智慧去努力开拓。

资料来源：王涛，严光玉，刘丽华. 创新创业实践能力训练[M]. 上海：上海交通大学出版社，2016.

第三节 明辨创业机会与风险

一、创业机会

创业机会是指在社会经济活动过程中产生的一种带有偶然性且能被经营者认识和利用的契机。

（一）创业机会的特征

（1）普遍性。凡是有市场、有经营活动的地方，就存在着创业机会。创业机会普遍存在于各种经营活动过程之中。

（2）偶然性。对于一个创业者来说，创业机会的发现和捕捉带有很大的不确定性，任何创业机会的产生都有"意外"性。

（3）消逝性。创业机会存在于一定的时空范围之内，随着促使创业机会产生的客观条件的变化，创业机会可能会转瞬即逝。

（二）创业机会的分类

1. 按创业机会的来源分类

按创业机会的来源的不同，创业机会可分为问题型机会、趋势型机会和组合型机会。

（1）问题型机会是指由现存的未解决的问题所带来的创业机会。问题型机会在人们的日常生活和实践中大量存在，需要创业者用心发掘。例如，面对“最后一千米”（即从轨道交通站点或公交站点到家庭住址的一段路程）交通不便利的现实问题，有人从中发现了共享单车的创业机会，有人从中发现了网约车定点接驳的创业机会。

（2）趋势型机会是指通过分析未来的发展趋势，从中发现有潜力的创业机会。这种机会通常产生于重要领域改革和时代变迁的过程中。

（3）组合型机会是指将现有的两项以上的技术、产品、服务等因素组合起来，创造新价值，形成新优势的创业机会。

2. 按目的与手段关系的明确程度分类

按目的与手段关系明确程度的不同，创业机会可分为识别型机会、发现型机会和创造型机会 3 种。

（1）识别型机会是指当市场中的目的与手段关系十分明确时，创业者可通过目的与手段的关系来识别的创业机会。例如，当商品供求不协调时，市场上就会出现大量的创业机会，创业者可以通过分析商品供求状况来寻找满足市场需求的机会。常见的问题型机会大多属于这一类型。

（2）发现型机会是指当目的或手段未知时，等待创业者去发掘的机会。例如，当一项技术被开发出来而尚未用于具体的商业化产品时，创业者需要通过不断尝试来挖掘这项技术的市场机会。

（3）创造型机会是指当目的和手段皆不明确时，创业者比他人更具先见之明，主动创造出的有价值的市场机会。

小贴士

在商业实践中，识别型、发现型和创造型三类创业机会可能同时存在。一般来说，识别型机会多处于供求尚未均衡的市场，创新的空间较小。这类机会并不需要太复杂的辨别过程，创业者只要拥有较多的资源，就可以较快进入市场。

相对而言，把握创造型机会比较困难，它依赖于新目的与新手段之间的关系，要求创业者具有创造性的资源整合能力与敏锐的洞察力，同时还必须承担巨大的风险，而创业者拥有的专业技术、信息、资源等往往都相当有限且其风险承担能力也有限。

在现实生活中，由于大多数创业者拥有的资源有限，抗风险能力不高，因此，大多数创业者都是利用发现型机会去创业的。

（三）创业机会的识别

1. 影响识别创业机会的因素

对于创业者来说，发现真正的创业机会，并成功地抓住和利用它，会受到许多因素的影响。其中，主要的影响因素有：

（1）先前经验。在特定的产业中，先前经验有助于创业者识别机会。一个投身于某产业的创业者，往往比那些产业外的人更容易识别产业内的新机会。

（2）认知因素。在某个领域拥有更多知识的人比其他人更容易识别该领域内的机会。例如，计算机工程师比律师更容易察觉计算机产业内的机会。

（3）社会关系网络。个人社会关系网络的深度和广度会影响机会识别。社会关系网络较广的人比那些社会关系网络较窄的人更容易得到好的机会和创意。一项针对 65 家创业企业的调查显示，半数创业者是通过社会关系得到他们的创业机会的。

（4）创造性。从某种程度上讲，机会识别是一个创造过程，是不断进行创造性思维的过程。具有创造性思维的人更容易发现创业机会。

2. 创业机会的识别方法

创业者可以通过多种方法识别创业机会。这里主要归纳几种较为常用的方法。

（1）通过系统分析发现创业机会。多数创业机会可以由创业者通过系统分析来识别。创业者可以从企业的宏观环境（政治、经济、法律、技术变革等方面）和微观环境（顾客、竞争对手、供应商等）的变化中识别创业机会。借助于市场调研，从环境变化中挖掘机会，是机会识别的一般规律。

（2）通过问题分析和消费者建议发现创业机会。对创业者来说，通过分析现存问题，往往能发现一些创业机会。另外，很多创业机会都是由消费者识别出来的，因为他们知道自己需要什么。也就是说，消费者的建议可为创业者提供创业机会。因此，创业者应多关注还未解决的问题和消费者建议，以便从中识别创业机会。

（3）通过创造获得创业机会。这种方法在新技术行业中最为常见。例如，在满足现有的市场需求后，创业者积极探索新技术及其商业价值，在探索过程中也可能发现新的创业机会。通过创造获得创业机会的方法比其他方法的难度都大，风险也更高，但通过这种方法获得的创业机会所带来的回报也更大。

（四）创业机会的把握

1. 把握创业机会的原则

（1）抢占先机。机会总是眷顾那些积极主动的人。创业者必须学会主动抓住并利用创业机会。

（2）避免从众。很多人在做同一件事的时候，便会产生竞争而不是机会。所以，创业者要抛弃从众心理，选择与众不同的创业机会。

（3）量力而行。在选择创业项目时，创业者应尽可能地选择与自己经济能力相匹配的创业项目。

（4）智勇双全。10 个创业机会中可能有 9 个是不容易带来成功的，创业者一定要利用自己的智慧谨慎抉择，且一旦决定，就不要害怕失败。如果因害怕失败而不去尝试，就可能错失好的创业机会。

2. 把握创业机会的方法

（1）慎重考虑。任何创业都有风险。所以，创业者在创业之前要慎重考虑，客观评估创业机会，在全面了解外部环境和自身条件的情况下，选择最适合自己的创业机会，以最大限度地避免创业失败的风险。

（2）果断决策。当创业机会出现的时候，创业者必须当机立断，尽最大努力抓住这个机会，以免错失良机。

（3）意志坚定。意志坚定是指做事执着，坚持不懈。并非所有创业机会都能被轻易地抓住和利用，也并非所有的创业机会都能让创业者获得成功。创业者应当积极把握和充分利用自己所选择的创业机会，用坚定的信念和坚强的意志克服困难。即使失败了，也不要退缩，而应从失败中吸取教训，总结经验，然后寻找下一个创业机会，直到创业成功。

二、创业风险

创业风险是指在创业过程中，由创业环境的不确定性，创业机会与企业经营的复杂性，以及创业者、创业团队能力的局限性，所导致的创业活动偏离预期目标的可能性及后果。

（一）创业风险的来源

1. 资金风险

资金风险是指由于各种难以预料或无法控制的因素，创业企业的资金实际收益小于预期收益的可能性及后果。对创业所需资金估计不足、创业资金筹措不及时、财务结构不合理、融资不当、现金流管理不力等，都可能导致创业企业预期收益下降，引发一定的资金风险。一旦流动资金不足，企业就会遇到运营困难，甚至会破产倒闭。

2. 竞争风险

一旦选择创业，创业者就应深入思考如何参与竞争的问题。如果创业者选择的是一个竞争非常激烈的领域，那么创业企业极有可能受到同行的强烈排挤。例如，一些大企业为了吞并或挤垮小企业，通常会采用低价销售的手段展开竞争。对大企业来说，由于规模较

大、实力雄厚，短时间的降价并不会对其造成致命的伤害，而对创业企业而言，竞争对手的低价销售策略可能是灭顶之灾。

3. 技术风险

技术风险是指由技术方面的因素及其变化的不确定性所导致的创业失败的可能性。技术研发、技术前景、技术寿命、技术效果和技术成果转化的不确定性等，都可能带来技术风险。

4. 市场风险

市场风险是指由市场情况的不确定性所导致的创业失败的可能性。市场供给和需求的变化、市场对产品的接受度和接受时间的不确定性、市场价格变化、市场利率变动、市场战略失误等都可能给创业活动带来一定的市场风险。

5. 团队风险

现代企业越来越重视团队的力量。创业团队能通过协同合作使创业企业发展壮大，但是，一旦创业团队的核心成员在决策问题和协作问题上产生分歧，企业发展就可能受到强烈的冲击。此外，创业团队在股权、利润分配等相关问题上不能达成一致时，企业发展也容易受到冲击。

（二）创业风险管理

1. 风险识别

风险识别是指在风险事件发生之前，风险管理人员在搜集资料和调查研究的基础上，运用各种方法对尚未发生的潜在风险进行系统归类和全面识别的过程。其任务是查明各种不确定性因素和风险来源，预估各种风险事件的可能后果，确定哪些因素可能对创业构成威胁，哪些因素可能带来机会，从而为风险管理做好准备。

风险识别的具体方法主要有以下几种：

（1）业务流程法。按创业企业经营过程的内在逻辑制作流程图，并针对流程中的关键环节和薄弱环节进行调查分析，找出可能存在的风险，进而分析该风险存在的原因和可能造成的损失。

（2）咨询法。委托咨询公司或保险代理人对创业企业进行风险调查和识别，由其提出风险管理方案，供创业者参考。

（3）现场观察法。通过直接观察创业企业的各种生产经营设施和具体业务活动，了解和分析企业面临的各种风险。

（4）财务报表法。通过分析资产负债表、损益表和现金流量表等报表中的会计科目，确定创业企业在何种情况下会有何种损失及其成因。由于每个企业的经营活动都涉及商品和资金，而财务报表可集中反映商品和资金的流转情况，所以用财务报表法分析企业风险比较客观、准确。

2. 风险评估

风险评估是指在风险识别的基础上，对可能发生的某类风险进行预计、度量等。在这一阶段，创业者可先按照相关风险的发生概率，评估出大概率风险、一般风险和小概率风险，同时对风险事件可能带来的损失规模进行分析，以使风险分析科学化。然后，综合考虑风险事件的发生概率、损失程度与其他综合因素，并比较风险管理所需支付的费用，进而决定是否需要采取风险控制措施及控制措施实施到什么程度，从而为风险决策提供可靠的依据。

3. 风险防范

进行风险评估之后，若认为某类风险会给企业带来较大的损失，则可以针对该类风险采取相应的防范措施。

（1）财务风险的防范。创业者可通过以下措施来防范财务风险：① 对创业所需资金进行合理估计，避免筹资问题影响企业的健康成长和后续发展；② 为创业企业建立信用，以提高成功筹集资金的概率；③ 正确权衡企业的长远发展和当前利益，并设置合理的财务结构，从恰当的渠道获得资金；④ 妥善管理现金流，避免现金断流，进而造成财务拮据甚至破产清算的局面。

（2）竞争风险的防范。创业者可通过以下措施防范竞争风险：① 回归产品本身，提高产品质量，丰富产品种类；② 关注竞争对手的动向和用户需求，找到竞争对手的弱点，并据此找到市场竞争的突破口，进而为用户提供独一无二的产品。

（3）技术风险的防范。创业者可通过以下措施防范技术风险：① 加强技术创新方案的可行性论证，减少技术开发与技术选择的盲目性，建立灵敏的信息预警系统，以便及时预防技术风险；② 通过组建技术联合开发体或建立创新联盟等方式，减少技术风险发生的可能性；③ 高度重视专利申请、技术标准申请等，通过法律手段降低技术风险出现的可能性。

（4）市场风险的防范。创业者可通过以下措施防范市场风险：① 以市场为导向，以消费者的需求为出发点，有针对性地组织生产；② 时刻关注市场变化，及时规避市场不利因素的影响；③ 广泛收集市场信息，并加以分析和比较，进而制订有效的市场营销策略；④ 摸清竞争对手的底细，分析其营销思路并找出其弱点，据此调整自己的营销思路，规避市场风险；⑤ 对各种成本精打细算，杜绝不必要的开销；⑥ 建立健全符合自身产品特点的销售网络；⑦ 讲究诚信，以良好的售后服务赢得客户的青睐。

（5）团队风险的防范。创业者可通过以下措施防范团队风险：① 严格筛选创业团队成员；② 构建团队的共同价值观和愿景，让所有团队成员就“创业使命”“共同目标”等关键命题达成共识，并用这些共识指导大家的言行；③ 制订团队管理制度，规范团队纪律，用良好的制度和纪律来约束团队成员。

案例

出师未捷　欠债百万

还没有毕业就负债近百万？上海市第二中级人民法院对上海某高校学生秦坚民（化名）下达了一纸判决书，判令秦坚民负连带赔偿责任，赔偿原告95万元。近百万的债务就这样板上钉钉地摆在他的面前。据悉，这是近年来创业大学生遭遇的最重大的挫折之一。

2003年，秦坚民还是一名大四学生。他想为就业积累经验，便四处寻找实践机会。当时恰逢中国联通网络通信集团有限公司（以下简称“联通公司”）的CDMA（无线网络中的一种多路访问模式）扩张时期，联通公司与上海美天通信工程设备有限公司（以下简称“美天公司”)签订了销售代理协议，代理商美天公司将通过直销方式在校园里发展CDMA手机套餐业务用户。

代理商经营这一业务时能获得不菲的酬金，且每销售一台手机，能获得700元的补贴款。获取这一信息后，秦坚民动心了，他决定尝试一下。根据联通公司的要求，开展这一业务的代理商必须有公司资格。于是，秦坚民找到了上海想云科技咨询有限公司（以下简称“想云科技公司”），并以该公司委托人的名义与美天公司签订了协议，拿下了CDMA手机套餐代理业务，在高校师生中发展CDMA客户。

为尽快拓展校园市场，秦坚民邀请同学做他的助手，开始了他第一次创业。吸引他成为校园代理商的一个重要因素，就是联通公司提供的优厚条件。根据签订的《CDMA校园卡集团用户销售协议书》(以下简称《协议书》)，秦坚民可以以优惠的价格向大学校园内的客户销售CDMA手机，要求客户购买联通公司UIM卡（一种智能手机卡），入CDMA网，并至少使用两年。秦坚民每发展一个客户，根据不同的业务种类，可以获得手机补贴费、业务酬金等，收入不菲。

高额回报和急于求成的心理让秦坚民忽略了《协议书》中一个重要细节。《协议书》规定，所发展的客户必须凭学生证、教师证的原件和复印件才能购买CDMA的手机套餐业务，而外地生源的学生还必须提供学校的担保证明。也就是说，严格的身份认证是开展联通公司代理业务的关键，一旦发现有恶意登记的“黑户”存在，秦坚民就需要负相应的法律责任。

秦坚民和他的助手们似乎不太在意身份认证这个问题，他们在自己的学校里以直销形式发展客户，生意出奇地好。一开始，他们还像模像样地查看、登记业务申请者的学生证和教师证，但后来这道程序就成了摆设。很多社会人员得知校园里有便宜手机出售之后，便趋之若鹜。他们中的一部分人别有居心地用假的身份证件或他人遗失的身份证购买CDMA手机套餐业务，秦坚民和助手们却无暇审查身份。这种做法为其代理业务的开展埋下了祸根。

在仅仅两个月的时间内，秦坚民就发展了 4 196 个客户，而其中有 1 000 多个客户是冒牌“校园客户”。在这些客户中，无主户、不良用户和虚假用户有 440 多个，他们大肆拖欠话费。中国联通上海分公司无法通过身份登记信息寻找到这些客户，遭受损失 100 万元。因此，美天公司将秦坚民和想云科技公司告上了法庭。随后，上海市第二中级人民法院判令秦坚民连带赔偿 95 万元。于是，秦坚民还没有踏上工作岗位，便背负了近百万元债务。

《上海商报》的郁先生指出，在市场经济体制下，任何一单生意、任何一项经济活动都隐藏着风险，既可带来成功的希望，也可带来失败的可能。其成功取决于该单生意或该项经济活动责任人精准的事先判断、谨慎周到的运营和灵活应变的决断，同时也会受一些不可预测因素的影响。在公正公平的市场法则下，不论创业结果如何，责任人都要承担后果，这是市场经济所要求的。秦坚民的教训值得青年学生吸取。

资料来源：搜狐网，http://news.sohu.com/20060423/n242946400.shtml

【课外推荐电影与图书】

一、影视作品推荐

《天使爱美丽》

上映时间：2001 年

国家：法国

导演：让-皮埃尔·热内

推荐理由：电影讲述了法国女孩爱美丽·布兰从来就没有享受过家庭的温暖，她的童年是在孤单与寂寞中度过的。八岁时，母亲因意外事故去世，伤心过度的父亲也患上了自闭症，沉醉在自己的世界里。他是一名医生，他除了给爱美丽做医疗检查之外，很少和女儿接触。可笑的是，他仅仅根据爱美丽在检查时心跳较快就断定她有心脏病，并决定将她留在家里休养。爱美丽又被剥夺了与同龄伙伴一起玩耍的乐趣，孤独的她只能任由想象力无拘无束地驰骋来打发日子，自己去发掘生活的趣味，比如到河边打水漂，把草莓套在十个指头上慢慢地嘬等等。终于等到她长大成人可以自己去闯世界了。爱美丽在巴黎的一家咖啡馆里做女侍应，光顾这家咖啡馆的似乎总是一些孤独而古怪的人，他们的行为往往乖张怪癖。不过总的说来，她的生活还过得不错。但爱美丽并不满足，她的满腔热情还不知向哪里发泄呢。1997 年夏天，戴安娜王妃在一场车祸中不幸身亡。爱美丽突然意识到生命是如此脆弱而短暂，她决定去影响身边的人，给他们带来欢乐，由此开始了她惩恶助善的天使生涯。影片海报如图 6-1 所示。

二、经典书籍推荐

《乔布斯传：神一样的男人》

作者：明道

出版社：中国华侨出版社

出版时间：2013 年

推荐理由：打开这本《乔布斯传：神一样的男人》，能让你了解一个真实的乔布斯，让你知道他是如何从一个被亲生父母遗弃的婴儿成长为全球电子产品领军人物。在世界各类媒体的报道中，我们不难发现乔布斯的几项个人特质，如专注、完美主义、精英主义等。人们把乔布斯和他的“苹果”看成一个传奇，提到乔布斯，就会把他和一系列堪称艺术品的产品联系起来，如 iMac、iBook、iPod、iPhone、iPad 等。乔布斯带领苹果公司，上演了一出活生生的海明威式神话：“你可以打败我，但你永远打不垮我。”他的故事既具有启发意义，又有警示意义，充满了关于创新、个性、领导力及价值观的教益。本书封面如图 6-2 所示。

图 6-1 《天使爱美丽》海报

图 6-2 《乔布斯传：神一样的男人》封面

【课后实践】

梁伯强，广东中山圣雅伦公司总经理，中国“隐形冠军”形象代言人。被誉为“指甲钳大王”的梁伯强决定生产指甲钳，是因为朱镕基总理的一句话。

1998 年年底，梁伯强读到一篇文章，名为《话说指甲钳》，这篇文章让梁伯强的命运从此改变。文章写道，当时的朱镕基总理在参加次会议时讲道：“要盯住市场缺口找出路，比如指甲钳子，我没用过一个好的指甲钳子，我们生产的指甲钳子，用了两天就剪不动指甲了，使大劲也剪不断。”朱镕基总理以小小的指甲钳为例，要求轻工企业努力提高产品质量，开发新产品。梁伯强则从这一句话中发现了指甲钳的商机。

请结合此例子，想一想自己平时的生活和学习中有哪些不便之处，看看你能想出多少商机？

创业启动

【本章地图】

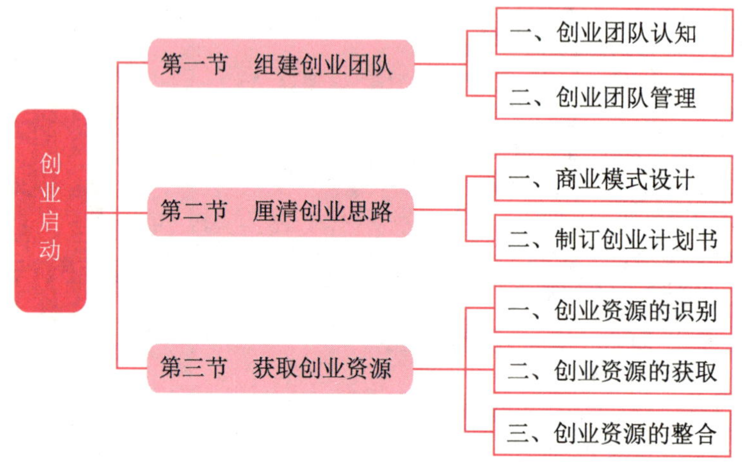

【案例导入】

三位“90后”演绎长春版“中国合伙人”

在影片《中国合伙人》中，“土里土气”的成东青、“海龟”孟晓骏和“愤青”王阳，因为拥有同样的梦想而一起打拼事业，共同创办英语培训学校，最后功成名就实现梦想。在长春，有三个“90后”也演绎了“中国合伙人”式的故事。

郑某，女，1991年生；小宿，男，1993年生；刘某，男，1991年生。他们三人中郑某有过在世界500强企业工作的经历，而另外两名男孩则有过海外求学经历。郑某跟小宿是多年的好朋友，而小宿和刘某则是同学，创业前他们经常小聚。“跟他们俩接触，我思想转变挺大的，”郑某坦言，“以前做事情总是先考虑赚钱，但和小宿、刘某聊天，他们说的都是‘回馈社会’‘改变世界’这些让人激情澎湃的话题。”

三个人都有着共同的创业梦，于是合伙成立了一家科技公司。

创业之初，生意陷入困境

创业之初，他们有着共同的想法：把国外先进的技术带回国，再通过创新生产出真正有价值的产品。他们研发的第一款产品是车载健康枕，过程中遇到的首要问题是资金短缺。三个人倾囊而出，凑了近 40 万元，作为公司的启动资金。没想到，在第一批产品投入生产之前，钱就用完了。三个人再凑，两个男孩去跟朋友借钱，郑某则把房子抵押给银行去贷款。他们想的是：产品上市之后，两三个月资金就能回笼，借的钱就可以还上了。

但健康枕上市之后，销量跟他们想象的差很远，价格也达不到预期。产品销不出去，资金全压在里面，他们顿时陷入了困境。“我们三个真想坐在地上哭啊！”郑某说，“我们在一起喝了三天的酒，把我爸的一桶 10 斤的酒全喝光了。”发泄完之后，三个人又重新上路。“从没动摇过，我们在一起聊的都是总结经验，研究怎么把东西卖出去。”郑某说。

生意不错，感情也很好

“哥们儿式合伙，仇人式散伙”是许多企业最常见的聚散模式，也是三个人最为担心的。“生意没做成，朋友还掰了，这是我们最不愿看到的结果。”郑某说。

他们共同创业好几年，研发了多款畅销产品，生意不错，感情也很好。郑某性格大大咧咧，比较直，有什么说什么；刘某性格比较活泼，但说话做事比较严谨；小宿性格平和，有耐心，能包容人。“我们经常一起工作到很晚，但总能说说笑笑的，很开心，感觉像一家人一样。”郑某说。

跟着政策去创业

他们的创业成功离不开政府政策的支持。创业半年后，公司进驻创业园，这时他们才发现以前走了不少的弯路。“我刚开始回国的时候，只知道埋头苦干，没有去看政府的政策，后来才知道这样做事事半功倍，”郑某说，“创业困难无非就是缺少资金、人才和对市场的了解。我们经历了许多创业者都经历过的困难——不懂市场。只知道自己有技术，但不去考虑后果，没有试水的经验。”进驻创业园之后，他们享受了较低的房租价格，后来直接申请了房租减免。另外，政府有关部门还帮助他们申请了创业贷款，给他们提供了免费的业务指导，而这些都是他们急需的。

资料来源：http://news.cri.cn/gb/1321/2013/07/26/6491s4196612.htm

第一节　组建创业团队

一、创业团队认知

团队是指为了解决问题、达到目标而合理利用每一个成员的知识和技能协同工作的共同体。而创业团队是指为了实现共同的创业目标、达成高品质的结果而努力的共同体，通常由少数技能互补的创业者组成。

（一）创业团队的组成要素

创业团队需具备目标（Purpose）、人（People）、定位（Place）、权限（Power）和计划（Plan）五个重要的组成要素，简称“5P”。

1. 目标

创业团队需要有一个既定的共同目标来为团队成员导航，使团队成员知道要向何处去。目标常以创业企业的愿景、战略等形式体现。

2. 人

创业团队的核心是人，只有大家目标相同，技能互补，才能组成一个优秀的团队，才能围绕团队目标去奋斗。

3. 定位

创业团队的定位主要包含 3 个方面的内容：① 团队在企业中处于什么位置；② 由谁来选择和决定团队成员；③ 各团队成员在创业团队中扮演什么角色。

4. 权限

创业团队中领导人的权力大小与其团队的发展阶段有关。一般来说，创业团队越成熟，领导者所拥有的权力相应越小；在创业团队发展的初期，领导权相对比较集中。

5. 计划

创业团队的计划包含以下两层意思。

（1）由于目标的最终实现需要一系列具体的行动方案，因此可以把计划理解成达到目标的具体工作程序。

（2）只有在有计划的引导下，创业团队才会一步步地贴近目标，最终实现目标。

（二）创业团队的分类

根据创业团队的结构形态，创业团队可分为星状创业团队、网状创业团队和虚拟星状创业团队三种。

1. 星状创业团队

星状创业团队在形成之前，一般是核心人物已经有了创业的想法，然后根据自己的设想组织创业团队。因此，在团队形成之前，核心人物已经就团队组成进行了仔细思考，然后根据自己的想法选择相应人员加入团队。这些加入创业团队的成员可能是核心人物以前熟悉的人，也可能是不熟悉的人，这些团队成员在企业中更多时候是扮演支持者的角色。

星状创业团队具有以下特点：① 组织结构紧密，向心力强，核心人物在组织中的行为对其他成员影响巨大。② 决策程序相对简单，组织效率较高。③ 容易形成权力过分集中的局面，从而使决策失误的风险增大。④ 当其他团队成员和核心人物发生冲突时，核心人物的特殊权威往往使其他团队成员处于被动地位。当冲突较为严重时，成员一般都会选择离开团队，从而对组织造成不利影响。

2. 网状创业团队

网状创业团队的成员一般在创业之前都有密切的关系，如一方是另一方的同学、亲友、同事、朋友等。他们都认可某一个创业想法，并就创业想法达成了共识以后，开始携手创业。在创业团队成形时，可能没有明确的核心人物，团队成员根据各自的特点自发地进行组织角色定位。因此，在企业初创时期，各个成员基本上扮演的是协作者或伙伴角色。

网状创业团队具有以下特点：① 团队没有明显的核心，整体结构较为松散。② 一般采用集体决策的方式，通过大量的沟通和讨论达成一致意见，因此组织的决策效率相对较低。③ 由于团队成员在团队中的地位相似，因此容易在组织中形成多头领导的局面。④ 当团队成员之间发生冲突时，一般都以平等协商、积极解决的方式消除冲突，团队成员不会轻易离开。但是，一旦团队成员间的冲突升级，或是某些团队成员撤出团队，就容易导致整个团队分崩离析。

3. 虚拟星状创业团队

虚拟星状创业团队是由网状创业团队演化而来，是前两种创业团队的中间形态。在这种团队中，有一个核心人物，但该核心人物地位的确立是团队成员协商的结果。因此，核心人物从某种意义上说是整个团队的代言人，而不是主导型人物，其制定政策时必须充分考虑其他团队成员的意见，不如星状创业团队中的核心人物那样有权威。

（三）创业团队的组建

由于组建创业团队的基石在于创业远景与共同信念，因此创业者需要提出一套能够凝聚人心的远景与经营理念，从而形成团队共同的目标与企业文化。一般而言，要组建一个优秀的创业团队，应特别注意以下几点。

1. 目标一致

有共同的创业目标、相同的价值观是组建创业团队的前提。团队成员若不认可团队目标，就不可能全心全意地与其他成员相互合作、共同奋斗。而不同的价值观将会导致团队成员在创业过程中产生分歧，进而削弱创业团队的协同作用。

2．优势互补

在创建团队时不仅要考虑成员之间的关系，更重要的是要考虑成员特点之间的互补性，如彼此之间性格、经验、专长、技术等方面的互补，以此来达到团队的平衡，促使创业团队发挥最大的力量。

3．动态开放

创业过程是一个充满不确定性的过程，可能因为能力、观念等多种原因团队中不断有人离开，同时也有新人加入。在组建创业团队时，应注意保持团队的动态性和开放性，使真正完美匹配的人员被吸纳到创业团队中来。

4．权益合理分配

创业团队权益分配是指以法律文本的形式确定一个清晰的利益分配方案，把最基本的责、权、利界定清楚，尤其是股权和个人利益分配，包括增资、扩股、融资、撤资、人事安排及解散等与团队成员利益紧密相关的事宜。

创业团队的利益分配必须体现个人的贡献价值，要以团队成员在整个创业过程中的表现为依据，而不仅仅是某一阶段的业绩。其分配方式要灵活，既要包含股权、工资、奖金等物质利益，也要包含个人成长机会和相关技能培训等内容，并且能够根据团队的期望适时调整。

（四）创业团队的领导者

创业团队的领导者是创业团队的灵魂，每个创业团队都必须有一个领导者。创业团队的领导者是整个团队力量的协调者和整合者，其能力和行为对于创业团队的高效运转及创业项目的实施有着至关重要的作用，主要体现在以下几个方面。

1．项目策划

项目策划包括策略思考与计划编制等，创业团队的领导者是项目策划的召集人和组织者。项目策划必须注意以下问题：第一，必须弄清策划项目的价值所在、所涉及的范围和相关限制因素，确定企业的市场定位；第二，确定由谁作为该项目的策划小组负责人；第三，必须考虑并选定创业目标，在资金、人脉等各方面条件都已准备妥当或已积累了相当的实力后，要带领团队准备完整的创业计划。创业计划除了能让创业者自己坚定创业目标、梳理创业内容之外，还可以说服他人合资、入股，甚至可以募得创业基金。

2．组织实施

创业团队的领导者在制订行动计划后，要组织团队成员去实施。计划的执行程度和领导者的组织实施能力呈正相关的关系。领导者组织团队实施计划的过程中，必须注意以下问题：第一，团队行动必须随着企业创业环境的变化而变化，必须与企业的发展目标相适应；第二，设计组织改革的方案时要集思广益，团队成员需要共同参与设计组织改革的基本框架和操作流程；第三，要创造有利于激活企业组织的良好氛围，创业团队的领导者要充分发挥自己的组织领导能力，确立改革创新的理念，使组织能够沿着健康的方向发展。

3．正确领导

创业团队的领导者是一个指挥员，要精明果敢，根据具体情况设计出最佳的组织结构形式；善于量才用人，用其所长，避其所短，最大限度地发挥团队成员的主观能动性，做到统筹兼顾，合理安排，指挥调度得当；善于抓住决策时机，及时下达正确的指令，使下属成员步调一致。

4．加强控制

控制是指根据既定的目标不断跟踪和修正企业行为，以实现预期目标或业绩。控制的主要目的是使正确的行为得到长期保持，错误的行为得到及时纠正。要通过评估监控创业团队的绩效，将实际的表现与预先设定的目标进行比较，纠正显著的偏差，使企业回到正确的轨道。由此，须采取两个具体的措施：考核与激励。一方面，对执行计划的团队和个人加以考核和督促；另一方面，激励员工，以提高其工作兴趣和工作效率。

二、创业团队管理

创业团队管理的重点是在维持团队稳定的前提下，发挥团队的多样性优势。有效的团队管理能使各个本来分散的个体和具有不同能力、不同个性的人，组成一个有共同目标、相互协调的整体。团队管理的最终目标是使团队具有不断改善、不断革新的精神，使每个人的才能不断地发展和增强，达到“1+1>2”的效果。创业团队的管理主要从打造团队精神、设置创业团队的组织结构和优化创业团队的运作机制三个方面展开。

（一）打造团队精神

团队精神是各个成员的精神支柱，是创业成功的基石。和谐向上的团队精神能充分调动各个成员的团队意识，使其相互理解和支持，为实现团队的目标共同努力。

1．培养团队精神

（1）培养团队成员的敬业精神。要做到敬业，就要求创业者具有“三心”，即耐心、恒心和决心。任何事情都不是一蹴而就的，不可只凭一时的热情、三分钟的热度来做，也不能在情绪低落时就马马虎虎、应付了事。特别在创业初期，要勇敢地面对并解决困难，而不是一遇到困难就退缩。

（2）建设学习型团队。每个成员都需要学习进步，团队内部则需要讨论分享。团队分享的过程也是团队成员交流思想的过程。如果团队中的每个成员都能把自己掌握的新知识、新技术、新思想与其他团队成员分享，集体的智慧势必大增，从而达到整体大于部分之和的效果。

（3）建设竞争型团队。创业团队必须具有竞争意识，敢于正视自己和面对强手。建设竞争型团队，首先要鼓励各个成员努力提高自身的水平和技能，从而高效地完成团队任务；其次，要建立内部竞争机制，但要注意，竞争必须是理性的、良性，是竞争而不是斗争。

协作是团队的核心，要用争论来激活团队的气氛，激发成员的竞争意识；要以发展来吸引人，以事业来凝聚人，以工作来培养人，以业绩来考核人，用有情的鼓励和无情的鞭策让团队的每个成员都能以积极的心态工作，追求实现自我和超越自我，从而最大限度地发挥团队力量。

2. 塑造团队文化

高效的团队注重团队文化的塑造，尤其是共同价值观的培养。团队文化是由团队价值观、团队使命、团队愿景和团队氛围等因素综合在一起而形成的。塑造团队文化的关键就是在团队形成与发展的过程中确立团队价值观、团队使命和团队愿景，并以此为基础逐渐形成相应的团队文化氛围。

（二）设置创业团队的组织结构

设置创业团队的组织结构时，必须以团队的战略任务和经营目标为依据，具体要注意以下几点。

1. 权责分明

团队的任何一项工作都离不开其他人的配合，只有协作配合好，才能顺利完成所有工作。对于初创期的创业团队，人员分工一般都比较粗放，很多事情不分彼此，一起决策、共同实施。此时一定要注意落实责任、权责分明，避免出错后互相推诿，造成团队成员之间的矛盾。

2. 分工适当

分工并不是越细越好，分工过细会导致工作环节的增加，往往引起工作流程延长，这也会削弱分工带来的好处。只有分工适当，相互协调，团队及其成员才能在团队精神的指导下高效地完成团队的总体目标，同时，这也能有效避免团队成员之间的推诿扯皮。

3. 适时联动

适时联动是指为了完成特定任务，成立打破部门分工、跨越部门职能的专门工作小组。小组成员具有双重身份，既要向本部门主管汇报工作，又要对跨部门小组组长负责。

这种模式适用于已经具有一定规模的创业企业。创业初期，由于企业规模较小，此时，团队成员只需各司其职，就可以保持企业平稳运行。随着企业规模的不断扩大，尤其是在产品更新速度不断加快的过程中，以及开展一些重大项目时，若缺乏全盘的统筹和协调，则会造成企业运转困难。因此，在企业中设立一个专门负责新项目或一些重大项目的组织协调工作的跨部门小组就显得尤为重要。

（三）优化创业团队的运作机制

1. 做好决策权限分配

创业团队内部要妥善处理各种权力和利益关系，确定谁适合从事何种关键任务和谁对关键任务承担什么责任。在治理层面，主要解决剩余索取权和剩余控制权的问题。其中，

剩余索取权是一项索取剩余（即资本剩余，等于总收益减去合约报酬）、分享利润的权利。剩余控制权是相对于合同收益权而言的，是指对企业收入扣除所有固定的合同支付（如原材料成本、固定工资、利息等）的余额的要求权，简单地说就是对纯利润的控制权，如使用、支配、处置等权利。同时，还必须建立进入机制和退出机制，约定以后团队成员退出的条件和约束，以及股权的转让、增股等问题。

而在管理层面，工作中最基本的原则有 3 条：一是平等原则，即制度面前人人平等；二是服从原则，下级服从上级，行动要听指挥；三是秩序原则，不能随意越级指导，也不能随意越级请示。大学生创业团队内部的管理界限没有那么明晰，但一定得把决策权限厘清，做到有权有责。

2. 制订员工激励办法

创业团队需要妥善处理团队内部的利益关系。大学生创业的资金筹措本来就是难题，分配就更应合理谨慎。团队的管理者要认真研究和设计整个团队的报酬体系，使之具有吸引力，并且使报酬水平能够反映出贡献水平，以及不受人员增加的影响。

3. 建立业绩评估体系

业绩考核必须与个人的能力、团队的发展、担任的角色和取得的成绩结合起来。传统的绩效评估体系和绩效管理只关注个人绩效如何，而不去考虑个人绩效与团队绩效的结合。造成这种状况的原因多种多样，包括评估不及时、各方意见不统一、评估标准不清、掺入了情感因素、忽略了被评估人的绩效给他人带来的影响等。成功的绩效管理不应只注重个人的绩效，更应注重整体表现。只有这样，才能让员工充分意识到团队合作的重要性，同时，意识到个人需要不断地进行自我调整，以适应不断变化的环境和业务发展。

案例

俞敏洪的创业团队

俞敏洪，1962 年出生于江苏省江阴市，1980 年考入北京大学，毕业后留校担任北京大学外语系教师。1991 年 9 月，俞敏洪从北京大学辞职，开始了自己的创业生涯。1993 年，俞敏洪创办了新东方培训学校（以下简称新东方）。1994 年，新东方已经拥有几千名学员，在北京已成为一个响亮的牌子，俞敏洪也看到了一个巨大的教育市场。

聚集人才

在新东方创办之前，北京已经有三四所同类学校。参加新东方培训的学员多是以出国留学为目的，彼时新东方能做到的，其他学校也能做到。就当时的大环境而言，受出国热及人们在工作、学习及晋升等方面对英语的多样化要求的影响，国内掀起了学习英语的热潮，越来越多的优秀教师加入英语培训这个行业。对于如何先人一步，取得自己的竞争优势，把新东方做大做强，俞敏洪有自己的想法，他认为英语培训机构必须具备一流的师资。

俞敏洪需要找到更多的合作伙伴来帮他提升英语培训的质量。而这样的人，不仅要有过硬的专业能力，更要和俞敏洪本人有一样的办学理念。他首先想到的是远在美国的王强和留学加拿大的徐小平等人，实际上这也是俞敏洪思考了很久所做的决定——这些人不仅符合业务扩展的要求，更重要的是他们作为自己在北大时期的同学、好友，肯定比其他人更能理解并认同自己的办学理念，合作也会更坚固和长久。从 1994 年到 2000 年，杜子华、徐小平、王强、胡敏、包凡一、何庆权、钱永强、江博和周成刚等人陆续被俞敏洪网罗到了新东方的旗下。

构建团队

作为教育结构，师资构成了新东方的核心竞争力，但如何让这支高精尖的队伍最大限度地发挥作用呢？俞敏洪从学员的实际需求出发，秉持“比别人多做一点，比别人做得好一点”的理念，合理构建自己的团队，寻找和抓住英语培训市场上别人不能提供或忽略的服务，使新东方的业务体系不断完善。

徐小平、王强、包凡一、钱永强等人分别在出国咨询、基础英语、出版和网络等领域各显其能，为新东方建立了完备的产品链。徐小平开设的“美国签证哲学”课，把出国留学过程中大家最关心的一个程序问题上升到人生哲学的高度，让学员在会心大笑中思路大开；王强开创的“美语思维”训练法，突破了一对一的口语训练模式；杜子华的“电影视听培训法”已成为国内外语教学培训界极有影响力的教学方法……新东方的老师很多都根据自己的教学经验和心得著书立说，并形成了自身独有的特色，让新东方成为一个有思想、有创造力的地方。

俞敏洪的成功之道是为新东方组建了一支年轻而又充满激情的团队。俞敏洪的温厚、王强的爽直、徐小平的激情、杜子华的洒脱、包凡一的稳重，五个人的鲜明个性让新东方总是处于一种不甘平庸的氛围当中。

俞敏洪敢于选择这帮牛人作为创业伙伴，并且真的和他们一起做成了大事，成就了一个新东方传奇。从这一点来说，他是一个成功的创业团队领导者。他知道新东方人多是性情中人，大家从来不掩饰自己的情绪，也不愿迎合他人的想法，打交道都是直来直去，有话直说。因此，新东方形成了一种批判和宽容相结合的文化氛围，批判使新东方人敢于互相指责，纠正错误；宽容使新东方人在批判之后能够互相谅解，共同合作。这就是新东方人的特点：大家互相不记仇，不记恨，只计较谁对谁错谁公正。

这种源自北大精神的自由文化，是俞敏洪敢用“孙悟空”，而且是多个“孙悟空”的前提条件，也是新东方成功的关键因素之一。而另一个关键因素就是俞敏洪本人所具有的包容性。

资料来源：https://www.docin.com/p-1505119996.html

第二节　厘清创业思路

一、商业模式设计

简单地讲，商业模式就是企业通过什么方式或途径来赚钱。例如，广告公司通过为别人设计广告来赚钱，饮料公司通过卖饮料来赚钱等。

说的学术一点，商业模式是一个企业满足消费者需求的系统，这个系统组织管理者企业的资金、原材料、人力资源、作业方式、销售方式、信息、品牌、知识产权、企业所处环境、企业创新力等各种资源，最终形成了消费者必须购买的产品或服务。同时，这些产品或服务具有自己能复制，别人不能复制，或者自己在复制时占据市场优势地位的特性。

在设计商业模式时，需要考虑以下几个方面的问题：一是企业的价值主张是什么，客户是谁，直接营销对象和潜在营销对象是谁；二是企业如何盈利，如何以合适的成本把价值传递给客户，如何构建利益相关者的价值网络，如何进行产品和服务的定价，如何最大限度地提高收入；三是该模式能否为客户创造最大价值，客户为什么选择本公司的产品或服务而不是其他公司的，如何与客户进行沟通；四是企业有哪些特殊资源和能力可以增强商业模式的竞争力，如何实现商业模式的可持续盈利等。

一般来说，商业模式的设计应该按照下列步骤进行。

（1）确定业务范围并寻求产品在市场中的最佳定位。对企业业务范围的定义是成功进行价值定位的前提。

（2）分析和把握顾客需求以锁定目标客户。锁定目标客户意味着企业必须考虑服务于哪个地区和如何对客户进行细分。细分客户通常可以根据人口、地理、心理和行为等因素进行划分。在客户细分的过程中，分析和把握客户需求是关键环节。例如，国内知名连锁酒店“如家”的市场定位是——介于二级和三级酒店之间，目标客户是对价格敏感的商务人士和休闲游客等。

（3）构建企业独特的业务系统，提高对手模仿的难度。业务系统反映的是企业与其内外部各种利益相关者之间的交易关系。首先，需要确定的是企业与不同利益相关者之间的关系。构建业务系统时，要针对不同的利益相关者，确定关系的类别以及相应的交易内容和方法。然后，根据职能分配利益相关者（客户、供货商和其他合作伙伴）的角色，确定与企业相关的价值链活动。

（4）发掘企业的关键资源能力以形成核心竞争优势。关键资源能力包括金融资源、人力资源、信息资源、技术资源、客户关系和营销渠道等。关键资源能力是企业有别于竞争对手并得以持续发展的支撑力量，有助于形成和打造企业的核心竞争力。

（5）构建独特的盈利模式。简单地说，盈利模式就是企业赚钱的渠道或方法。客户怎样支付、支付多少，所创造的价值在企业、客户、供应商、合作伙伴之间如何分配，这些都是企业在构建盈利模式时需要解决的问题。

（6）提高企业价值（即投资价值）以获得资本市场的青睐。企业价值是商业模式的落脚点，评判商业模式优劣的最终标准就是企业价值的高低。企业价值由其成长空间、成长能力、成长效率和成长速度决定。好的商业模式具有投入产出效率高、效果好、收入的持续增长能力强等特点。

二、制订创业计划书

创业计划书又称商业计划书，是指创业者就某一款具有市场前景的新产品或服务向风险投资者进行介绍，以取得风险投资的商业可行性报告。创业计划书是创业者叩开投资者大门的“敲门砖”，是创业者计划创立的业务的书面摘要，一份优秀的创业计划书往往会使创业取得“开门红”的效果。

（一）创业计划书的基本结构

一份完整的创业计划书由封面、目录、正文和附录四部分组成。

1. 封面

封面又称标题页，可以放一张企业项目或产品彩图，也可以放企业 logo，但需留出足够的版面排列以下内容：创业计划书编号、标题、企业名称、项目名称、联系人及联系方式、公司主页、日期等。其中，标题明确了创业项目的名称，体现了创业企业的经营范围，一般在封面以醒目的字体标示出来，如《××创业计划书》。

2. 目录

目录是正文的索引，需要按照章节顺序逐一排列每章大标题、每节小标题，以及各章节对应的页码。初步写完创业计划书后，要注意确认目录页码与内容的一致性。

3. 正文

正文是创业计划书的主要内容，包括摘要、主体和结论三大部分。

（1）摘要。摘要是整个计划书的精华和亮点，是企业的基本情况、竞争能力、市场地位、营销战略、管理策略，以及创业项目的投资前景及风险预测等方面的综合概述。

摘要是对整个创业计划书做出的精华式总结，所以通常在计划书的主体完成后编写。一份出色的摘要应简短而精练，1～2 页纸即可。

拓展阅读

摘要的关键问题

一般来讲，写摘要时可围绕以下三组关键问题进行展开。

第一组问题：

你的创意来自哪里？

你的理念是什么？

你能准确客观地描述你的目标市场吗？你了解它们吗？

你能给你的目标客户带来什么？他们为什么接受？

你预计的市场占有份额和增长率是多少？

你最大的竞争者是谁？你会如何应对？

第二组问题：

你预计需要多少资金？怎么安排资金？

你会使用哪种分销渠道？

你的核心能力是什么？

你预计盈亏平衡点的时间是什么时候？

你有专利吗？如何保护它？

第三组问题：

你的团队能胜任吗？为什么？

你将如何分工？

你有行动时间安排表吗？列举行动计划。

为什么你是创业带头人？你能胜任吗？

资料来源：钟宇，朱勇刚，蔡向阳. 创新创业实践能力训练［M］. 镇江：江苏大学出版社，2016.

（2）主体。主体是对摘要的具体展开。为了让投资者一目了然，一般采用章节式或标题式编写。主体的内容具体包括企业介绍、市场分析、组织结构介绍、前景预测、营销策略描述、生产计划展示、财务规划和风险分析等。

（3）结论。结论是对整个创业计划书内容的总结式概括。它和摘要首尾呼应，体现了创业计划书的完整性。

4. 附录

附录是对主体部分的补充。受篇幅限制，不宜在主体部分过多描述的，不能在一个层面详细展示的，或需要提供的参考资料、数据等内容，一般放在附录部分，以供参考。

创业计划书的附录一般包括以下内容：企业营业执照、审计报告、相关数据统计、财务报表、新产品鉴定、商业信函、商业合同及相关荣誉证书等。

小贴士

编写创业计划书的六个C（六要素）

第一个C是Concept，概念、设想。即通过你的计划书，要让别人可以很快地知道你卖的是什么。

第二个C是Customers，顾客。有了卖的东西以后，接下来要考虑卖给谁，要明确顾客的范围。例如，假定女性都是顾客，那50岁以上的女性和5岁以下的小女孩是否都是顾客，这一点需要界定清楚，即要明确适合的年龄层。

第三个C是Competitions，竞争者。东西有没有人卖过？如果有人卖过，是在哪里？有没有其他的东西可以取代？与竞争者的关系是直接的还是间接的？

第四个C是Capabilities，能力。对于要卖的东西自己懂不懂？例如，开餐馆，如果厨师辞职了且暂时招不到人，你自己能不能顶上？如果自己没有这个能力，要考虑合伙人有没有相关能力。

第五个C是Capital，资本。资本可以是现金，也可以是资产，是可以换成现金的东西。那么资本在哪里？有多少？自有的部分有多少？可以借贷的有多少？这些都要写清楚。

第六个C是Continuation，永续经营。假如事业做得不错，后续的计划是什么？

资料来源：https://www.docin.com/p-2135345820.html

（二）创业计划书的具体内容

创业计划书的质量，往往会直接影响创业发起人能否找到合作伙伴，获得资金及其他政策的支持。创业计划书的具体内容如下。

1. 封面设计

封面是创业计划书的“脸面”，一定要有独特的风格。创业计划书的封面重在设计，要求设计者要有较好的审美能力和艺术天赋。有人认为别人看不懂的就是独特的，其实这是错误的认知。封面设计应以简约、易懂为主，忌晦涩怪异。

2. 企业介绍

企业介绍如同自我介绍，目的就是让投资者认识该企业。企业介绍部分涉及企业的基本概况（名称、组织形式、注册地址、联系方式等）、所提供的产品或服务的竞争力、未来的发展规划和目标等。其中，企业目标指明了企业发展的方向，也是创业计划书的亮点所在。

3. 市场分析

市场分析在整个创业计划书中起着举足轻重的作用，主要包括市场需求分析、产品分析、竞争对手分析等内容。

（1）市场需求分析。详细的市场需求分析能够促进投资者判断企业目标的合理程度及他们承担的风险的大小。在市场需求分析中，创业者需要阐明这样的观点：企业面对的是足够大、发展前景非常广阔的市场需求，并有足够的能力应对来自各方面的竞争。

（2）产品分析。在进行投资项目评估时，投资人最关心的问题之一就是“企业的产品能在多大程度上解决现实生活中的问题，或者企业的产品能否帮助顾客节约开支、增加收入？”因此，产品介绍是创业计划书中必不可少的一项内容。

在产品介绍部分，通常要回答以下问题：

① 顾客希望通过企业的产品或服务得到什么？

② 与竞争对手相比，企业提供的产品或服务有哪些优势与劣势？企业采取何种办法取长补短？

③ 企业拥有哪些专利与许可？企业对自己的产品采取了哪些保护措施？

④ 企业对新产品或服务有何规划？

⑤ 企业的产品或服务定价为何能给企业带来长效收益？

⑥ 该产品或服务如何拥有稳定的顾客群？顾客群一旦流失，企业该如何应对？

需要注意的是，任何一个创业者在创业之初都会对自己提供的产品或服务充满信心，因此在创业计划书的写作中难免会用许多赞美之词。但是，企业的种种承诺都是应该兑现的，因此，对产品或服务进行介绍时，一定要实事求是，不能夸夸其谈。

（3）竞争对手分析。竞争对手是这样一类企业：它们在市场上和你的企业提供着相同或类似的产品或服务，并且在配置和使用市场资源过程中与你的企业具有一定的竞争性。如何打败竞争对手，如何在竞争中胜出是每个创业者都需要考虑的问题。

进行竞争对手分析时，应该从以下几个方面入手：

① 你的竞争对手有哪些？你最大的竞争对手是谁？

② 你的竞争对手的优势在哪里？它有什么新动向？

③ 你具备哪些优势和劣势？优势如何发扬，劣势如何消除？

④ 你能否承受竞争所带来的压力？

⑤ 你将采取什么策略战胜竞争对手？

4. 人员及组织结构说明

企业管理的好坏直接决定了企业经营风险的大小，而高素质的管理人员和良好的组织结构则是管理好企业的重要保证。因此，投资者会特别注重对企业管理人员及组织结构的评估。

（1）主要管理人员介绍。介绍他们的详细经历和背景，以及他们的职责和能力。具体来讲，主要管理人员介绍包括个人基本信息（姓名、年龄、政治面貌等）、工作履历、受教育程度、主要经历、道德素养和综合素质。

（2）组织结构介绍。组织结构即企业管理架构。组织结构的合理性取决于是否分工明确，各司其职。此部分内容具体包括企业的组织结构图、各部门的功能与责任、各部门的负责人及主要成员、企业的薪酬体系、企业的股东名单（包括认股权、比例和特权）、企业的董事会成员及各位董事的背景资料等。

5. 市场预测

市场预测就是运用科学的方法，对影响市场供求变化的诸多因素进行调查研究，分析和预见其发展趋势，掌握市场供求变化的规律，为经营决策提供可靠的依据。

在创业计划书中，市场预测应包括市场现状综述、市场需求预测、竞争厂商概况、目标顾客和目标市场、本企业产品的市场地位等。

创业者对市场的预测应建立在严密、科学的市场调查基础上。市场本来就变幻不定、难以捉摸，因此，创业者应尽量扩大收集信息的范围，重视对环境的预测并采用科学的预测手段和方法。创业者应牢记的是，市场预测不是凭空想象，对市场错误的认识是企业经营失败的主要原因之一。

6. 营销策略叙述

在创业计划书中，营销策略叙述应包括市场机构和营销渠道的选择、营销队伍建设和管理、促销计划和广告策略、价格决策等。

处于不同发展阶段的企业适用的营销策略是不同的。对于创业企业来说，由于产品和企业的知名度低，很难进入其他企业已经控制的销售渠道。因此，企业不得不暂时采用高成本、低效益的营销战略，如上门推销、大力投放商品广告、向批发商和零售商让利，或者交给任何愿意经销产品的企业销售等。而对于发展中的企业来说，一方面可以利用原来的销售渠道，另一方面也可以开发新的销售渠道以适应企业的发展。

小贴士

营销计划的关键问题

第一组问题：

你的产品出厂价格是多少？

你希望最终的销售价格是多少？

你能控制最终价格吗？

定价的依据是什么？

预计销售额是多少？利润是多少？

你的定价合理吗？为什么？

你的定价和营销战略是一致的吗？

如何应对市场价格混乱？

第二组问题：

目标客户中，哪些是最容易挖掘的？

你有多少条渠道？评价渠道的优劣情况。

在哪里可以买到你的产品？
你会通过哪些分销渠道来挖掘哪些目标客户？
你将如何让你的目标客户注意到你的产品？
你将如何与你的目标客户进行沟通？
你有一个能够聆听客户心声的渠道吗？
你将如何争取第一批客户？
如何在竞争对手之前迅速占领市场？
如何控制渠道？
如何管理一线推销员？
你有广告计划吗？

第三组问题：

如何通过一线推销员树立企业形象？
你的广告和企业理念是一致的吗？
你的产品设计迎合了客户需求吗？

资料来源：钟宇，朱勇刚，蔡向阳．创新创业实践能力训练［M］．镇江：江苏大学出版社，2016.

7．生产计划说明

生产计划说明作为创业计划书的重要组成部分，其作用在于使投资者了解企业的研发进度和资金使用情况。在这一部分，创业者不仅定要说明业务流程的关键环节，写明企业的基本运营周期及间隔时间，还要将季节性生产任务和生产中会遇到的问题及解决方案阐述清楚。

具体来说，创业计划书中的生产计划说明应包括厂房基本情况（包括地址、基础设施和基本配置情况）、生产现状、生产流程及关键环节介绍、新产品投产计划、生产经营成本分析、质量控制和改进计划及能力等。

8．财务规划描述

一份好的财务规划可以帮助企业降低经营风险，提高企业的评估价值，增加企业获取资金的可能性。财务规划描述部分一般要写未来财务整体规划。

未来的财务规划是建立在生产计划和营销计划基础之上的。严格来说，创业计划书中的前述内容都可作为企业制订未来财务规划的依据。有理有据，有适当的假设，是做好财务规划的前提。创业者要做的工作是：论述未来 3—5 年内的生产运营费用和收入状况，将具体财务状况以财务报表的形式展示出来。

要写好财务规划，创业者必须回答以下问题：

（1）单件产品的生产成本是多少？利润是多少？

（2）产品定价是多少？在固定时间段内产品的销售量有多少？

（3）雇佣哪些人生产、加工、销售产品？工资预算是多少？

小贴士

撰写财务规划需要具备财会方面的专业知识，要做到规划精细、账款明晰。最好由这方面的专业人员来撰写，这样能够避免财务报表漏洞百出，也能增强投资者的信任感。

9. 风险分析

创业本身就带有一定的冒险性，创业过程中的风险通常让人始料不及。风险分析不仅能减轻投资者的疑虑，让他们对企业有全方位的了解，还能体现管理团队对市场的洞察力和解决问题的能力。在这一部分，创业者可以从以下几个方面进行阐述。

（1）市场风险。市场风险包括生产中可能遇到的问题、销售中未知的因素、竞争中难以预料的方面、顾客的不同需求与反馈等。

（2）技术风险。技术风险主要涉及技术研发中的困境，如技术力量不够强大、研发不到位、员工熟练程度不高、经验不足、研发资金短缺等。

（3）资金风险。创业者需要阐明可能出现的资金周转不畅和资金断流等问题，也要讲明万一企业遭遇清算，有无偿还资金的能力。

（4）管理风险。创业者要实事求是，不能刻意隐瞒管理方面的缺陷和漏洞，一定要如实反映情况，诸如人手不足、经验欠缺、资源匮乏等。

（5）其他风险。企业面临的其他风险有很多，如政策的不确定性、经营中的突发状况、财务上的不确定因素等，都可以归入此类。

创业者的任务是在对市场、技术、资金、管理等各方面风险进行分析之后，将这些风险及相应的解决方案用清晰的表述在创业计划书中反映出来。风险并不可怕，可怕的是没有应对风险的能力与对策。主动识别和讨论风险会极大地提高企业的信誉，使投资者更有信心。

拓展阅读

教你打造完美的创业计划书

第一页，用几句话清楚地说明你发现目前市场中存在什么空白点，或者存在什么问题，以及这个问题有多严重。例如，目前网游市场里盗号情况严重，你有一个产品能解决这个问题，只需要用几句话说清楚就可以。

第二页，说明你有什么样的解决方案或什么样的产品，能够解决这个问题。你的方案或产品是什么，提供了怎样的功能。

第三页，说明你的产品将面对的用户群是哪些人，一定要有清晰的用户群划分。

第四页，说明你的竞争力。为什么这件事情你能做，而别人不能做？如果这件事谁都能做，为什么要投资给你？你有什么核心竞争力？有什么与众不同的地方？所以，关键不在于所做事情的大小，而在于你能比别人做得好，与别人做得不一样。

第五页，再论证一下这个市场有多大，你认为这个市场的未来会是什么样。

第六页，说明你将如何挣钱。如果真的不知道怎么挣钱，你可以不说，也可以老老实实地说，我不知道这个怎么挣钱，但中国一亿用户会用，如果有一亿人用我觉得肯定有它的价值。想不清楚如何挣钱没有关系，投资人比你有经验，告诉他你的产品多有价值就行。

第七页，用简单的几句话告诉投资人，有没有其他人在挖掘这个市场，具体情况是怎样的。不要说“我这个想法前无古人后无来者”这样的话，投资人一听这话就要打个问号。有其他人在做同样的事不可怕，重要的是你对这个产业和行业有没有基本的了解和客观的认识。要说实话、干实事，可以进行一些简单的优劣分析。

第八页，突出自己的亮点。刚出来的产品肯定有很多问题，说明你的优点在哪里，只要有一点比竞争者强就行。

第九页，进行财务分析，可以简单一些。不要预算未来三年挣多少钱，没人会信。说说未来一年或六个月需要多少钱，打算用这些钱干什么。

第十页，如果别人还愿意听下去，介绍一下自己的团队，说说团队成员的优秀之处，以及各自做过什么。

包含以上内容的计划书，就是一份非常好的创业计划书了。

资料来源：https://www.cyzone.cn/article/75688.html

第三节　获取创业资源

一、创业资源的识别

创业资源是指企业创立及成长过程中所需要的各种生产要素和支撑条件，包括创业企业在创造价值的过程中所需要的各种要素。

对于创业者来说，只要是对其创业项目和创业企业的发展有所帮助的要素，都可以归入创业资源的范畴。创业者既要积累个人资源，也要善于创造性地整合社会资源，以创造有利于创业的良好条件。

（一）创业资源的分类

创业资源具有复杂性和多元性，涉及资金、时间、人才、市场等多个方面。按照资源种类划分，创业资源可分为人力资源、资金资源、技术资源和其他资源。

1. 人力资源

人力资源不仅包括创业者及创业团队的知识、技能和经验等，也包括团队成员的专业

智慧、判断力、视野和愿景，乃至创业者本身的人际关系网络。创业者是创业企业最重要的人力资源，其价值观和信念是创业企业的基石，其所拥有的人际和社会关系网络使其能够接触到大量的外部资源。鉴于企业之间的竞争主要是人才之间的竞争，高素质人才的获取和开发便成为创业企业可持续发展的关键因素。

2．资金资源

资金资源既包括创办企业所需要的启动资金，也包括企业转型或发展所需要的资金等。一般来说，在创业初期及时筹集到足够的资金，是企业成功创办和顺利经营的前提条件。

3．技术资源

技术资源包括关键技术、制造流程、作业系统、专用生产设备等。技术资源大多与物质资源相结合，可以运用法律手段予以保护，部分技术资源会形成企业的无形资产。

4．其他资源

除了上述资源外，还存在多种可以转化为企业助力的资源，如政策资源（中小企业创办政策、大学生创业优惠政策等）、信息资源（行业概要、项目交易数据、供求信息、研究报告、财经数据、科研数据等）、声誉资源（社会、普通消费者对于企业的感知与评价）、组织资源（组织架构、生产机制及计划体系）等。

（二）创业资源的作用

1．人力资源的作用

创业者及其团队本身就是十分重要的创业资源，在创业过程中起着决定性的作用。人的能力和素质决定了创业项目启动方式和资金投入方式。创业者及其团队的知识、技能和经验直接影响创业成败。组建一个有专业人才的一流创业团队，能够增强创业竞争力，极大促进创业的成功。特别对于一些高科技新创企业，专业人才的作用尤为突出。

2．资金资源的作用

资金在创业中无时无刻不发挥着重要的作用，创业之初需要启动资金，在企业销售活动产生现金流之前，企业购买和存贮货物、支付员工薪水、维持其他创业相关活动等，都需要资金。创业过程中需要运转资金，没有健康的现金流，企业的经营会出现严重问题。据相关统计，倒闭的企业中有85%是因为资金链断裂。因此，资金对企业，尤其对初创型企业是至关重要的。

3．技术资源的作用

技术资源是发挥直接作用的资源，创业者在创业过程中如果掌握了某方面的核心技术，对创业将产生极大的促进作用。核心技术就是创业的核心资源，这种资源是其他人短时间内难以复制和模仿的，能够让创业者在创业初期占领高地，更好地促进创业成功。

4．其他资源的作用

各类创业资源都会直接或间接地作用于创业活动，并产生一定影响，这些资源是可以被获取、开发和利用的，因此要善于把握和使用。例如，信息资源贯穿于创业活动的全过程，创业者如果在开始创业活动之前就拥有优质的信息资源，那么对于创业机会的评价与把握至关重要。再如，政策资源虽然未直接作用于创业活动，但是所有的创业活动都要在政策环境和社会环境中进行，不同的政策和社会环境将影响创业活动的组织方式。

二、创业资源的获取

创业资源的获取是指在确认并识别资源的基础上，得到所需资源并使之为创业服务的过程。创业资源的获取不仅决定了创业者能否把创业设想转化为创业行动，而且决定了企业这一契约组织的形成方式。

（一）不同创业资源的获取方式

1. 人力资源的获取

人力资源对创业的决定性作用要求创业者必须充分重视人力资源的获取。创业者一方面应努力提升自身的能力，另一方面应充分重视创业团队的建设。一个知己知彼、才华各异、能力互补、目标一致和彼此信任的团队是最重要的创业资源，也是创业成功的根本保证。

此外，创业者及其团队成员还需要通过开发人脉资源和社会网络资源提升创业成功率。人脉资源可以分为政府人脉资源、金融人脉资源、行业人脉资源、技术人脉资源、媒体人脉资源、客户人脉资源等。创业者及其团队成员首先应做好人脉资源的分类与规划，结合自己的创业计划确定核心人脉资源、备用人脉资源等，再根据需求开发新的人脉资源。

2. 资金资源的获取

对于资金资源的获取，一般可通过以下六种途径。

（1）依靠自有资源。创业者的个人积蓄是创业资金最基本的来源。几乎所有的创业者都向他们新创办的企业投入了个人积蓄，但是，这并不是根本性的解决方案。一般来说，创业者的个人积蓄对于创业企业而言是十分有限的，特别是对于新创办的资本密集型企业来说，几乎是杯水车薪。

（2）政府扶持资金。创业者可以利用政府扶持政策，从政府方面获得资金支持。随着“大众创业、万众创新”的深入发展，政府对创业的支持力度不断加大，由政府提供的各类扶持资金项目也不断增加。“小额贷款”“创业基金”“融资担保”等，都为创业者提供了资金支持。

（3）天使投资。天使投资是一种非组织化的创业投资形式，是指自由投资者（个人）或非正式风险投资机构（团体）对有发展前景的原创项目构思或初创期小企业进行早期权益性资本投资，以帮助这些企业迅速启动的一种民间投资方式。近年来资本市场十分活跃，天使投资基金比比皆是，大学生创业者可以在市场上寻觅天使投资人，也可以通过参加学校组织的各类创业竞赛吸引天使投资人。

（4）风险投资。风险投资又称创业投资，是指由专业机构提供的、投资于极具增长潜力的创业企业并参与其管理的投资方式。风险投资的投资对象多为处于创业期的中小企业，而且多为高新技术企业或现代服务业。投资期限通常为 3—5 年，投资方式为股权投资，一般会占被投资企业 15%～30%的股权，而不要求控股权，也不需要任何担保或抵押，但可能对被投资企业以后各阶段的融资提出一定的要求。风险投资人一般会积极参与被投资企业的经营管理，提供增值服务。当被投资企业增值或上市后，风险投资人会卖出套现或通过其他股权转让方式撤出资本，从而获得收益。

（5）机构融资

① 向银行借款。其形式主要有抵押贷款和担保贷款两种。

- 抵押贷款是指借款人以其所拥有的财产抵押，作为获得银行贷款的担保。在抵押期间，借款人可以继续使用其用于抵押的财产。
- 担保贷款是指借款人向银行提供符合法定条件的第三方保证人作为还款保证，当借款方不能履约还款时，银行有权按照约定要求保证人履行或承担清偿贷款连带责任的借款方式。其中，比较适合创业者的担保贷款形式有自然人担保贷款和专业公司担保贷款两种。自然人担保贷款是指由自然人提供担保取得贷款；专业公司担保贷款是指由担保公司提供担保取得贷款。

② 向非银行金融机构借款。非银行金融机构是指以发行股票和债券、接受信用委托、提供保险等形式筹集资金，并将所筹资金用于长期性投资的金融机构。具体包括信托公司、境外非银行金融机构驻华代表处、农村和城市信用合作社、典当行、保险公司、小额贷款公司等。

③ 交易信贷。交易信贷是指企业在正常的经营活动和商品交易中，由于延期付款或预收货款所形成的企业间常见的信贷关系。企业在筹办期及生产经营过程中，均可以通过交易信贷筹集部分资金。例如，企业在购置设备或原材料的过程中，可以通过延期付款的方式，在一定时期内免费使用供应商提供的部分资金。

3．技术资源的获取

获取创业项目所依赖的技术的途径有吸引技术持有者加入团队，购买他人的成熟技术、前景型技术或自己研发。

创业者应随时关注各高校实验室、老师或者学生的研发成果，定期去国家专利局网站查阅各种专利申请，养成及时关注科技信息、浏览各种科技报道的习惯，留意科技成果能否为我所用，从中发现商机。

4．信息、政策资源的获取

（1）关注来自政府机构、行业协会的行业信息，包括同行创业者或同行企业、专业信息机构等发布的权威信息。

（2）通过图书馆、大学研究机构、新闻媒体及互联网等渠道获取相关信息。

（二）大学生创业资源获取技巧

创业资源获取过程中，采用适当的技巧可使资源获取事半功倍。获取创业资源最主要的原则是盘活、用好企业的现有资源，以有限的资源撬动尽可能多的外部资源。

1. 用好已有资源

创业者原本拥有的资源内容和数量对其获取更多资源有相当大的影响。首先，创业者已有资源会影响资源需求，假如新创企业的创始人是拥有专利的大学生，他们对资源的需求就更倾向于财物资源。其次，创业者的已有资源会影响其资源获取方式的选择，假如创业者有比较好的社会资本，则更容易想到依赖现有的社会资本获得客户信息等其他资源。

2. 善用学校资源

一是学习创新创业课程和参加各类社团活动。各高校都设有创业课程、创业协会、科技发明协会，以及实践创业的学生社团、论坛和讲座等，学生可以通过学习这些课程和参加这些活动与志同道合的朋友交谈，或向成功的校友企业家请教。有些高校还组织企业、高校、科研单位和政府职能部门的专业人士成立创业导师团，为学生答疑解惑，提供决策咨询和参考等，甚至发掘有潜力的创业项目进行跟踪辅导。

二是争取大学生创业基金。为鼓励创业，各地均设立了大学生创业基金，鼓励大学生参与创业计划、科技创新项目、专项计划等。大学生可通过参与此类活动争取创业启动基金支持。同时，有些高校还合作天使投资基金和风险投资基金，为有潜力的创业项目提供筹资、管理等方面指导。

三是拜访优秀人士。大学生要主动大胆地向优秀人士请教，要善于寻找好的顾问，如老师、校友等。

三、创业资源的整合

创业资源的整合是一个复杂的过程，是创业企业对不同来源、不同种类、不同内容的资源进行选择、汲取、配置、激活和有机融合，使之具有更强的条理性、系统性和价值性，并对原有的资源体系进行重构，摒弃无价值的资源，以形成新的核心资源体系的过程。

创业资源的整合过程可以分为资源扫描、资源控制、资源利用和资源拓展四个步骤。

（一）资源扫描

创业者要了解自己的资源禀赋及企业所拥有的最初资源。创业者要先识别已有资源，包括己方所有有价值的有形资产和无形资产，如人才、技术、设备、品牌等，找到自己的资源优势和不足，同时认清哪些属于战略性资源，哪些属于一般性资源，还要确定资源的数量、质量、使用时间及使用顺序。

在扫描自身已有资源的同时，也要对外部环境进行扫描，以及时发现创业企业所需

的资源，确定自己所缺的创业资源可以从哪些渠道获取，以及谁拥有这些重要资源；然后对各种资源渠道的获取难易程度进行排序，进而寻找利益交集，对资源所有者的利益需求进行深度分析，并与自己所拥有的资源进行比较，找到利益契合点。这通常需要创业者具有丰富的行业知识和一定的社会关系网络。

（二）资源控制

资源控制的范围包括创业者自身拥有的资源、通过交易等形式可获得的资源，以及通过社会网络等形式可以控制的资源。在特定的行业，创业团队中成员的社会网络资源和技术对于企业的成功至关重要。在获取资源的过程中，需要判断这种资源对实现企业的目标是否具有关键作用，并且创造性地设计出双赢的合作方案，形成长期互利关系。

（三）资源利用

资源利用即在获取和控制大量资源的基础上，对这些资源进行配置和利用，将它们合理有效地配置到最能发挥其使用效益的地方去，体现出这些资源的价值。企业资源在未整合之前大多是零碎的、低效的，要发挥这些资源的最大使用价值，产生最佳效益，就必须运用科学方法对各种类型的资源进行细化、配置和激活，将有价值的资源有机地融合起来，使它们相互匹配、互为补充、互相增强。

在配置资源之后，新的资源或者说竞争优势就会形成，企业必须利用区别于其他企业的这种优势来赢得市场。在资源整合并转化为企业内部的独特优势之后，创业者需要协调各种资源之间的关系，匹配有用的资源，剥离无用的资源，使资源的联系更加紧密，形成“1+1>2”的局面，并为下一步拓展奠定基础。

（四）资源拓展

资源拓展即将以前没有建立起联系的资源建立联系，将新获取的资源与已有的资源加以联结融合，进一步开发潜在的资源为企业所用，这也是企业持续竞争优势的根本来源。开拓创造过程能为创业企业带来新的能力，从而使其能够更充分地发现和掌握创业机会。

 **案例**

从高建的创业经历看创业资源整合

高建，成都市温江区燎原职业技术学校 2001 级计算机专业学生，现任温江区幸福田园合作社总经理。

高建从 2006 年起开始创业。最初，他注册了花木交易网站，利用网络从事花木营销。2007 年，他整合 100 多亩花木种植地，注册了园艺场，向峨眉山景区大批量供货，获得了

良好的效益。2010 年，在充分积累经验后，高建成功创办了一家专门从事花木营销的公司。

利用互联网将花木销售到全国

2010 年，在温江区万春镇政府的支持下，按照抱团发展思路，幸福村将从事花卉苗木栽培的个体农户联合起来，组建了幸福田园花木营销合作社，改变原先由个体农户单打独斗、一盘散沙的局面，实现集约化栽种、统一销售、抱团发展。

鉴于高建在花卉苗木营销方面的突出才能，合作社推选他出任总经理一职。他迅速与温江花木交易中心、成都花木交易所建立合作关系，利用交易中心的平台，将幸福田园的花木销售到全省乃至全国；他对花木栽培的市场前景进行评估，以市场为导向，引导农户科学种植；他带领合作社与房地产企业合作，大大拓宽了花卉苗木的销路。他深知诚信经营的重要性，为合作社建立起一整套管理和运营制度，降低因不诚信行为带来的风险。由于措施有效、经营有方，吸引了更多的农户入社，顶峰时期入社及辐射会员达 500 多户。在全体社员的共同努力下，2011 年，幸福田园花木营销合作社被评为省级示范农民专业合作社。

在创业取得一定成绩之后，高建还建立了“青年之家”俱乐部，为 80 后创业青年提供了一个相互帮助、相互促进、彼此交流创业经验的平台。

重视公司制度建设

高建公司的组织结构非常明确，主要有人力资源部、财务部、技术部、经营部等部门。他认为，在公司经营管理的过程中，要明确各部门的工作职责，督促各部门认真履行，杜绝推诿扯皮的现象。

高建参照现代企业的制度管理标准，在万春镇幸福田园花木营销合作社拟定了涵盖人事制度、业务程序、财经制度、公物管理等 200 多项公司制度。他认为公司必须做到制度管理，用制度来约束人、激励人，这样才能建立起促进公司发展的长效机制。

他还建立了行之有效的激励机制，激励方式包括物质激励、奖惩激励、目标激励、信任激励、情感激励、竞争激励等。其中，物质激励、奖惩激励是核心。他说，精神层面的激励在短期内有效，物质层面激励能长期激发员工的工作积极性。

组建团队

高建认为，作为创业者，必须要有自己的团队。关于组建团队，高建颇有心得。他认为创业团队首先要有核心人物，这个核心人物不一定有着非凡的专业技术，但一定要有出色的协调、管理能力，并有着非凡的战略眼光。

创业团队有了核心人物，必然会聚集一群业务骨干。对于创业领导者而言，前期需要做的是与同伴们相濡以沫。企业逐渐发展壮大，团队也在壮大，过程中必须坚持选贤任能。对于企业管理者而言，他的团队中必须有足够多的业务骨干。领导者须“笼络”住这些骨干，并且为他们提供成长的通道或待遇提升的机会。

建立财务管理制度

关于财务管理，高建的公司除了有这样的部门外，还建立了完善的企业财务管理制度。涵盖企业收入、支出两大类，对物品采购、成本核算、工资管理、财务审计等都有明确细致的规定。他说，一个公司发展壮大的过程，往往也是财务管理制度逐渐完备的过程。公司法人不能抱着“企业我所开，账上资金由我花”的心态，而肆意破坏纪律。公司的支出须科学、合理，企业法人须时刻约束自己，并且管好下属，确保财务管理制度在公司全面推行。

资料来源：王涛，严光玉，刘丽华. 创新创业实践能力训练[M]. 上海：上海交通大学出版社，2016.

【课外推荐电影与图书】

一、影视作品推荐

《修女也疯狂》

上映时间：1992 年

导演：埃米利•阿朵里诺

推荐理由：修女迪劳丽丝第一次教合唱团的片段，给我留下了深刻的印象。面对死气沉沉的修道院，面对没有生气的老唱诗班，迪劳丽丝耐着性子教授音乐，带领一个唱诗班从不会唱歌到一举成名。这个故事很好地讲述了团队合作的重要性及重要意义，要组织好一个团队，需要按照团队目标，分解任务给团队的每位成员做，同时成员之间又保持着相互协作的关系。迪劳丽丝在整个过程中发挥了很好的引导作用，激发团队的每个成员把事情做好，别人做不好的时候，只是提示、指导，让他自己完成。迪劳丽丝经常在唱诗班前说：“你们做得很好”，而转头对老指挥说需要很多练习才能上路，这就是维护团队信心和领导团队的策略。影片海报及剧照如图 7-1 所示。

图 7-1　影片《修女也疯狂》海报及剧照

《永不妥协》

上映时间：2000 年

导演：史蒂文·索德伯格

推荐理由：《永不妥协》改编自真实事件，电影描述了一个没有法律背景的单身母亲，历尽艰辛，以永不妥协的勇气和毅力打赢了美国有史以来最大的一宗民事赔偿案。故事中所有的人物，都是不断在成长的。艾琳在埃德的身上学到了冷静和礼貌，比如第二次来到波特事务所，她首先请示了一下埃德“may I?”；埃德在艾琳的身上，则学到了真诚、直率、敢于挑战、坚持不懈。可以说，艾琳和埃德，是由敌对到互相欣赏。事务所和小镇居民，是由猜疑到互相信任。而艾琳和爱人乔治，是由自我主义到互相包容。影片海报如图 7-2 所示。

二、经典书籍推荐

《时间管理：充分利用你的 24 小时》

作者：吉姆·兰德尔（Jim Randel）

译者：舒建广

出版社：上海交通大学出版社

出版时间：2012 年

推荐理由：该书以故事的形式介绍时间管理，为“简单有趣的个人管理”丛书之一。作者从大量关于时间管理的书籍和文章中归纳出约 50 条原则，并在书中一一展示。该书行文生动活泼，配有精美描图，适合对时间管理感兴趣的读者休闲阅读。本书封面如图 7-3 所示。

图 7-2　影片《永不妥协》海报

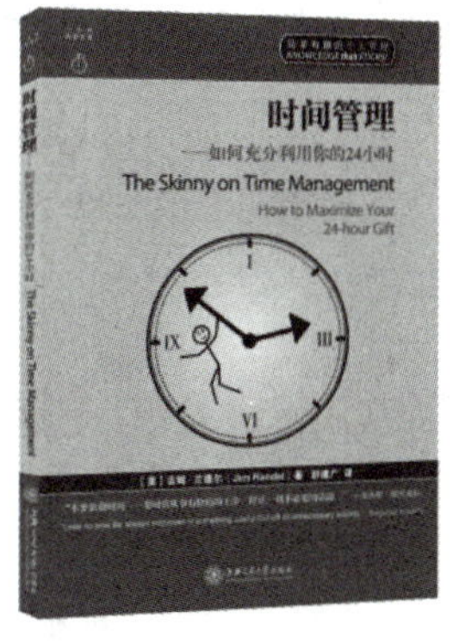

图 7-3　《时间管理：充分利用你的 24 小时》封面

【课后实践】

携程旅行网是一个在线票务服务公司，创立于 1999 年，总部设在上海。其能够为顾客提供国内外六十余万家会员酒店预订服务，是中国领先的酒店预订服务中心。目前，携程旅行网已在北京、天津、广州、深圳、成都、杭州、厦门、青岛、沈阳、南京、武汉、南通、三亚等 17 个城市设立了分公司，员工超过 25 000 人。2003 年 12 月，携程旅行网在美国纳斯达克成功上市。

携程旅行网创立与发展离不开被称为“携程四君子”的梁建章、沈南鹏、范敏、季琦 4 人。“携程四君子”中除梁建章毕业于复旦大学外，沈南鹏、范敏、季琦 3 人均是上海交通大学的校友。但早在 1982 年的中学生计算机竞赛上，沈南鹏和梁建章这两个数学“神童”就因同时获奖而产生了交集。

携程旅行网的雏形是梁建章和季琦两人思想碰撞的火花。梁建章是典型的南方男人，而季琦性格直率、讲义气，他们具有互补的性格、相同的经历。基于对旅游的浓厚兴趣，再结合他们所擅长的互联网行业，中国历史上第一个在线旅游网站的雏形就这么出现了。然后，他们找到了投资界当时正四处寻找项目的沈南鹏。

1999 年 10 月，梁建章和沈南鹏各投入 20 万元，占股 30%，季琦投入 40 万元，占股 40%，三个人共同注资 100 万元人民币后，携程旅行网正式成立了。携程旅行网做的是旅游网站，而三人对旅游行业知之甚少，缺乏经验，因而他们意识到团队应该有一个熟悉旅游业务的人。于是，他们找到了当时在上海大陆饭店担任总经理的范敏。四位创始人各司其职，分工明确，从技术开发到线上营销全方面发展携程旅行网，使携程旅行网成为当今旅游相关网站第一巨头。

请通过此案例探讨创业团队的重要性。假如你想通过创建一个销售有机食品的网店来创业，你该如何组建自己的创业团队？

创业实践

【本章地图】

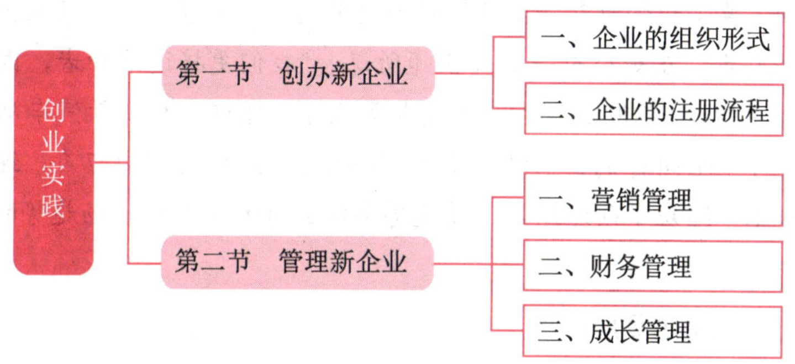

【案例导入】

丰田公司的产品策略

不断改善，成就竞争优势

丰田公司所有口号中最重要的一个是“不断改善”。与其他公司将精力放在谋求巨大的突破性进展上不同，丰田公司始终如一地将一点一滴的琐事都做得尽善尽美。丰田公司对 Tercel 汽车的全新开发就充分地展现了丰田公司不断改进、臻于完美的精神。1991 年，丰田公司通过提升行驶速度和乘坐舒适度、降低噪声和车身重量，成功开发了新一代的 Tercel 汽车，使其成为美国市场上销售的最小的微型汽车。在价格方面，它的价格低于 8 000 美元，比通用的新款 Saturn 汽车便宜 100 美元，比其他同类汽车便宜 1 600 美元左右。

管理创新，提高生产效率

丰田公司在进行产品开发的同时还特别注重管理创新。丰田公司开创了即时生产管理模式，即要求物料供应部门只有在装配流程需要时才向组装厂提供零配件，从而减少了浪费。此外，丰田公司开发了循环质量管理系统，使得工人也可参与讨论改善他们工作环境的方法，以避免 3DS 情况的发生，即工厂工作的危险性（dangerous）、污秽性（dirty）和严苛性（demanding aspects）。

在产品装配线上，丰田公司的质量管理并不是以零次品率为目标，而是以“生产最好的产品，给予消费者需要的一切”为指引。每个工人对他的前一道工序来讲，就像是前一道工序产品的消费者，因此他自动变成了质量控制的监测员；当一件产品传送到他面前时，如果质量不合格，影响正常装配的话，他就会拒绝接受该产品。正因如此，丰田公司才能在质量、生产和效率方面雄冠全球。

接近客户，提升研发效率

丰田公司的主要工程师对新产品从设计制造到营销负完全责任，而且他们与经销商和消费者有直接的联系。正如公司一名工程师所说：“我们更接近消费者，因此新设计、新想法酝酿的时间更短。”丰田公司的工程技术系统可以保证一种新款汽车从概念设计到制造出样车少于 4 年，而同样的工作在德国的奔驰汽车公司则需要 7 年。这大大降低了丰田汽车的研发成本，缩短了研发周期，并使得丰田公司可以根据市场趋势的变化，及时快速调整生产。

坚持不懈，成就卓越品质

正如丰田公司设计中心总经理所说：“我们仅满足于了解大众对产品的一般需求是远远不够的，在 21 世纪，消费者将使更多的产品个性化，以便更多地反映个人不同的需求。”丰田公司紧盯客户的需求，坚持不懈地创新产品，使企业一小步一小步地前进，从而超越了众多竞争对手。

资料来源：https://www.docin.com/p-842404114.html

第一节　创办新企业

一、企业的组织形式

创业过程是一个建立组织和组织逐渐成长、发展的过程。在创业的第一步，除了需要做好资金、资源、心理等准备之外，极为重要的一件事就是针对自身情况，选择一个合适的企业组织形式。

企业组织形式是指企业存在的形态和类型，主要有独资企业、合伙企业和公司制企业三种。每种企业组织形式各有利弊，选择正确，便可趋利避害；选择不恰当，则会为将来企业的运作带来巨大隐患。

（一）独资企业

独资企业包括国有独资企业和个人独资企业。

1. 国有独资企业

国有独资企业是指企业全部资产归国家所有，国家依照所有权和经营权分离的原则授予企业管理者对企业进行经营管理。国有独资企业依法取得法人资格，实行自主经营、自负盈亏、独立核算，以国家授予其经营管理的财产承担民事责任。

2. 个人独资企业

个人独资企业是指依照《中华人民共和国个人独资企业法》（下称《个人独资企业法》）在中国境内设立，由一个自然人投资，财产为投资人个人所有，投资人以其个人财产对企业债务承担无限责任的经营实体。它是最简单的企业组织形式。

个人独资企业是非法人型企业，其财产权属于投资人个人所有。在企业财产无法清偿债务时，由投资人以个人财产承担债务。个人独资企业尤其适用于初涉市场、资金实力有限的创业者。

根据《个人独资企业法》规定，设立个人独资企业，应当具备下列条件：

（1）投资人为一个自然人。

（2）有合法的企业名称。

（3）有投资人申报的出资。

（4）有固定的生产经营场所和必要的生产经营条件。

（5）有必要的从业人员。

拓展阅读

个人独资企业与个体工商户的区别

个体工商户是指生产资料归劳动者个人所有，以劳动者个人劳动为基础，劳动成果由劳动者个人占有和支配的市场经营主体。个人独资企业与个体工商户的主要区别包括以下5个方面：

（1）出资人不同。个人独资企业的出资人只能是一个自然人；个体工商户既可以由一个自然人出资设立，也可以由家庭共同出资设立。

（2）雇佣人数不同。雇员8人以上为个人独资企业；8人及以下为个体工商户。

（3）承担责任的财产范围不同。一般情况下，个人独资企业的出资人仅以其个人财产对企业债务承担无限责任，只有在企业设立登记时明确以家庭共有财产作为个人出资的才依法以家庭共有财产对企业债务承担无限责任；个体工商户属个人经营的，以个人财产承担债务，属家庭经营的，则以家庭财产承担债务。

（4）适用法律不同。个人独资企业依照《个人独资企业法》设立；个体工商户依照《中华人民共和国民法典》（2021 年 1 月 1 日生效）和《城乡个体工商户管理暂行条例》等规定设立。

（5）法律地位不同。个人独资企业是经营实体，是一种企业组织形式；个体工商户则不采用企业形式。区分二者的关键在于是否进行了独资企业登记，并领取了独资企业营业执照。

资料来源：https://news.66law.cn/ask/166531.aspx

（二）合伙企业

合伙企业是指依照《中华人民共和国合伙企业法》（下称《合伙企业法》）在中国境内设立的，由两个或两个以上的自然人通过订立合伙协议，共同出资、共同经营、共负盈亏、共担风险的企业组织形式。合伙企业一般无法人资格，不缴纳企业所得税，但要缴纳个人所得税。

合伙企业的类型有普通合伙企业和有限合伙企业。其中，普通合伙企业由普通合伙人组成，合伙人对合伙企业债务承担无限连带责任；有限合伙企业由普通合伙人和有限合伙人组成，普通合伙人对合伙企业债务承担无限连带责任，有限合伙人以其认缴的出资额为限对合伙企业债务承担责任。

根据《合伙企业法》规定，设立合伙企业，应当具备下列条件：

（1）有两个以上合伙人，合伙人为自然人的，应当具有完全民事行为能力。

（2）有书面合伙协议。

（3）有合伙人认缴或者实际缴付的出资。

（4）有合伙企业名称和生产经营场所。

（5）法律、行政法规规定的其他条件。

（三）公司制企业

公司制企业简称“公司”。《中华人民共和国公司法》（下称《公司法》）所指的公司是以营利为目的，由股东出资创设，拥有独立的财产，独立从事生产经营活动，依法享有民事权利，承担民事责任的企业法人。公司包括有限责任公司和股份有限公司两种形式。

1. 有限责任公司

有限责任公司是指两个以上五十个以下股东共同出资，股东以其认缴的出资额为限对公司承担责任，公司以其全部资产对公司的债务承担责任的企业法人。

根据《公司法》规定，设立有限责任公司，应当具备下列条件：

（1）股东符合法定人数。

（2）有符合公司章程规定的全体股东认缴的出资额。

（3）股东共同制定公司章程。

（4）有公司名称和符合有限责任公司要求的组织机构。

（5）有公司住所。

2．股份有限公司

股份有限公司是指将公司全部资本分为等额股份，股东以其认购的股份为限对公司承担责任，公司以其全部资产对公司的债务承担责任的企业法人。

根据《公司法》规定，设立股份有限公司，应当具备下列条件：

（1）发起人符合法定人数。

（2）有符合公司章程规定的全体发起人认购的股本总额或者募集的实收股本总额。

（3）股份发行、筹办事项符合法律规定。

（4）发起人制订公司章程，采用募集方式设立的须经创立大会通过。

（5）有公司名称和符合股份有限公司要求的组织机构。

（6）有公司住所。

各种企业组织形式没有绝对的好与坏之分，对创业者而言，需要考虑的是选择哪种企业组织形式更有利于创业企业的生存与发展。各种企业组织形式的优势与劣势的比较分析如表 8-1 所示。

表 8-1　各种企业组织形式的优势与劣势

企业组织形式	优势	劣势
个人独资企业	① 企业设立、转让和解散等行为手续简便，仅向登记机关登记即可，且费用低。 ② 创业者拥有对企业的控制权。 ③ 企业经营灵活性高，可迅速对市场变化做出反应。 ④ 利润归创业者所有，不需与他人分享。 ⑤ 只需缴纳个人所得税，无须双重纳税。 ⑥ 在技术和经费方面易于保密。	① 创业者承担无限责任。 ② 不易从企业外部获得信用资金，筹资困难。 ③ 企业寿命有限，易随着创业者的退出而消亡。 ④ 企业的成功更多地依赖创业者的个人能力。 ⑤ 创业者投资的流动性低。
合伙企业	① 企业设立较简单和容易，费用低。 ② 企业经营具有高度的灵活性。 ③ 企业资金来源较广，信用度较高。	① 普通合伙人承担无限连带责任。 ② 财产转让困难。 ③ 融资能力有限，企业规模受限。 ④ 企业往往因关键合伙人的退出而解散。 ⑤ 在合伙人对企业经营有分歧时，决策困难。

（续表）

企业组织形式	优势	劣势
有限责任公司	① 股东只承担有限责任，风险小。 ② 公司具有独立寿命，易于存续。 ③ 公司所有权与经营权分离，聘任职业经理人管理，更能适应市场竞争。 ④ 以出资人的出资额为限承担公司的经营风险。 ⑤ 促使公司形成有效的治理结构。 ⑥ 多元化产权结构有利于科学决策。 ⑦ 可吸纳多个投资人，促进资本集中。	① 税收负担较重，存在双重纳税问题（同时缴纳企业所得税与个人所得税）。 ② 不能公开发行股票，筹集资金的规模与渠道受限。 ③ 公司产权不能充分流动，资产运作受限。
股份有限公司	① 股东只承担有限责任，风险小。 ② 公司具有独立寿命，易于存续。 ③ 公司产权可以股票形式充分流动。 ④ 可聘任职业经理人管理，管理水平较高。 ⑤ 筹资能力强。	① 公司设立程序复杂，费用高。 ② 税收负担较重，存在双重纳税问题。 ③ 政府限制较多，法规要求比较严格。 ④ 因公司要定期报告其财务状况，故公司的相关事务不能严格保密。

课堂互动

阅读以下材料，思考并回答问题。

马里奥·瓦伦汀拥有一家经营得十分成功的汽车经销商店——瓦伦汀商店。一直以来，瓦伦汀始终坚持独资经营，身兼所有者和管理者两职。现如今，已经 70 多岁的瓦伦汀打算从管理岗位上退下来，但他希望汽车经销商店仍能掌握在家族手中，将这份产业留给自己的儿孙。因此，他正在考虑是否应该将他的商店转为公司制经营。为了能够选择正确的企业组织形式，瓦伦汀制订了如下 5 个目标。

（1）所有权目标：瓦伦汀希望他的两个儿子各拥有 25%的股份、五个孙子各拥有 10%的股份，这样就能保证商店所有权掌握在自己家族成员手中。

（2）存续能力目标：瓦伦汀希望即使发生儿孙死亡或放弃所有权的情况，也不会影响商店经营的存续。

（3）管理目标：瓦伦汀希望将商店交给资深雇员乔·汉兹来管理。瓦伦汀认为他的儿孙们不具有经济头脑，也没有任何管理经验，所以不希望他们参与日常管理工作。而乔·汉兹不但毕业于有名的商学院，还长期服务于瓦伦汀商店，从普通店员一直做到高级管理人员，相较于自己的儿孙来说更具有专业知识和管理经验。

（4）所得税目标：瓦伦汀希望商店采取的企业组织形式可以尽可能地应缴纳的所得税。同时，每年的经营所得都可以尽可能多地分配给商店的所有权人。

（5）所有者的债务：虽然商店已经在保险公司投了保，但瓦伦汀还是希望能够确保在商店发生意外情况或经营不善发生损失时，儿孙们的个人财产不会因此受任何影响。

请同学们根据瓦伦汀老先生的这五个目标，再结合不同企业组织形式的特点，分析瓦伦汀商店应该选择哪种企业组织形式？

二、企业的注册流程

企业注册是指创业者根据国家法律法规的相关规定获得合法经营手续的行为。在我国，企业注册的一般流程如下。

（一）预先核准企业名称

我国在企业登记工作中实行公司名称预先核准制。申请企业名称预先核准时，应由新企业的代表或其委托代表人向登记主管部门提出名称预先核准申请，并提交如下文件：① 有限责任公司的全体股东或者股份有限公司的全体发起人签署的《企业名称预先核准申请书》；② 股东或发起人的法人资格证明或者自然人的身份证明；③ 公司登记机关要求提交的其他文件。

拓展阅读

企业名称

一个设计独特、易读易记，并富有艺术和形象性的企业名称，能迅速抓住大众的视线，诱发其浓厚的兴趣和丰富的想象，使之留下深刻的印象。

企业名称一般由字号（商号）、所属行业（经营特点）、组织形式三部分组成，前面可以加上所在地区行政区域名称。

（1）行政区划。行政区划是指本企业所在地县级以上行政区域的名称或地名。除国务院决定设立的企业外，企业名称一般不得冠以“中国”“中华”“全国”“国家”“国际”等字样。

（2）字号。企业名称中的字号应当由两个以上的汉字组成，行政区域名称不得用作字号，但县级以上行政区域地名具有其他含义的除外。此外，企业名称中的字号也可以使用自然人投资人的姓名。

（3）行业。企业名称中的行业应当由反映企业经营活动所属国民经济行业或反映企业经营特点的用语组成。企业名称中的行业特点应与主营行业相一致。企业经营活动分别属于国民经济行业不同大类的，应当选择主要经营活动所属的国民经济行业。

（4）组织形式。依据《公司法》《中华人民共和国外商投资法》申请登记的企业名称，组织形式为有限公司（有限责任公司）或者股份有限公司；依据其他法律、法规申请登记的企业名称（如合伙企业、个人独资企业等），组织形式不得为“有限公司（有限责任公司）”或者“股份有限公司”；非公司制企业可以“厂”“店”“部”等命名。

例如，延安恒兴监理咨询有限公司，延安为行政区划，恒兴为字号，监理咨询为行业，有限公司为组织形式，其中起主要识别作用的是字号，即恒兴。

资料来源：http://sd.ifeng.com/a/20180615/6657673_0.shtml

（二）工商注册登记

1．填写登记申请书

创业者应当按照国家市场监督总局制定的申请书格式文本提交申请，并按照企业登记法律、行政法规和国家市场监督总局的相关规定提交有关材料。涉及企业登记前置许可项目的，创业者应当提交法定形式的许可证件或者批准文件。

2．办理证照码

营业执照是指工商行政管理机关发给工商企业、个体工商户的准许从事某项生产经营活动的凭证。没有营业执照的工商企业或个体工商户一律不许开业，不得刻制公章、签订合同、注册商标、刊登广告，银行不予开立账户。企业的营业执照类型有个体独资企业营业执照、合伙企业营业执照、企业法人营业执照等。

2016 年 6 月 30 日，国务院办公厅发布了《关于加快推进“五证合一、一照一码”登记制度改革的通知》，从 2016 年 10 月 1 日起正式实施“五证合一、一照一码”登记制度，在全面实施工商营业执照、组织机构代码证、税务登记证“三证合一”登记制度改革的基础上，整合原来由人力资源社会保障部门核发的社会保险登记证和由统计部门核发的统计登记证，通过“一窗受理、互联互通、信息共享”方式，由工商行政管理部门依法审查后核发一个带有法人和其他组织统一社会信用代码的营业执照。

拓展阅读

个体工商户“两证整合”登记制度

个体工商户“两证整合”登记制度是指将个体工商户登记时依次申请，分别由工商行政管理部门（市场监督管理部门）核发营业执照、税务部门核发税务登记证，改为一次申请、由工商行政管理部门（市场监督管理部门）核发一个营业执照（“两证合一、一照一码”营业执照）。“两证整合”登记制度是“三证合一”登记制度向个体工商户的延伸。

2015 年，“三证合一”制度的实行，进一步优化了企业的市场准入流程，减少了重复性审查，推动了相关部门工作的整合和信息共享，降低了设立企业的制度性成本，激发了市场活力，有力地推动了大众创业、万众创新。但是，“三证合一”的改革中并没有包括个体工商户，个体工商户依然要到工商、税务两个部门分别办理登记手续。2016 年 8 月，工商总局、税务总局、国家发展改革委、国务院法制办四部门制定发布了《关于实施个体工商户营业执照和税务登记证“两证整合”的意见》。2016 年 12 月 1 日起，个体工商户“两证整合”改革在全国范围内实施。

资料来源：https://www.jscj.com/cwkjs/cknews/1610/81365.html

（三）刻制印章

新企业领取营业执照后，创业者须到所在地公安局特行科办理新企业印章刻制手续，并向公安局特行科提供相关文件，包括营业执照、法定代表人身份证证明等。待审批后，再到指定的印章刻制单位刻制新企业印章，包括公司章、法人章、合同专用章、财务专用章等。

新企业印章完成刻制后，创业者还须到公安机关及相应的主管部门进行印鉴备案。需要说明的是，企业印章、企业牌匾、企业银行账户、企业信笺所使用的名称应与新企业在工商行政管理机关登记注册的名称相一致。

（四）开立银行账户

银行账户是各单位为办理结算和申请贷款在银行开立的户头，也是单位委托银行办理信贷与转账结算及现金支付业务的工具，它具有监督和反映国民经济各部门、各单位活动的作用。根据《银行账户管理办法》，银行账户分为基本存款账户、一般存款账户、临时存款账户和专用存款账户，各类账户均有不同的设置和开户条件。

开立银行账户的程序通常包括以下几个步骤。

（1）向中国人民银行办理银行开户许可手续，取得银行开户许可证，具体流程如图 8-1 所示。

图 8-1　办理银行开户许可手续流程

（2）选定开户银行，向该银行领取开户申请书，如实填写并由主管部门审核盖章后，附上银行开户许可证、营业执照正本及复印件交开户银行审核。

（3）开户银行同意开户后，送交预留印鉴，包括企业财务专用章、法人章。

按银行结算要求，企业只能开设一个基本存款账户。根据业务需要，企业可以向开户银行购领有关结算凭证，如现金缴款单、支票等，所需款项可用现金支付，也可由银行转账支付。

案例

腾讯公司的股权和管理权设计

2003 年秋天，马化腾与他的同学张志东合资注册了深圳腾讯计算机系统有限公司（以下简称“腾讯”），之后又吸纳了曾李青、许晨晔、陈一丹三位股东。为避免彼此争夺权力，马化腾在腾讯创立之初就和四位伙伴约定：各展所长、各管一摊。

腾讯创立之初，创始团队的 5 人一共凑了 50 万元，其职位、出资、股权情况如下：

马化腾，首席执行官，出资 23.75 万元，占 47.5%的股权；

张志东，首席技术官，出资 10 万元，占 20%的股权；

陈一丹，首席行政官，出资 5 万元，占 10%的股权；

许晨晔，首席信息官，出资 5 万元，占 10%的股权；

曾李青，首席运营官，出资 6.25 万元，占 12.5%的股权。

众所周知，很多企业创立之初分配股权时，创始人喜欢占股 51%或 67%以上，那么，为什么腾讯没有这样分配股权呢？马化腾说，这样分配股权的原因主要有 3 个。

第一，根据合伙人的分工和能力分配股权。马化腾在接受多家媒体的联合采访时说，他最开始也考虑过和张志东、曾李青三人均分股权的方法，但最后还是采取了根据分工和能力分配股权的方法。产品、技术和运营是腾讯的三个支柱，所以负责相应模块的合伙人就应拿到较多的股权。在马化腾看来，未来的潜力要和股权相匹配，不匹配就会出问题。

第二，创始人一定要出主要的资金，占大股。马化腾说，企业“如果没有一个主心骨，股权大家平分，未来肯定会出问题”。所以创业早期的资金主要由马化腾来出，占大股。

第三，要一股独大，但不要一股太大。马化腾说，“要他们的总和比我多一点点，不要形成一种垄断、独裁的局面”。

资料来源：https://www.sohu.com/a/314462879_99916735

第二节　管理新企业

一、营销管理

企业营销活动的实质是一个利用内部可控因素适应外部环境的过程，即通过对市场、产品、价格、分销渠道、促销的计划和实施，对外部不可控因素做出积极的反应，从而促成交易的实现，以及个人与组织目标的完成。

（一）市场定位

企业营销的首要工作是找准目标市场，即市场定位。市场定位的主要任务是，明确自己的产品与竞争者相比的特色与优势，充分突出新企业及产品在市场上的新颖性、显著性及差异性，以获得消费者的认可与青睐。

1. 市场定位的依据

（1）产品特色。构成产品内在特色的许多因素都可以作为市场定位的依据，如所含成分、材料、质量、价格等。例如，“七喜”汽水的定位是“非可乐”，强调它不含咖啡因，与可乐类饮料不同；“泰宁诺”止痛药的定位是“非阿司匹林的止痛药”，显示药物成分与以往的止痛药有本质的差别。

（2）产品用途。为老产品寻找一种新用途，是为该产品确定新的市场定位的好方法。曾有一家生产曲奇饼干的厂家，最初将其产品定位为家庭休闲食品，后来发现不少消费者购买该产品是为了馈赠，又将之定位为礼品。

（3）消费者利益。产品提供给消费者的利益是消费者最能切实体验到的，也可作为市场定位的依据。例如，劳斯莱斯车定位豪华气派、丰田车定位物美价廉、沃尔沃车定位结实耐用等。

（4）消费者类型。企业常常试图将其产品指向某一类特定的消费者，以便根据这些消费者的看法塑造恰当的形象。

2. 市场定位的策略

（1）避强定位。这是一种避开强有力的竞争对手进行定位的模式。新企业可以避开竞争强手，瞄准市场“空隙”，开发特色产品，开拓新的市场领域。这种定位策略有助于企业迅速在市场上站稳脚跟，并在消费者心中尽快树立起一定的形象，市场风险较小，常常为大多数企业所采用。

（2）迎头定位。这是一种与市场强势者对着干的定位策略，是“冒险家的游戏”，即新创企业选择与竞争者正面对抗，争取同样的目标消费者。要实行这种策略，新创企业必须做到知己知彼，要了解市场上是否可以容纳两个或两个以上的竞争者，自己是否拥有比竞争者更多的资源和能力，是否能比竞争者做得更好；同时，实行这种策略时，新企业要选择恰当的市场进入时机与地点。

（3）重新定位。重新定位策略通常是指对那些销量少、市场反应差的产品进行第二次定位。例如，某家企业生产的石英钟由于设计无特色，又无价格优势，因而销量很差。为此，该企业对产品进行了重新设计，将石英钟设计成了各种装饰品形状，其外观新颖、充满了艺术气息，因此，产品一上市就受到了市场的追捧。虽然价格较一般石英钟高了不少，但销量依然节节攀升。

（二）产品策略

产品策略是指企业以向目标市场提供各种适合消费者需求的有形和无形产品的方式来实现其营销目标的营销策略，包括对与产品有关的品种、规格、包装、特色、商标、品牌及各种服务措施等可控因素的组合和运用。

产品策略是市场营销组合策略的基础，从一定意义上讲，企业成功与发展的关键在于产品满足消费者需求的程度，以及产品策略的正确性。

1. 产品的整体概念

市场营销中所指的产品是一个整体概念，它包含 5 个层次，即核心产品、形式产品、期望产品、附加产品和潜在产品，如图 8-2 所示。

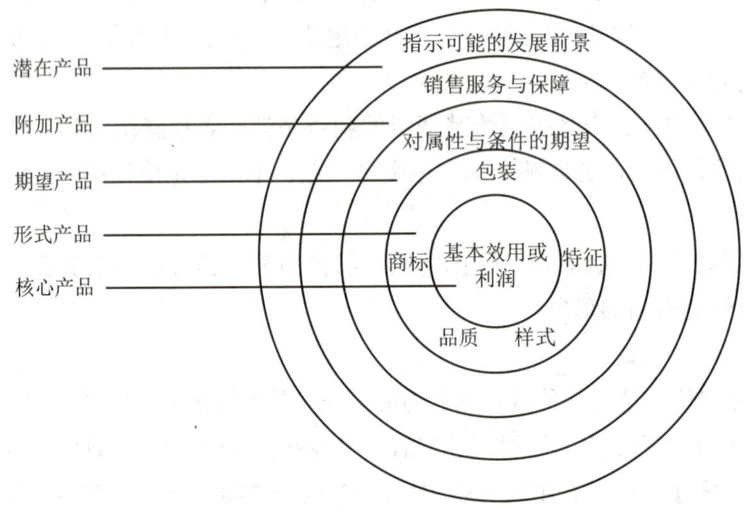

图 8-2　产品整体概念的 5 个层次

（1）核心产品，也称实质产品，是指产品能向消费者提供的基本效用或利益，是消费者真正要购买的东西。它是产品整体概念中最基本、最主要的部分。例如，消费者购买洗衣机是为了能够省时省力地清洗衣物。

（2）形式产品是指核心产品借以实现的外在形式，包括产品的品质、样式、特征、商标、包装等。

（3）期望产品是指消费者在购买产品时，期望得到的与产品密切相关的一整套属性和条件。例如，对于购买洗衣机的消费者来说，在期望能够通过该产品省时省力地清洗衣物的同时，还期望其不会损坏衣物，使用时噪声小、方便进水，外形美观等。

（4）附加产品是指产品附带的各种利益的总和，包括运送、安装、维修、技术培训等所有服务项目。

（5）潜在产品是指现有产品可能发展成为未来最终产品的潜在状态的产品。它反映了现有产品可能的演变趋势和前景。

2. 产品的组合策略

产品组合是指某一企业所生产或销售的全部产品线和产品项目的组合或搭配。

产品线是指产品组合中的某一产品大类，是一组密切相关的产品。这组产品都能满足某种需要，或必须一起使用，或售给同一类消费者，或经由相同的渠道，或在同一价格范围内出售。产品项目是指产品大类中各种不同品种、档次、质量和价格的特定产品。

优化产品组合，可依据不同情况采取不同策略。一般来说，主要有以下几种。

（1）扩大产品组合策略，即在原产品组合中增加产品线，扩大经营范围；或者在原有产品线内增加新的产品项目。当企业预测现有产品线的销售额和盈利率在未来可能下降时，就必须考虑在现有产品组合中增加新的产品线，或加强其中有发展潜力的产品线。

（2）缩减产品组合策略。在市场不景气或原料、能源供应紧张时，企业可缩减产品线，剔除那些获利小甚至亏损的产品线或产品项目，集中力量发展获利多的产品线和产品项目。

（3）产品线延伸策略，即全部或部分改变原有产品的市场定位的策略，具体有三种实现方式：① 向下延伸，即在高档产品线中增加低档产品项目；② 向上延伸，即在原有产品线内增加高档产品项目；③ 双向延伸，即原定位于中档产品市场的企业掌握了市场优势以后，向产品线的上下两个方向延伸。

（4）产品线现代化策略。现代社会科技发展突飞猛进，产品开发也是日新月异，产品的现代化成为一种不可改变的大趋势，产品线也必然需要进行现代化改造。

（5）产品线号召策略，即企业在产品线中选择一个或少数几个产品项目加以精心打造，使之成为颇具特色的号召性产品去吸引消费者。

3. 产品的生命周期策略

产品生命周期是指产品从进入市场开始，直到最终退出市场为止所经历的市场生命循环过程。其一般可分为四个阶段，即导入期、成长期、成熟期和衰退期。

（1）导入期。这一时期，产品刚刚投放市场，产量低，销量增长缓慢，宣传费用高，企业投入较大；同时由于产品质量和性能还不稳定，以及市场的不确定性因素较多，风险也较大。但这一时期同类产品的生产者少，竞争对手少。因此，在这一时期，企业应把握好产品进入市场的时机，设法把销售力量直接投向潜在消费者，使市场尽快接受该产品。

（2）成长期。这一时期，产品的市场局面打开，销量迅速增长，企业利润持续增长，但竞争也日益激烈。该时期企业营销策略的重点应放在创立名牌、提高消费者偏爱度上，促使消费者在面对竞争者产品时更喜爱本企业的产品，从而提高市场占有率。

（3）成熟期。这一时期，产品已为绝大多数潜在消费者接受，销量增长缓慢，甚至到后期，销量开始负增长。由于竞争加剧，企业的各项成本增加，使其利润水平持平甚至开始下降。该时期企业可选择以下三种策略改善这种情况：① 市场改进策略，即开发新市场、寻求新用户；② 产品改进策略，即改进产品的品质或服务后再投放市场；③ 营销组合改进策略，即通过改变定价、销售渠道及促销方式来延长产品成熟期。

（4）衰退期。这一时期，产品的需求量、销量和利润迅速下降，多数竞争者被迫退出市场。因此，在这一时期，企业可将销售维持在一个低水平上，待到适当时机，便停止该产品的经营，退出市场。

（三）价格策略

价格通常是影响交易成败的重要因素，同时又是市场营销组合中最难以确定的因素。企业定价的目标是促进销售，获取利润，这要求企业在定价时既要考虑成本的补偿，又要考虑消费者对价格的接受能力。

价格策略是指企业以按照市场规律确定价格和变动价格等方式来实现其营销目标的营销策略，包括对与定价有关的基本价格、折扣价格、补贴、付款期限、商业信用，以及各种定价方法和定价技巧等可控因素的组合和运用。

1．定价方法

（1）成本导向定价法，即以产品单位成本为基本依据，再加上预期利润来确定产品价格的定价方法。成本导向定价法是企业最常用的定价方法，包括总成本加成定价法、目标收益定价法、边际成本定价法、盈亏平衡定价法等几种具体的定价方法。

（2）需求导向定价法，即根据消费者对产品的需求差异、需求强度和对产品价值的认识来确定产品价格的定价方法，包括认知价值定价法、反向定价法和需求差异定价法三种。利用这种方法定价时不需要考虑企业成本和市场竞争情况。

2．定价策略

（1）撇脂定价策略，即在新产品投放市场的初期，利用消费者求新、求奇的心理动机和竞争对手较少的有利条件，以高价销售，在短期内获得尽可能多的利润，是一种高价策略。采用撇脂定价策略，必须具备两个基本条件：一是产品必须新颖，具有较明显的质量、性能优势，并且有较大的市场需求量；二是产品必须有特色，且短期内竞争者无法仿制或推出类似产品。

（2）渗透定价策略，即在新产品投放市场的初期，将产品价格定得低于消费者的预期，给消费者以物美价廉的感觉，借此打开销路，占领市场，是一种低价策略。渗透定价策略适用于资金实力雄厚、生产能力强、在扩大生产以后有降低成本潜力的企业，或者新技术已经公开，竞争者纷纷仿效生产，亦或需求弹性较大，市场上已有替代品的中高档消费品。

（3）满意定价策略是一种介于撇脂定价策略和渗透定价策略之间的定价策略。其所定的价格比撇脂价格低，而比渗透价格要高，是一种中间价格。这种定价策略由于能使生产者和消费者都比较满意而得名。

（4）组合定价策略是指企业根据各种产品之间的价格关系，进行组合定价的一种定价策略。它包括系列产品定价策略、互补产品定价策略和成套产品定价策略。

（5）心理定价策略是指企业根据消费者的心理，有意识地迎合消费者的某些心理需要而采取的一种定价策略。心理定价策略可以达到扩大市场销售、获得最大效益的目的，主要包括整数定价、尾数定价、声望定价和招徕定价。

（6）折扣定价策略是指企业对价格做出一定的让步，直接或间接降低价格，扩大产品销量的一种定价策略。其中，直接折扣的形式有现金折扣、数量折扣、功能折扣和季节折扣，间接折扣的形式有佣金和补贴。

（7）差别定价策略，也称价格歧视，是指企业按照两种或两种以上不反映成本费用的差别价格销售某种产品或服务的一种定价策略。其主要包括消费者差别定价、产品形式差别定价、产品部位差别定价和销售时间差别定价。

（四）分销渠道策略

分销渠道策略是指企业以合理选择分销渠道和组织产品实体流通的方式来实现其营销目标的营销策略，包括对与分销渠道有关的渠道覆盖面、产品流转环节、中间商、网点设置，以及储存运输等可控因素的组合和运用。

1. 分销渠道系统的发展

20 世纪 80 年代以来，分销渠道系统突破了由生产者、批发商、零售商和消费者组成的传统模式，产生了垂直渠道系统、水平渠道系统和多渠道系统三种新模式。

（1）垂直渠道系统。这是由生产者、批发商和零售商组成的一种统一的联合体。渠道中实力最强的渠道成员将会成为领导者（可以是批发商，也可以是零售商或生产者），渠道成员统一规划，协调行动。

（2）水平渠道系统。这是由两个或两个以上独立企业通过某种形式的合作，共同开发新的市场机会而形成的渠道系统。这种合作可能是暂时的，也可能是永久的。这种渠道系统可发挥群体作用，共担风险，获取最佳效益。

（3）多渠道系统。这是指企业在一个或几个细分市场，同时使用多种渠道进行营销的渠道系统。这种渠道一般分为两种形式：一是生产者通过多种渠道销售同一品牌的产品，这种形式容易引起不同渠道间激烈的竞争；二是生产者通过多种渠道销售不同品牌的产品。

2. 分销渠道战略决策

开始时，绝大多数新企业都会考虑借用现有的外部渠道而不是自建渠道。其中，对于快速消费品企业而言，其自有销售人员的任务主要是开展渠道服务和促销工作；对于耐用消费品企业而言，则会有服务于渠道的销售队伍和外聘的终端促销人员队伍。当品牌发展到一定程度后，企业可以考虑自建销售公司和品牌专卖店。工业品企业一般既有外部渠道也有自建渠道，通常，其自建的销售队伍主要用来开发大客户，而传统的代理或经销渠道主要用来满足中小客户的需求。

小贴士

快速消费品是指使用寿命较短、消费速度较快的消费品，主要包括日化用品、食品饮料、烟酒等；耐用消费品是指使用寿命较长、一次性投资较大的消费品，主要包括（但不限于）家用电器、家具、汽车等。

3. 分销渠道管理

新企业需要对分销渠道进行长期的管理和维护，持续改进渠道绩效。首先，新企业需要对渠道成员的资源能力、合作意愿和行业口碑等方面进行综合评价，从中选择那些资源能力符合要求、合作意愿强烈且口碑不错的渠道作为合作伙伴。其次，新企业需要对渠道成员进行培训，包括产品知识和营销技巧的培训，这种培训能直接提高渠道成员的销售能力和意愿。再次，新企业需要制订一套激励措施，定期给予渠道成员一定的激励，如年终返点、销售竞赛活动奖励等。最后，新企业需要对渠道成员的绩效进行评估，包括销售指标完成情况、合作水平、特别贡献等方面，对绩效优异的渠道成员进行奖励和经验推广，对于绩效不理想的渠道成员，则寻找原因加以改进甚至予以更换。

4. 终端销售点选择

终端销售点是企业实现自己经营目标的前沿阵地。企业的产品最终能否销售出去，以及企业最终能否实现理想的经济效益，都与终端销售点的选择和经营密切相关。企业在选择终端销售点时，需要综合考虑产品特性、消费者购买力、消费者活动范围、消费者心理特征、竞争对手情况及销售方式等多种因素。

（五）促销策略

促销策略，也称宣传策略，是指企业以利用各种信息传播手段刺激消费者购买欲望，促进产品销售的方式来实现其营销目标的营销策略，包括对与促销有关的广告、人员推销、营业推广及公共关系等可控因素的组合和运用。

1. 广告宣传策略

广告是广告主以促进销售为目的，付出一定的费用，通过特定的媒体传播产品或服务等有关信息的大众传播活动。作为一种传递信息的活动，广告是企业普遍重视且应用最广的促销方式。

广告宣传一般有塑造企业及其产品、商标信誉和声望的形象广告；有展示、介绍、宣传产品特点和优点的产品广告；也有刺激用户购买产品的产品定位广告等。广告宣传的关键是在真实性的前提下，迎合消费者的心理和需求，创新意、出奇招，从而给消费者留下美好而深刻的印象。广告宣传策略需要根据不同的产品、不同的消费群体、不同的市场情况及竞争对手的情况等来制订。

2. 人员推销策略

人员推销是人类社会最古老的促销手段之一。随着市场经济的发展，人员推销的内容不断扩充，成为现代营销一种重要的促销方式。

所谓人员推销，是指通过推销人员与中间商或消费者进行直接沟通，宣传介绍产品，使中间商或消费者购买的促销方式。与其他促销方式相比，人员推销最大的特点是推新人员直接与目标客户接触，因而能及时了解客户的需求。

人员推销主要包括两种组织形式：一种是建立自己的销售队伍，即利用本企业的推销人员来推销产品，如销售经理、销售代表等；另一种是利用合同销售人员，如代理商、经销商等。

3. 营业推广策略

营业推广，也称销售促进，是指企业在短期内为了提升销量而采取的各种促销方式，如有奖销售、赠送或试用样品、减价或折扣销售等。通过采取这些方式，可以有效刺激消费者的购买欲望，并且能在短期内收到显著的促销效果。

营业推广的好处是可以通过强有力的刺激迅速增加企业的销售收入，但必须注意的是，营业推广的最终目标仍然是实现企业的营销目标。如果营业推广使用不当，急功近利，不但不会吸引消费者，反而会引起消费者的怀疑和反感，进而对企业及企业的品牌造成负面影响。

4. 公共关系宣传策略

公共关系宣传策略是争取潜在消费者的了解、信任和支持，以树立良好的企业和产品信誉、形象的促销策略。它通过对公众态度的估量，从公众利益出发确定企业的促销对策，从而与广泛的潜在消费者交流、沟通。

公共关系宣传策略一般包括以下几种：一是通过大众媒介进行新闻报道，获得公众的了解、信任和支持；二是通过庆祝会、纪念会、赞助社会活动等社会性策略，提高企业的知名度和影响力；三是通过舆论调查、民意测验、听取意见等征询性策略，了解消费者的意见，增进与消费者的交流。

二、财务管理

从企业会计学理论上讲，资本是指所有者投入生产经营，且能产生效益的资金。资本是企业经营活动的一项基本要素，是企业创建、生存和发展的一个必要条件。企业创建需要具备必要的资本条件，企业生存需要保持一定的资本规模，企业发展需要不断地筹集资本。

财务管理是在一定的整体目标下，关于资产的购置（投资）、资本的融通（筹资）和经营中现金流量（营运资金），以及利润分配的管理。财务管理是企业管理的一个重要组成部分，它是根据财经法规制度，按照财务管理的原则，组织企业财务活动，处理财务关系的一项经济管理工作。

（一）财务管理的职能

（1）算好账。会计核算是企业财务管理的支撑，是企业财务管理最基础、最重要的职能之一。会计核算通过价值手段来记录企业经营过程，反映经营得失，报告经营成果。不过，由于会计核算只有在业务发生后才能进行，因此会计核算属于事后反映。

（2）管好“钱”。对于企业来说，资金的运用与管理是一件非常重要的事情。企业财务部门的重要职能之一就是资金的筹集、调度与监管，简单地说就是把企业的“钱”管好。

（3）理好关系。企业经营过程中所涉及的财务关系有很多，既有企业内部各部门之间的关系，也有企业与外部各供应商及银行、税务、工商等政府部门之间的关系，财务部门应协调好这些关系。

（4）监控好资产。财务部门可通过定期与不定期的资产抽查与盘点，将企业资产实物与财务记录数据进行对比，查看是否相符，以保证财务记录的真实性，以及企业资产的安全性与完整性。

（5）管好信用。企业的信用政策往往与销售业绩直接联系在一起，根据企业管理中的相互制约原则，企业信用管理工作一般由财务部门负责，管好客户信用能够降低企业呆坏账的发生率。作为企业财务管理的重要内容之一，信用管理越来越受到企业的重视。

（6）做好参谋。企业财务部门应在会计核算与分析的基础上，为企业生产经营、融资、投资方案等提供好决策数据，做好参谋。

（7）计好绩效。绩效考核中的大部分计算工作都由企业财务部门负责。

（二）财务管理的注意事项

（1）掌握资金运动规律。财务管理人员应注重从公司经济、市场经济、产业经济的角度出发，对财务问题进行多方面的考虑。

（2）更新方法。财务管理人员不但要注重质的分析，更要注重量的分析，应通过专业的财务分析方法与管理工具，优化财务决策。

（3）充实内容。财务管理人员不能只管资金的收支，还要熟悉在资本市场上融通资金的业务，有效地进行资金预算和现金计划的编制、应收账款和存货等营运资金的管理与控制、长期投资的可行性研究、投资收益的评估等。

（4）收益与风险的权衡。财务管理人员要能够评价和计量经营风险和财务风险，避免企业承担过高的风险。在追求收益的同时，要努力分散和规避风险。

（5）研究资金成本。财务管理人员要注意探讨不同筹资方式下资金成本的计算方法，以及怎样以最低的代价筹集企业生产经营所必需的资金。

（6）关注财务所涉及的法律问题。财务管理人员有必要了解资本市场的交易规则、各类金融工具的权责关系、举债经营的法律责任等问题，同时要掌握税法。

（7）研究目标资本结构。财务管理人员要根据企业内外环境的变化，优化企业的资本结构，合理利用经营杠杆和财务杠杆，使企业在良好的财务状态下获得最大的收益。

（8）注意通货膨胀。在进行投资和融资决策及资产管理时，财务管理人员要注意分析通货膨胀对企业财务的影响，合理调整财务数据，以便正确地评价企业的财务状况。

（9）学习国际财务的相关知识，如外汇风险的规避、国际投资与融资等。

（10）确保财务安全。财务管理人员要能够准确评价企业的财务状况，预防出现财务危机。当企业处于财务困境时，要有能力提供相应对策。

（三）财务管理的关键

1．加强现金流的预算与控制

企业财务管理首先应关注现金流，而不是会计利润。现金流是企业的命脉，其预算与控制是财务管理的一个关键点。新企业需要通过现金流预算管理来做好现金流控制，确保企业的账上有不少于 6 个月的现金储备（完成一轮融资通常需要 6 个月的时间），以避免资金断流。

拓展阅读

新企业现金流需求的预测

新企业预测现金流需求，可以按照以下三个步骤进行。

1．预测收入

预测收入的逻辑很简单，只需要根据产品或服务的定价，对销售进行预测即可。由于新企业大多规模小，初期资金紧张，必须精打细算，对销售要按照月度来做预测。预测最好做两份，一份“保守的”，一份“乐观的”。

以一家运动耳机公司为例，如果采用分销方式销售，可以向分销商了解每月大概可以卖出多少个运动耳机。如果采用直销方式销售，则需要考虑广告的投放。例如，该公司在某杂志上做广告，杂志发行量 10 万份，一般的广告有效率是 2‰～3‰（一些广告测评机构可以提供类似数据），所以一期杂志最多可以带来 300（100 000×3‰）个消费者。

2．计算成本

成本一般包括以下几种：① 固定成本，具体包括人员工资、房租、保险费、职工福利费、办公费等；② 可变成本，具体包括原材料成本、包装费、运输费等；③ 销售成本，具体包括广告费、销售费用、客户服务费用等；④ 设备投入，具体包括装修费，以及办公家具、电脑、服务器、生产设备采购费等。

3．分析和调整

当把每月的收入预测和成本预测对应着放入同一个时间框架中，就会出现一幅新企业

命脉图——现金流量表。此时应首先找到收支平衡点，把收支平衡点之前的所有亏损加在一起，就可以得出需要为企业准备的资金数目。

当然，企业的现金流需求预测不是一成不变的，每个月都应该根据企业的实际运营情况进行相应地调整。如果实际情况和预测总是相差甚远，要及时找出原因并调整，否则应立即停下来，重新考虑企业未来的发展策略。

资料来源：http://www.mba.org.cn/html/2014/de_fengyujingshanglu5_0807/23100.html

2．仔细权衡投资的回报与付出

即使在产品销售情况良好、短期现金流充裕的情况下，新企业仍然需要全面考虑新增投资的回报率和回收期，以及由于新增投资所带来的对企业现有能力的挑战。

3．充分利用产业平台

对于高新企业，应该充分利用所在地区的园区、孵化器等产业平台，争取政府基金及相关政策的支持。这是一种成本相对较低的缓解现金流短缺的方法。孵化器通常是大量政府政策资源的聚集地，孵化器内的新企业在政策资源上有着得天独厚的优势，通过关注、利用政府制定的相关法律条例，创业者有可能争取到政策性低息贷款或无偿扶持基金（如创新基金），以及写字楼或者孵化器提供的廉价房租等。

4．增收节支，开源节流

开源节流是企业经营中最常用的手段和策略。节流不是简单地减少支出，而是通过分析费用支出结构、支出的必要性和经济性，采取相应的措施来改善费用支出的使用效果。

对于新企业来讲，研发费用和销售费用是加强管理和控制的主要对象。在研发投入上，技术偏好创业团队特别容易只关注技术本身而忽略成果的市场需求。在营销投入上，除了规范内部制度外，还需要注意特别以下两个倾向：第一，避免将短期的成功简单地复制到未来的营销策略上；第二，避免病急乱投医，在企业遇到困难时自乱阵脚。新企业往往对市场导入期估计不足，实施几次营销策略不见明显成效时就乱了方寸，导致胡乱投入，浪费资金，从而陷入更深的危机之中。

5．财务风险控制

对于初创期或成长期的企业来说，需要大量的营运资金来支付快速增加的应付账款，因此，举债经营成为企业发展的途径之一。但是，由于负债要支付利息，债务到期要及时偿还，因此，新企业必须正确、客观地评估财务风险，采取稳健的财务策略。

6．资金控制

在市场竞争异常激烈的今天，新企业往往不得不用信用形式进行业务交易，从而导致经营中应收账款占比较高。应收账款是指尚未收回的货款或所提供服务应得的款项。许多大企业认为可以延迟支付小企业或新企业的欠款，因为小企业或新企业几乎没有讨价议价的能力。另外，许多新企业经常通过更高的信用标准来获得业务，但这样做的隐患很大，许多初创企业都是由于未能及时收回欠款而破产。

应收账款是一个重要的财务控制点。新企业要控制好应收账款，应做到以下几点：一是客观评价客户资信程度；二是建立合理的信用标准；三是对所发生的应收账款和客户强化管理，制订催款计划，定期向赊销客户寄送对账单和催缴欠款通知书，或者拨打催款电话，同时要对经常性业务往来的赊销客户进行单独管理。

三、成长管理

企业的发展与成长，一般会经历初创期、成长期、成熟期和衰退期四个阶段。人们一般把处于初创期和成长期的企业界定为新企业，在这两个阶段，由于经营者经验欠缺，企业实力不足且管理不规范，因此，企业面临的风险较大，稍有不慎，就会前功尽弃。

（一）企业发展阶段

研究企业发展阶段的目的是为处于不同生命周期阶段的企业找到能够与其特点相适应、并能不断促其发展延续的特定组织结构形式，使得企业可以从内部管理方面找到一个相对较优的模式来保持企业的发展能力，在每个生命周期阶段内充分发挥特色优势，进而延长企业的生命周期，帮助企业实现自身的可持续发展。

1．初创期

初创期是企业不断摸索、学习和求得生存的一个阶段。由于企业刚刚成立，企业创始人的素质或风格关系到企业的成败，企业创始人是一切的核心。

在这一阶段，企业管理一般不规范，往往没有明确的规章制度，经营方针比较模糊，也没有明确的战略和成型的企业文化。总体来看，企业的经营和管理处于一种不断摸索的状态之中，但这一阶段企业的创新能力最强。

随着企业的成长，当具有创造性思想但管理不正规的企业创始人被过多细小的事务和具体的经营问题所困扰，不再能够有效地管理企业时，就要对企业进行变革，调整企业的组织结构并建立一个正规的领导班子，从而使企业过渡到成长期。

2．成长期

成长期是企业的快速发展阶段。在这一阶段，企业的产品开始为客户所接受，市场份额不断扩大，销售能力不断增强，发展速度较快。然而，成长期的企业也面临着许多问题，如企业管理水平低下，员工缺乏对企业发展方向的理解，缺少称职的管理人员，企业运行效率不高，销售额虽在持续增长但利润却没有起色等。

此外，人力资源管理也是成长期企业面临的一个重要问题。企业引进的职业经理人所奉行的管理模式与企业创始人的管理模式可能会存在矛盾，从而导致企业内部管理出现混乱。因此，在这一阶段，创业者应当通过完善企业规章制度，引进人才，调整企业组织机构和决策机制，努力使企业走上科学化、规范化的发展轨道。

3．成熟期

成熟期是指企业扩张到一定程度时，其市场占有率和收益达到最大化，企业声誉卓著的时期。进入成熟期后，企业的主要业务已经稳定下来，产品销售额保持在较高和较稳定的水平。

在成熟期，企业高层管理人员的经验已比较丰富，能根据市场需求变化及时开发新产品，产品标准化有所提高，管理走向正规化，企业通过各种媒体渠道已经在公众中树立了良好的形象。

不过，当稳定的经营状况持续一段时间之后，企业管理开始变得僵化，企业的创新也受到了极大的限制，这是因为各种极具约束力的规章制度往往会使企业丧失活力并导致官僚主义的盛行。

4．衰退期

衰退期是企业生命周期中的最后一个阶段，其具有以下几个特征：一是资金越来越多地花在了控制系统、福利和一般设备上；二是企业越来越强调做事的方式，而不问所做的内容和结果；三是员工越来越拘泥于传统、注重于形式；四是企业内部越来越缺乏创新的动力。在衰退期，企业内部冲突不断、谣言四起，企业各部门的注意力越来越集中到内部地位之争，员工强调更多的是谁造成了问题，而很少考虑去采取补救性措施以解决问题。

（二）新企业成长管理的策略

新企业的成长与发展是一个动态的过程，是在变革创新和强化管理的基础上，通过各种资源的不断积累与整合，从而实现企业的可持续发展。新企业成长管理的策略主要有以下几个方面的内容。

1．整合外部资源

由于新企业的规模小，各种资源相对匮乏，为了在不确定的环境中持续成长，新企业必须学会整合外部资源，发挥资源的杠杆效应。为此，新企业可通过缔结战略联盟、首次公开上市等方式实现企业成长。

（1）缔结战略联盟。新企业可通过缔结垂直联盟，使得处于营销上下游环节上的不同企业（如供应商、生产商、销售商等）可以共享利益、共担风险、长期合作。新企业还可以缔结水平联盟，使不同行业的企业共担营销费用，并在产品促销、营销宣传、品牌建设等方面实现资源共享，如生产刀具的企业与生产厨房电器的企业联盟。

（2）首次公开上市。当新企业发展到一定的规模，符合首次公开上市的要求时，就可选择这一管理策略，公开上市可为企业带来的好处。首先，能在资本市场上获取企业发展所需要的资本，从而提升企业的融资能力，并使其他金融机构对企业的信心得到增强。其次，可以提高企业的知名度，也可以提高企业在利益相关者（如消费者、供应商和投资者）心目中的可信度。再次，能为创业者在短期内创造大量财富，实现财富聚集。最后，可为企业员工和股东创造财富，使得大家对企业的发展更具信心。

拓展阅读

企业上市涉及的主要中介机构

1．保荐机构

在国内，企业发行股票并上市实行保荐机构保荐承销制。其中，保荐机构是指有保荐资格的证券公司。保荐机构的职责主要有 3 项：① 对拟上市公司进行全面的尽职调查和辅导；最后出具保荐文件，说明该企业符合上市要求，然后交证监会审核。② 充当承销商，负责股票承销工作。③ 企业上市后，保荐机构继续承担持续督导的责任。

2．律师事务所

企业股票公开发行上市，必须依法聘请律师事务所担任法律顾问。律师事务所主要对股票发行与上市的各种文件的合法性进行判断，并对有关发行上市涉及的法律问题出具法律意见。

3．会计师事务所

股票发行的会计工作必须由具有证券从业资格的会计师事务所承担。会计师事务所对企业的账目进行检查与审验，主要工作包括审计、验资、盈利预测等，同时也为企业提供财务咨询和会计服务。

4．资产评估机构

企业在股票发行之前往往需要对其资产进行评估，这一工作通常是由具有证券从业资格的资产评估机构承担。资产评估具有严格的程序，整个过程一般包括申请立项、资产清查、评定估算和出具评估报告。

资料来源：https://www.thea.cn/xqcw_px_57068-1.htm

2．及时实现从创造资源到管好用好资源的转变

从创造资源到管好用好资源是指企业在开发各种生产经营所必需的资源的同时，也应采取必要的措施，加强对各种资源的管理，并充分利用已开发的资源为企业创造更大的价值，实现创造与利用并举。

若企业只注重创造资源，忽视对所创造的价值进行科学管理和有效利用，则容易导致某些资源被企业内部员工占用，使企业蒙受经济损失，还可能会在无形中培养出一批同行业竞争对手。相反，若企业在生产经营中树立创造资源、管理资源和利用资源并重的管理理念与经营思想，建立起良好的企业资源管理制度和资源利用监督机制，加强对企业员工、核心技术、关键设备、客户关系等的管理，则可以确保企业的核心竞争力不受侵蚀，从而确保企业利润保持在稳定的水平上，进而确保企业在市场竞争中始终占据优势。

3. 形成比较固定的企业价值观和文化氛围

企业价值观是在长期生产经营活动中逐渐形成的，是由企业的管理者和员工共同分享的价值观念，是企业成长与发展的灵魂。企业一般以企业宗旨、企业精神、企业经营理念等形式，将自身的价值观传递给员工，使员工明确企业的目标，领悟企业的精神，并努力把企业的价值追求内化为生产经营的实际行动。

企业价值观虽然是无形的，却融入了企业成长的全过程，渗透在企业生产经营的方方面面，如怎样与员工分享财富与成功，以何种方式回报社区与社会，如何利用和节约资源、保护生态环境等。

企业文化氛围是由企业员工对企业使命和愿景的期望及创业者的目标、理念和态度共同形成的，是企业应对成长过程中出现的一系列问题的关键。新企业在制订兼顾长远目标的短期目标、设立高水平的道德标准、激发员工个人的能动性、采用特定的管理方式、打造清晰的团队精神等方面所形成的文化氛围，会对企业的绩效产生十分显著的影响。主要原因是，员工清楚创业者及管理团队的目标追求与管理方式后，其在生产经营中的付出与努力将直接反映在企业业绩上，从而促进新企业成长。

小贴士

知名企业的核心价值观

惠普

信任和尊重个人。

追求卓越的成就和贡献。

在经营活动中坚持诚实和正直。

靠团队精神达到目标。

鼓励灵活性和创造性。

华为

以人为本、尊重个性、集体奋斗、视人才为公司的最大财富而不迁就人才；在独立自主的基础上开放合作和创造性地发展世界领先的核心技术体系，崇尚创新精神和敬业精神；爱祖国、爱人民、爱事业和爱生活，绝不让雷锋吃亏；在顾客、员工与合作者之间结成利益共同体。

资料来源：https://wenku.baidu.com/view/81154122aaea998fcc220ecc.html

4. 注重用成长的方式解决成长过程中出现的问题

用成长的方式解决成长过程中出现的问题，其本质是不断变革。随着企业的成长，企业的规模在不断壮大，效益越来越好，社会地位越来越高。与此同时，企业的管理越来越复杂。为此，企业可通过以下途径来解决企业成长过程中出现的各种问题。

（1）创新人力资源管理。人力资源是企业实行变革与创新最重要的因素，即企业实行变革与创新需要强有力的管理团队和高素质的管理人员。为此，企业应采取积极的人力资源政策，加大人力资源管理创新的力度。例如，可通过创新人才内部培养机制，开发企业现有人才的潜力；通过创新人才引进机制，为企业引进高层次人才；通过创新利益分配机制，留住人才。

（2）创新经营管理体系。企业经营管理体系涉及员工招聘与培训，物资采购，产品生产、运输、销售等各个环节。随着企业的成长，其经营管理越来越复杂，因此，企业只有不断变革，构建更加科学的经营管理体系，才能适应企业成长的需要。

（3）掌握变革与创新的切入点。进入成长期的企业要善于把握变革与创新的切入点，或从经营策略切入，或从竞争策略切入，或从售后服务切入，由点及面、逐步推进。这样的好处是成本小、见效快、失控的可能性小。即使在变革与创新的过程中出现一些问题，也能及时止损并快速调整。

5. 从过分追求速度到突出企业的价值增加

新企业的成长主要表现为规模的扩大，具体体现在销售额的增长与利润的增加上。但是，当企业过分追求发展速度时，往往导致销售额增长很快，但利润却没有增加。因此，当新企业发展到一定程度时，应通过企业经营结构、组织结构和技术结构等方面的更新与完善，企业内部资源的合理配置和企业核心竞争力的增强，使企业从追求发展速度的提升转向企业价值的增加。

案例

云鲸崛起的秘密

2019 年，云鲸智能科技（东莞）有限公司（以下简称“云鲸”）推出了旗下首款产品——小白鲸拖地机器人。仅上市一年多，这款拖地机器人就俘获了一大批年轻消费者的芳心。2016 年才成立公司、2019 年才推出产品的云鲸，到底有何神奇？

以用户需求为核心研发创新

云鲸之所以能够成功，一个非常关键的因素就在于其对年轻消费者群体需求的精准把握。

当前，市场上有很多不同品牌的拖地机器人，但这些产品大多是“机器拖地，人洗机器”的模式，即拖完地后，消费者还得自己清洁拖布。这与年轻消费者所追求的便捷家务模式背离。云鲸正是瞄准这一用户痛点，首次解决了这一难题。其产品——小白鲸拖地机器人具有扫地、拖地两种模式，还具有自动清洗拖布的功能，被网友们亲切地称为“懒人福音”。

此外，由于年轻消费者对产品外观有着更高的审美要求。因此，在产品设计上，云鲸以白色为主，采用了简约的英伦风设计，打造出别具一格的居家美学，满足了年轻消费者的需求。

年轻消费者主动担当“自来水”

一款产品好不好用，应该由消费者说了算。让消费者主动为产品说好话、主动推荐产品，云鲸是一个典型的例子。

很多年轻消费者会在小红书、抖音、哔哩哔哩等年轻人聚焦的社交平台上分享自己使用云鲸拖地机器人的感受，这些分享往往是场景化的展示，能够更加生动具体地体现该款拖地机器人能够解决什么问题。这样一来，年轻消费者就成了品牌的“自来水”（指自发的为某些东西做宣传的人）。

资料来源：http://dh.yesky.com/454/718290454.shtml

【课外推荐电影与图书】

一、影视作品推荐

《成事在人》

上映时间：2009 年

导演：克林特 • 伊斯特伍德

推荐理由：《成事在人》根据约翰 • 卡林的作品《成事在人：纳尔逊 • 曼德拉和改变世界的游戏》改编而成。影片讲述 1995 年南非橄榄球世界杯赛期间，南非总统纳尔逊 • 曼德拉与国家橄榄球队队长法兰索瓦 • 皮纳尔，共同让刚摆脱种族隔离制度不久而面临分裂的南非再次团结一致的故事。影片海报如图 8-3 所示。

《放牛班的春天》

上映时间：2004 年

导演：克里斯托夫 • 巴拉蒂

推荐理由：影片讲述了失业的音乐教师克莱蒙和寄宿学校学生感人的师生故事。1948 年，当克莱蒙在一所管教寄宿学校找到了一份管教的工作时，他如同进入了一个孩子们的地狱。他被匆忙逃走的原任管教的经历所震惊，又亲眼目睹了学校各项严厉的惩罚手段。校长的残忍，其他管教的冷酷，孩子们的无法无天及可怜无助，让他产生了一种改变学校的管教像警察对待犯人一样对待孩子们的冲动。他在乐谱上写下了专门为孩子们谱写的歌曲，他用纯净的音乐唤回了管教们冰冷已久的心，解脱了束缚孩子们身心的绳索，抚平了他们受伤的心。神圣而纯净的音乐不但净化了孩子们的心灵，更对他们今后的人生道路产生了重大的影响。仁爱、友善、宽容的极致让所有的观众眼中充满喜悦的泪水。影片海报如图 8-4 所示。

图 8-3 影片《成事在人》海报

图 8-4 影片《放牛班的春天》海报

二、经典书籍推荐

《蓝海战略》

作者：（韩）金，（美）莫博涅

译者：吉宓

出版社：商务印书馆

出版时间：2005 年

推荐理由：《蓝海战略》为企业甩脱竞争提供了一套系统性的方法。在这本颠覆传统战略思维的著作中，作者展示了一套经过实践证明的分析框架和工具，供企业成功地开创和夺取蓝海。通过对各种产业中为数众多的战略行动的分析，作者还提出了成功制定和执行蓝海战略的六项原则。这些原则告诉企业，该如何重建市场边界、注重全局、超越现有需求、遵循合理的战略顺序、克服组织障碍，并把战略的执行建成战略的一部分。

《参与感：小米口碑营销内部手册》

作者：黎万强

出版社：中信出版社

出版时间：2014 年

推荐理由：小米的成功可以称为互联网时代的创业教程。小米是如何做到 4 年 600 亿，它真如外界讲的那样只是靠营销么？雷军为何一直说小米销售的是参与感？本书从团队、产品、营销、设计、服务等多个层面介绍小米模式，为你还原一个真实的小米。读完本书，你会发现市面上关于小米的解读大部分都是误解、误读和误传。本书不仅是创业必读书，更是传统企业互联网转型必读书。本书封面如图 8-5 所示。

图 8-5 《参与感：小米口碑营销内部手册》封面

【课后实践】

沃尔玛公司由美国零售业的传奇人物山姆·沃尔顿先生于 1962 年在阿肯色州成立。经过 50 多年的发展，沃尔玛公司已经成为世界上最大的连锁零售企业，多次荣登《财富》杂志世界 500 强榜首。

在经营中，沃尔玛公司提出“帮顾客节省每一分钱”的宗旨，实现了价格最便宜的承诺。其次，沃尔玛公司还向顾客提供超一流的服务新享受。坚持“服务胜人一筹、员工与众不同”的原则，走进沃尔玛超市，顾客便可以亲身感受到宾至如归的周到服务。再次，沃尔玛公司推行“一站式”购物新概念，顾客可以在最短的时间内购齐所有需要的商品，正是这种快捷便利的购物方式吸引了广大消费者。

此外，虽然沃尔玛公司为了降低成本，一再缩减广告方面的开支，但在公益事业的捐赠上，却不吝金钱。有付出便有收获，沃尔玛公司在公益活动上大量的长期投入及活动本身的独特创意，大大提高了品牌知名度，成功塑造了品牌在广大消费者心目中的卓越形象。

最后，也是沃尔玛公司能成功最关键的一个原因，是其针对不同的目标消费者，采取不同的零售经营形式，分别占领高、中、低档市场。例如，针对中层及中下层消费者的沃尔玛平价购物广场；只针对会员提供各项优惠及服务的山姆会员商店；深受上层消费者欢迎的沃尔玛综合性百货商店等。

请结合此案例谈谈你的感想。假定你在某个城市的繁华地区开设了一家经营水果的商店，你觉得你应该采取哪些措施，才能使你的商店与众不同，并切实能大量吸引目标顾客，从而提升商店的效益。

第九章

“互联网+”背景下的大学生创业

【本章地图】

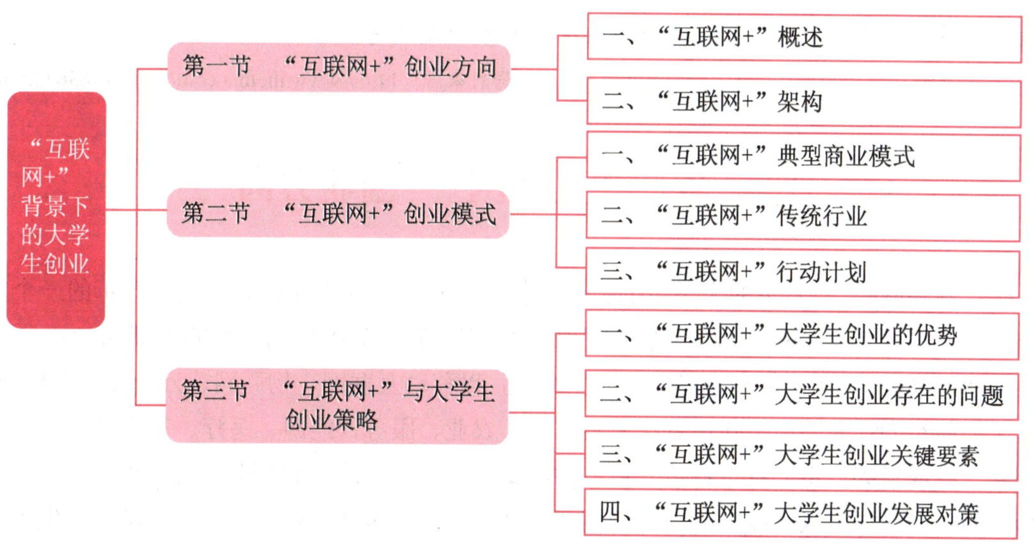

【案例导入】

大 V 店：让用户赚钱

作为一家新兴的母婴电商，“大 V 店”可谓是社群电商成功案例中的典型。“大 V 店”以亲子阅读为精准切入点，运用社群的管理运营体系化和帮妈妈开店创业赚钱获取佣金的模式，迅速成长为一个良性发展的社群平台。创办不到两年的时间，“大 V 店”获得俞敏

洪的洪泰基金天使轮、金沙江创投A轮、光速安振B轮投资，并于2018年3月获得迪士尼旗下思伟投资领投的数千万美元B+轮融资。目前“大V店”拥有注册用户500万，妈妈店主近70万，月销售额超过1.5亿元人民币。

当时，面对电商领域中阿里巴巴与京东的双寡头格局，传统的B2C电商似乎很难再有新的机会。但创始人吴方华认为，基于“推荐”的电商仍有希望。在母婴领域，妈妈天生爱分享关于孩子生活的点滴，也乐于接受其他妈妈推荐的产品，因此在基于人群的推荐方面具有天然优势。再加上许多全职妈妈本身有缓解家庭经济压力的需求，“大V店”顺势而为，鼓励“妈妈们”自己创业开店。

在社群管理方面，“大V店”以地域为划分标准，建立了涵盖全国的“V友会”。“大V店”通过活动发现“V友会”中的意见领袖，并将她们培养成“班委”，负责“V友会”的日常管理工作。2016年，“大V店”开启了“妈妈加油站”，选出有影响力的妈妈作为站长组织线下活动。这些妈妈“大V”在满足个人社交需求，实现自我价值的同时，也分担了一部分运营工作。此外，“大V店”还签约了近900个落地机构，为“妈妈们”提供线下的活动场所。

“大V店”运用自运营系统解决了用户激增带来的运营压力，通过强互动增进了情感维系，并促进了销量的提升，成为一匹后劲十足的大黑马。

资料来源：http://www.iheima.com/article-163622.html

第一节　“互联网+”创业方向

“互联网+”背景下的大学生创新创业教育模式已经成为我国高等教育改革的一个重要策略。面对“互联网+”的浪潮，大学生凭借着活跃的思维成为时代的弄潮儿。

“互联网+”在近年来表现出巨大生命力，以移动互联网、物联网、云计算、大数据、人工智能等为代表的新一代信息技术与制造、农业、服务、能源、医疗、教育等领域融合创新，发展新兴业态，打造特色产业，并以此衍生出很多就业和创业机会。例如，网店、微店等新兴业态是以互联网为依托的创新平台，打破了传统行业局限，给大学生提供了较好的就业形式和创业途径，缓解大学生的就业压力，实现大学生的自我发展需要。因此，大学生利用互联网创新创业将成为主流。

一、“互联网+”概述

（一）“互联网+”的产生背景

2012年11月，易观国际董事长于扬在第五届移动互联网博览会上提出了“互联网+”的理念，这是“互联网+”首次在国内“亮相”。他认为移动互联网离不开“互联网+”，在未

来“互联网+”将是产品或服务与多屏全网结合之后产生的一种化学公式。

2014 年 11 月，首届世界互联网大会指出互联网是“大众创业、万众创新”的平台，并首次提出“互联网金融”的概念。

2015 年 3 月，在全国“两会”上，全国人大代表提交了《关于以“互联网+”为驱动，推进我国经济社会创新发展的建议》的议案并提出：“我们需要持续以‘互联网+’为驱动，积极引导和建立健全相关监管体系，推动持续深入的互联网跨界融合，从而促进我国经济社会的发展与升级。”

2015 年 3 月 5 日，十二届全国人大三次会议上，《政府工作报告》中首次提出“互联网+”计划。

2015 年 7 月，国务院印发《关于积极推进“互联网+”行动的指导意见》（以下简称《指导意见》），这是推动互联网由消费领域向生产领域拓展，加速提升产业发展水平，增强各行业创新能力，构筑经济社会发展新优势和新动能的重要举措。

2015 年 12 月，在第 2 届世界互联网大会上，中国互联网发展基金会联合百度、阿里巴巴、腾讯共同发起倡议，成立“中国互联网+联盟”。

2016 年 5 月，教育部、国家语言文字工作委员会发布《中国语言生活状况报告（2016）》，“互联网+”入选十大新词和十个流行语。

（二）“互联网+”的概念

“互联网+”是指在创新 2.0（信息时代、知识社会的创新形态）的推动下由互联网发展的新业态。“互联网+”能够充分发挥互联网在社会资源配置中的优化和集成作用，推动经济形态不断地发生演变，从而带动社会经济的发展。

《指导意见》中指出：“‘互联网+’是把互联网的创新成果与经济社会各领域深度融合，推动技术进步、效率提升和组织变革，提升实体经济创新力和生产力，形成更广泛的以互联网为基础设施和创新要素的经济社会发展新形态。”总之，“互联网+”就是“互联网+各个传统行业”，但不仅仅是两者相加，而是创造更多可能。

（三）“互联网+”的特征

“互联网+”的主要特征有跨界融合、创新驱动、重塑结构、尊重人性、开放生态、连接一切。

（1）跨界融合。“互联网+”中的“+”意在跨行跨界、重塑融合，重点是与传统行业的融合创新，形成新的经济发展态势。

（2）创新驱动。我国处于向创新驱动发展转型的关键时期，国内最早的粗放型资源驱动方式已经不能够继续，需要转变到创新驱动方式才能发展，这就需要利用互联网思维改变现状，依靠跨行跨界融合创新来达到目的。

（3）重塑结构。互联网改变了关系结构、社会结构、经济结构、文化结构等，使人

类社会变得多元化、个性化。例如，消费者、合作伙伴、股东等关系结构在一定条件下可以自由切换。

（4）尊重人性。人类社会的一切都是人性的折射，尊重人性是互联网最本质的文化。小到一次互动，大到一个平台，都要基于人性思考、开发、设计、运营、创新和改进。

（5）开放生态。“互联网+”是跨界融合，以此优化生态，形成开放性的格局。

（6）连接一切。跨界、融合、创新都需要连接，连接一切是“互联网+”的目标，将实体、个人、设备等基本要素连接，使各行各业在新的环境中实现重生。

（四）“互联网+”的创业发展趋势

互联网最初表现为社交工具，人们可以通过互联网登录论坛、聊天软件进行交流。随后发展成为交易平台，人们可以通过支付宝、微信进行收付款，使互联网被赋予新的历史使命。而现在，在“互联网+”的驱使下，开启了电信服务、社交娱乐、新闻资讯、电子商务、互联网金融、智能制造的产业互联网时代，形成新的创业发展趋势。“互联网+”的创业发展趋势，具体表现在以下几个方面。

（1）“互联网+”有利于传统产业改造，通过利用物联网和大数据，实现传统产业的结构调整与转型升级。

（2）“互联网+”有利于催生新兴产业和业态，培育新的经济增长点，打造稳定中国经济增长的“新引擎”。

（3）“互联网+”有利于促进产品生产、流通、消费等环节的变革，使产品及服务更加贴近用户。

（4）“互联网+”有利于促进商业模式的革新，通过平台模式的发展和平台效应的发挥，实现资源要素的跨界整合。

（5）“互联网+”有利于个人思维模式的变革，通过树立新的互联网思维理念，带动和推进社会更深层次的变革。

（6）“互联网+”有利于降低创业门槛和创业成本，扩大创业融资范围，促进创业浪潮发展，使我国迈向创业型经济。

二、“互联网+”架构

（一）“互联网+”思维

“互联网+”突破传统思维模式，利用新思维建立了新的产业生态系统。那么，“互联网+”的新思维包括哪些？

1. 开放思维

开放才有变革的可能，而开放思维是“互联网+”的重要精神。《指导意见》中强调：“营造开放包容的发展环境，将互联网作为生产生活要素共享的重要平台，最大限度优化

资源配置，加快形成以开放、共享为特征的经济社会运行新模式。”也就是说，把“互联网+”的开放思维作为优化资源配置、构建开放式创新体系、驱动智慧生活的基础，实现以“互联网+”的方式促进新业态、新模式的创新、培育和发展。

2．跨界思维

《指导意见》中提出：“引导建立社会各界交流合作的平台，推动跨区域、跨领域的技术成果转移和协同创新。”而“互联网+”思维首先是跨界思维，跨行跨界、融合协同，以探索新的连接方式、新的互动模式、新的价值创造途径。

3．创新融合思维

《指导意见》中指出：“鼓励传统产业树立互联网思维，积极与‘互联网+’相结合。推动互联网向经济社会各领域加速渗透，以融合促创新，最大程度汇聚各类市场要素的创新力量，推动融合性新兴产业成为经济发展新动力和新支柱。”充分说明，“互联网+”可以与传统行业进行有效融合，实现创新。

4．普惠思维

《指导意见》中指出：“从目标上让‘社会服务进一步便捷普惠’，从‘互联网+普惠金融’行动上要‘促进互联网金融健康发展，全面提升互联网金融服务能力和普惠水平’以及‘拓宽普惠金融服务范围，为实体经济发展提供有效支撑’。”综上所述，应充分发挥“互联网+”的普惠思维，让社会服务更加便捷。

5．公平思维

首先是要建立科学有效的市场监督方式，防止形成行业垄断和市场壁垒，加大反垄断执法力度，严查信息领域垄断行为，营造互联网公平竞争环境；其次是社会服务资源配置要不断优化，让人们享受公平、高效、优质、便捷的服务；最后是通过“互联网+益民服务”缔造公平的教育环境。

（二）“互联网+”新一代信息通信技术

当前，以移动互联网、物联网、云计算、大数据及人工智能等为代表的新一代互联网通信技术不断取得突破和创新，催生新生产业快速发展，同时通过与传统产业的融合渗透，助推产业转型升级，给人们生产、生活带来巨大的变革。

1．移动互联网

随着宽带无线接入技术和移动终端技术的迅速发展，全球已经进入移动互联网阶段。

移动互联网（mobile internet，MI）是一种通过智能移动终端，采用移动无线通信方式获取业务和服务的新兴业态，包含终端、软件和应用 3 个层面。其中，终端层包括智能手机、平板电脑、电话手表等；软件层包括操作系统、中间件、数据库和安全软件等；应用层包括休闲娱乐类、工具媒体类、商务财经类等不同应用与服务。

移动互联网是移动通信网络与互联网的融合，用户是以移动终端接入无线移动通信网络的方式访问互联网的。同时，移动互联网还产生大量新应用，这些应用与终端的可移动、可定位和可随身携带等特性相结合，为用户提供个性化、位置相关的服务。目前，谷歌公

司和苹果公司已经建立起全球移动互联网的两大生态系统。

随着信息网络技术的迅猛发展和移动智能终端的广泛普及，移动互联网以其泛在、连接、智能和普惠等突出优势，推动了互联网和实体经济深度融合，成为创新发展新领域、公共服务新平台和信息分享新渠道。2017 年 1 月，中共中央办公厅、国务院办公厅联合发布的《关于促进移动互联网健康有序发展的意见》指出："推动移动互联网和农业、工业、服务业深度融合发展，积极扶持各类中小微企业发展移动互联网新技术、新应用、新业务，打造移动互联网协同创新平台和新型孵化器，发展众创、众包、众扶和众筹等新模式，拓展境内民间资本和风险资本融资渠道。"

2. 物联网

当前，信息与通信技术已经从实现人与人之间的沟通，扩展到实现人与物、物与物之间的连接，进入无所不在、连接万物的物联网通信时代。

物联网（internet of things，IoT）是指将各种网络信息传感设备，如射频识别、红外感应器、全球定位系统及激光扫描器等装置与互联网连接起来而形成的一个巨大的网络。其目的是让所有的物品都与网络连接在一起，系统可以自动地、实时地对物体进行识别、定位、追踪、监控并触发相应事件。物联网被称为继计算机、互联网之后世界信息产业发展的第 3 次浪潮。

我国已将物联网作为战略性新兴产业的一项重要组成内容。2013 年 2 月，国务院印发的《关于推进物联网有序健康发展的指导意见》指出："物联网是新一代信息技术的高度集成和综合运用，具有渗透性强、带动作用大及综合效益好的特点；推进物联网的应用和发展，有利于促进生产生活和社会管理方式向智能化、精细化、网络化方向转变，对于提高国民经济和社会生活信息化水平，提升社会管理和公共服务水平，带动相关学科发展和技术创新能力增强，推动产业结构调整和发展方式转变具有重要意义。"

3. 云计算

近年来，电子商务、数字城市、网络社交及在线视频等新一代大规模互联网应用发展迅猛，导致数据存储业务增长迅速，催生了云计算。

云计算（cloud computing）是分布式计算、互联网技术及大规模资源管理等技术的融合与发展。美国国家标准与技术研究院表明，云计算是一种随时随地从可配置计算资源共享池中获取所需的快速供应及释放的资源（如网络、服务器、存储、应用等），来达到管理资源的工作量和服务商交互的最小化的一种商业模式。本质上，它将计算放在云端，通过互联网与输入或输出设备相连，是一种按需租用计算资源的模式。

云计算是推动信息技术能力实现按需供给、促进信息技术和数据资源充分利用的全新业态，是信息化发展的重大变革和必然趋势。2015 年 1 月，国务院印发的《关于促进云计算创新发展培育信息产业新业态的意见》指出："发展云计算，有利于分享信息知识和创新资源，降低全社会创业成本，培育形成新业态和新消费热点，对稳增长、调结构、惠民生和建设创新国家具有重要意义。"

4. 大数据

近年来，随着移动互联网、物联网、云计算等信息与通信技术的迅猛发展，数据以前所未有的速度积累和增长，使大数据受到越来越多的关注。

大数据（big data）也称海量数据或巨量数据，是指数据量大到无法利用传统数据处理技术在合理的时间内获取、存储、管理和分析的数据集合。“大数据”一词除了用来描述信息时代产生的海量数据之外，也被用来命名与之相关的技术、创新与应用。

著名管理咨询公司创始人詹姆斯·麦肯锡认为，数据已经渗透到当今每一个行业和业务职能领域，成为重要的生产因素。人们对于大数据的挖掘和运用，预示着新一波生产力增长和消费盈余浪潮的到来。由此得出，大数据正改变着人们的生活与工作方式、企业的运作模式。美国政府认为大数据是“未来的新石油”，一个国家拥有数据的规模和运用数据的能力将成为综合国力的重要组成部分，对数据的占有和控制将成为国家间和企业间竞争的新焦点。

2015 年 8 月，国务院印发的《关于印发促进大数据发展行动纲要的通知》指出：“大数据是以容量大、类型多、存取速度快、应用价值高为主要特征的数据集合，正快速发展为数量巨大、来源分散、格式多样的数据进行采集、存储和关联分析，从中发现新知识、创造新价值、提升新能力的新一代信息技术和服务业态。”因此，大数据的特征可以总结为“5V”，即体量大（volume）、速度快（velocity）、模态多（variety）、难辨识（veracity）和价值大（value）。

5. 人工智能

1950 年，“人工智能之父”艾伦·图灵提出一个图灵测试的概念，测试某个系统是否具有人类的智能，需看系统能否“骗”过人类，如果人不能分辨其是系统还是人类，便认为其具备人类的智能。人工智能（artificial intelligence，AI）是研究、开发用于模拟、延伸和扩展人的智能的理论、方法、技术及应用系统的一门新的技术科学。

随着移动互联网、物联网、云计算和大数据等新一代信息技术同机器人技术相互融合的步伐加快，人工智能迅猛发展，在各个领域取得突破性成果，如军用无人机、自动驾驶汽车、家政服务机器人等。甚至在游戏、人脸识别、语音识别等领域已超过人类顶级专家水平。例如，2016 年 3 月，阿尔法围棋（AlphaGo）在与世界围棋冠军、职业九段棋手李世石的围棋大战中，以 4∶1 的总比分获胜。

2015 年十二届全国人大三次会议上，《政府工作报告》中提出：“人工智能技术将为基于互联网和移动互联网等领域的创新应用提供核心基础。未来人工智能技术将进一步推动关联技术和新兴科技、新兴产业的深度融合，推动新一轮的信息技术革命，势必将成为我国经济结构转型升级的新支点。”

2016 年 5 月，国家发展改革委、科技部、工业和信息化部、中央网信办联合发布了《“互联网+”人工智能三年行动实施方案》，其中明确提出，到 2018 年，将打造出人工智能基础资源与创新平台，并基本建立人工智能产业体系、创新服务体系等；在重点领域将培育若干全球领先的人工智能骨干企业，初步建成基础坚实、创新活跃的人工智能产业生态，形成千亿级的人工智能市场应用规模。

第二节　“互联网+”创业模式

一、“互联网+”典型商业模式

（一）“工具+社群+电商或微商”模式

“工具”在此处特指社交方面的范畴，也就是互联网中人与人交流沟通的手段，如微信；“社群”是基于共同需求、爱好建立的团体，强调关系属性；“电商或微商”是基于互联网进行交易活动和相关服务活动，是一种商业手段。三者结合既有分工协作，又可以取长补短。例如，工具能够准确地找到用户需求的最佳切入点，但是不能有效地沉淀用户，此时需借助社群这一关系属性，使目标用户定位更加精准，再通过电商或微商实现价值的有效传递。

（二）跨界商业模式

跨界商业模式是指通过“互联网+”实现多种变革，其创新基础是通过融合进行重塑。该模式是改变传统产业的重要商业模式之一，也是利用高效率产业整合低效率产业、实现传统产业核心要素的再分配、通过重构生产关系来提升整体系统效率。跨界可以减少中间环节、降低成本和耗损。例如，一个跨界企业在跨界其他行业时，会将原来传统行业的利益分配模式打破后重新分配，也会将不同部门之间通过“互联网+”实现跨界融合，发挥不同群体之间的智慧。

（三）免费商业模式

免费商业模式是指将传统产业销售模式打破，企业发展由原来靠收费生存变为靠边际收益生存，将传统收费模式变为免费模式。免费商业模式包括直接交叉补贴、免费加收费、第三方市场、纯免费 4 种形式。在“互联网+”时代下，流量本身就是一种高价值的资源，通过免费的手段获得用户流量，再利用流量赚取其他业务的收益是常见操作。

桶装水的免费商业模式

有一家桶装水公司，在招商加盟、扩展渠道、稳固市场方面有自己的妙招。该桶装水公司承诺：只要从公司订货 10 万元，就可以成为桶装水品牌的代理商，并且还赠送一辆价值 10 万元的小面包车。这个条件令人难以置信，该公司是如何赚钱的呢？

首先，该公司分别联系了车行、保险公司和金融机构进行合作。在车行方面，该公司自然是要采购车辆。实际上，批量采购车辆价格可以优惠，所谓价值 10 万元的车实际售价只有 8 万元左右。该公司同时跟汽车保险公司谈好，批量上车险也可以优惠。如此一来，一辆车的成本大概在 8 万元～9 万元。而该公司桶装水的批发价为 6 元/桶，桶是可以循环使用的，如果批量加工成本会更低，所以价值 10 万元的货其实成本只有 1 万元～1.3 万元。如果遇到没有现金的潜在客户，该公司还会将其介绍给金融机构办理按揭贷款。保险公司和金融机构还会给桶装水公司提成，这也是该公司的收入来源之一。此外，该公司还为每一辆赠送的小面包车进行喷漆，打上桶装水公司的 logo 和广告，节省了广告费。

事情谈妥后，这家桶装水公司开始大力宣传招商，同时打出广告：“订 10 万元的货，送 10 万元的车！”对于那些有意从事代理的人来说，这个条件是很让人心动的。在招商活动当日，该桶装水公司就招收了 70 名代理商，一天的成交额就达到了 700 万元。而这次招商活动经过媒体报道后，又吸引了更多有意向加盟的人。在这个过程中，桶装水公司、车行、保险公司、金融机构和代理商，都能得益。

资料来源：http://www.pinlue.com/article/2019/07/2020/549350190902.html

（四）O2O 商业模式

O2O（online to offline），狭义理解就是线上交易、线下体验消费的商务模式，主要包括两种情况：一是线上到线下，用户在线上购买或预订服务，再到线下实体店享受服务，这种类型比较多；二是线下到线上，用户通过线下实体店体验并选好产品，然后通过线上下单来购买产品。广义的 O2O 是将互联网思维与传统产业相融合，并且未来发展将突破线上和线下的界限，实现线上线下、虚实之间的深度融合，其模式的核心是基于开放、公平等互联网思维，利用高效率、低成本的互联网信息技术，改造传统产业链中的低效率环节。

（五）平台商业模式

平台商业模式的核心是打造足够大的平台，吸纳多样化的产品，重视用户体验。例如，淘宝网就是典型的平台商业模式，它是我国最大的网上交易平台之一，几乎所有的产品都可以在淘宝网上买到。

 **案例**

旅游三巨头的平台商业模式

以携程网、去哪儿网、途牛网为代表的在线旅游平台对我国旅游业的发展产生了深远的影响。它们运用互联网时代的新商业模式整合旅游资源，帮助用户降低交易成本，极大地提升了用户体验。

在线旅游平台的新商业模式要素包括定位、产品或服务、连接机制、营销方式和盈利模式。定位就是确定在线旅游平台的目标市场与目标用户，围绕着目标市场与目标用户，平台才能提供个性化的产品与服务。此外，更关键的是要发挥好平台的连接作用，将不同的利益群体通过连接规则联系起来，从而将旅游业服务的蛋糕做大。为此，在新商业模式下，不仅需要将传统旅游产品供应商、广告商、金融机构等多边群体连接起来，还要注重连接管理和多边互动。

在平台商业模式下，大数据精准营销成为信息时代最重要的营销方式之一，改良了传统广告的诸多弊端。此外，通过充分利用在线旅游平台的信息数据资源，企业的盈利方式也实现了多元化。

资料来源：http://www.xcf.cn/syms/tt/201407/t20140729_618480.htm

（六）长尾型商业模式

长尾型商业模式的核心是“多样少量”，需要企业能够保持低库存成本，以及具有强大的平台，使得利基产品对于兴趣买家来说容易获得，这种模式非常适合互联网时代。长尾型商业模式在前文有过详细介绍，此处不再赘述。

二、“互联网+”传统行业

（一）“互联网+”传统行业的机会

1. 信息透明

传统模式是在各种营销策略、产品包装、广告推广等信息不对等的基础上把东西卖给消费者。有了互联网后，消费者就有了主动权，一切信息不对等环节都逐渐被改变，各类产品参数、实时报价等鲜明特征都能浏览和比较，并以一个透明的形式呈现在消费者眼中，为其购买决策提供参考，避免了在信息不对等的情况下，仅凭借品牌表面属性进行产品选购。例如，部分比价网站汇聚了一些产品的价格、材质等相关信息，帮助消费者进行对比选择。

2. 用户体验

很多传统行业只重视交易获利，却忽略产品本身的用户体验。相对而言，互联网企业更重视用户体验，通过卓越的用户体验获得用户群，然后再通过其他增值服务获利。例如，苹果公司很少做广告，但每次出新产品都会有大量用户争相购买，这是因为苹果公司的产品在用户体验方面做得非常好，这种优质体验会在用户之间传播，品牌信息也会主动在人群中传播。

3. 等质高价

对于那些虚拟化、数字化的互联网产品或服务来说，其研发成本是固定的、可分摊的。这类产品的成本很低，但是用户规模却很大。例如，首汽约车、360 杀毒软件等，都有成

本低且延展性强的能力。

（二）“互联网+”传统行业的转型

1. 转变传统传播

很多企业选择通过网络营销手段实现产品的展示和宣传。通过网络门户将产品呈现在用户面前，不仅能够突破受众数量、受众类型、所在地域等因素的局限，还能降低营销成本；通过搜索引擎推送产品，有效提高了广告投放的精确度，使得营销不再盲目；通过微博、微信等社交媒体展示产品，可以加深企业与用户的互动程度，使企业更加贴近用户。

2. 增加渠道营销

通过互联网可以实现产品的销售。在这种情况下，企业既要注重线下提升顾客的购物体验，打造绝佳的环境氛围，又要注重在线宣传促销，发挥互联网的营销作用。

3. 顺应互联网模式

在传统模式中，企业以厂商为中心，开展封闭的链式生产。现在，企业将生产面向客户和消费场景。例如，团购模式、定制化生产等。也就是说，是让用户参与到企业各个生产环节，强调个性化营销、柔软化生产、社会化供应链。

4. 种植互联网基因

用互联网思维重新编排企业的构架，把组织、流程、经营理念全面互联网化。明确目标消费者、消费者需求和实现的途径，利用平台思维、大数据思维、跨界思维等重新制定企业发展战略。

三、“互联网+”行动计划

（一）“互联网+”行动计划的 11 项重点行动

2015 年 7 月，国务院印发的《关于积极推进“互联网+”行动的指导意见》明确了 11 项重点行动：“互联网+”创新创业、“互联网+”协同制造、“互联网+”现代农业、“互联网+”智慧能源、“互联网+”普惠金融、“互联网+”益民服务、“互联网+”高效物流、“互联网+”电子商务、“互联网+”便捷交通、“互联网+”绿色生态和“互联网+”人工智能。

1. “互联网+”创新创业

充分发挥互联网的创新驱动作用，以促进创新创业为重点，推动各类要素资源聚集、开放和共享，强化创新创业支撑、积极发展众创空间、发展开放式创新等，引导和推动全社会形成大众创业、万众创新的浓厚氛围，打造经济发展新引擎。

2. “互联网+”协同制造

推动互联网与制造业融合，提升制造业数字化、网络化、智能化水平，加强产业链协作，发展基于互联网的协同制造新模式，包括大力发展智能制造、发展大规模个性化定制、提升网络化协同制造和加速制造业服务化转型等，打造一批网络化、协同制造公共服务平台，加快形成制造业网络化产业生态体系。

3. “互联网+”现代农业

利用互联网提升农业生产和经营、发挥管理和服务水平，培育一批网络化、智能化、精细化的现代“种养加”生态农业新模式，形成示范带动效应，构建新型农业生产经营体系，培育多样化农业互联网管理服务模式，逐步建立农副产品、农资质量安全追溯体系，促进农业现代化水平明显提升。

4. “互联网+”智慧能源

通过互联网促进能源系统扁平化，推进能源生产与消费模式变革，提高能源利用率，推动能源生产智能化；加强分布式能源网络建设，提高可再生能源占比，促进能源利用结构优化；加快发电设施、用电设施和电网智能化改造，提高电力系统的安全性、稳定性和可靠性。

5. “互联网+”普惠金融

促进互联网金融健康发展，全面提升互联网金融服务能力和普惠水平，鼓励互联网与银行、证券、保险、基金的融合创新，为大众提供丰富、安全、便捷的金融产品和服务，更好地满足不同层次实体经济的投融资需求，培育一批具有行业影响力的互联网金融创新型企业。

6. “互联网+”益民服务

充分发挥互联网的高效、便捷优势，提高资源利用效率，降低服务消费成本。大力发展以互联网为载体、线上线下互动的新兴消费，加快发展基于互联网的医疗、健康、养老、教育、旅游和社会保障等新兴服务，创新政府服务模式，提升政府科学决策能力和管理水平。

7. “互联网+”高效物流

加快建设跨行业、跨区域的物流信息服务平台，提高物流供需信息对接和使用效率。鼓励大数据、云计算等在物流领域的应用，建设智能仓储体系，优化物流运作流程，提升物流仓储的自动化、智能化水平和运转效率，降低物流成本。

8. “互联网+”电子商务

巩固和增强我国电子商务发展领先优势，大力发展农村电商、行业电商和跨境电商，进一步扩大电子商务发展空间。电子商务与其他产业的不断深化融合，网络化生产、流通、消费更加普及，标准规范、公共服务等支撑环境基本完善。

9. “互联网+”便捷交通

加快互联网与交通运输领域的深度融合，通过基础设施、运输工具、运行信息等互联网化，推进基于互联网平台的便捷化交通运输服务发展，显著提高交通运输资源利用效率和管理精细化水平，全面提升交通运输行业服务品质和科学治理能力。

10. “互联网+”绿色生态

推动互联网与生态文明建设深度融合，完善污染物监测及信息发布系统，形成覆盖主要生态要素的资源环境承载能力动态监测网络，实现生态环境数据互联互通和开放共享。充分发挥互联网在逆向物流回收体系中的平台作用，促进再生资源交易利用便捷化、互动化、透明化，促进生产生活方式绿色化。

11. “互联网+”人工智能

依托互联网平台提供人工智能公共创新服务，加快人工智能核心技术突破，促进人工智能在智能家居、智能终端、智能汽车、机器人等领域的推广应用，培育若干引领全球人工智能发展的骨干企业和创新团队，形成创新活跃、开放合作和协同发展的产业生态。

（二）“互联网+”行动计划的发展目标

到 2025 年，网络化、智能化、服务化、协同化的“互联网+”产业生态体系基本完善，“互联网+”新经济形态初步形成，“互联网+”成为经济社会创新发展的重要驱动力量。

第三节 “互联网+”与大学生创业策略

一、“互联网+”大学生创业的优势

（一）大学生创业被社会各界普遍认可

党的十九大报告中指出，要促进高校毕业生等青年群体多渠道就业创业。大学生创业获得了国家的高度重视，各省、市、自治区也积极响应国家号召，广泛宣传鼓励大学生自主创业政策，创建各类大学生创业孵化基地和创业园。

（二）大学生思维活跃、自主学习能力强

大学生具有极强的领悟和分析能力，思维能力活跃，自主学习能力也比较强，善于接受和利用新事物，能将所学的知识转化为能力，并对事物加以创新。大学生运用网络技术的能力较强，能够通过互联网获得和发现很多重要信息，能更快地适应互联网的发展潮流。互联网创业可以涵盖所有层次的大学生，竞争的机会均等。在大学生自主创业的成果典型中，很大一部分都是互联网创业。

（三）互联网创业门槛低、风险小

互联网创业可以不受时间、地点、条件的限制，前期投入比较少，有些创业项目甚至只需要一台或几台能上网的电脑就可以展开工作。在互联网时代，大众的消费观念也发生了很大的变化，电子商务满足了消费者个性化的需求，比传统消费渠道拥有更多的优势。

在淘宝网、京东商城等电子商务平台进行网络创业，不仅共享供货平台、商业资讯和物流系统，而且对创业启动资金的要求也不高。

（四）互联网发展前景广、创业机会多

互联网已经在全球普及，国内外市场基本连成一片。随着互联网技术的日益发展，未来可以将产品和服务信息轻松地传送给全球任何一个地方的消费者。特别是在物联网、云计算、云服务等网络技术进一步发展的同时，还有更多创业机会涌现出来。

二、“互联网+”大学生创业存在的问题

（一）大学生自主创业人数少，创业政策配套设施不足

虽然大学生创业受到了广泛重视，国家和地方也相继出台了很多大学生创业扶持政策。但是，出台的创业扶持政策仍然不够完善，一些扶持政策的配套措施还无法满足大学生创业的实际和需要，不能较好地调动在校大学生的创业热情。再加上眼界不开阔、资金局限、各学校创业工作发展的不平衡等因素，导致整个社会大学生自主创业的人数还不是特别多。

（二）创业目标定位模糊，创业成功率低

在创业时，很多大学生对自身的创业精神、创业意识和创新创业能力的培养不够重视，创业目标又模糊不清，导致创业的盲目性较大，其创业过程缺乏长远的发展规划。并且受视野、阅历、知识能力以及对市场的了解程度有限等因素的限制，他们虽有很高的创业热情，但其创业领域仍有较大的局限性。

此外，互联网作为现代商业必不可少的工具，很多大学生对其在各领域和各行业的应用还缺乏必要的认知和了解。在创业时，他们往往不能有效地发现和利用互联网抓住重要机会，这导致很多大学生在校期间不仅耽误了学业，而且创业的成功率也比较低。

（三）高校创业教育、人才培养理念有待改进

2012 年，教育部对高校组织实施创业教育做出了相关部署和要求，教育部办公厅还印发了《普通本科学校创业教育教学基本要求（试行）》的文件。但能完全按照教育部要求面向全体学生开设创业基础知识课程的高校并不多，部分高校开展创业教育只是走走形式。此外，各高校在创业教育、大学生自主创业工作方面发展不均衡，学校领导可能对这一工作的认识也不能达成一致，从而无法充分调动学生参与创新创业的积极性，更无法激发学生的创业意识。

（四）创业教育师资不足，教育方法有待加强

我国高校开展和实施大学生创业教育工作起步较晚，在全面推进创业教育时面临着创业教育师资匮乏的困境，大学生自主创业工作处于“瓶颈”期。

当前，很多在高校承担创业教育教学任务的老师，多数是从事毕业生就业指导工作的专业课教师或辅导员，他们虽然掌握了丰富的理论知识，但是对校外企业的运作、发展、管理、经营，以及商机的发现和把握等都不太熟悉，缺少实践经验。并且，创业教育因教师自身素质和高校条件限制，创业教育更多以课堂教学为主，这远远满足不了大学生创业的实际需求。

三、“互联网+”大学生创业关键要素

（一）最佳切入点

创业的关键在于市场环境、消费需求、竞争对手及自身优势的全盘分析，并且从最佳切入点进入市场。对于绝大多数想创业却犹豫不决的人来说，能否找到市场的“最佳切入点”是首要解决的问题。作为一个打算进入某个行业的创业者应该从优异的能力、行业环境、互联网产业价值链等方面考虑，并且从共赢的角度将利益相关方连接在一起。

（二）关键资源能力

关键资源能力包括金融资源、实物资源、人力资源、信息、客户关系等。从考虑资金投入是靠团队拼凑还是银行借贷，到办公场地和环境的选择；从团队成员的分工和利益分配，再到对上游供货商、物流商、下游终端消费者等各方面的管理，都是保证创业构思和设计得以实施的关键因素。

（三）定位

定位的前提是要确定业务核心内容，对消费者提供哪些产品或服务，分析界定出消费者、竞争者、合作伙伴及他们所拥有的资源或能力。同样的产品，如何发挥出价格和服务的优势，这些都是需要提前规划的。

（四）盈利模式

清晰的盈利模式非常重要，但也要注意避免盈利模式单一化、生硬化。从哪获取利益、如何分担投资或支付成本，都是要着重考虑的问题。例如，企业的盈利是靠网站上的广告？还是赚取交易差价？或者是收取会员费？

近年来，很多互联网企业被业内人士批评，指出其发展速度缓慢，其根源就是盈利模式不清晰。

（五）现金流

考虑现金流时，首先要考固定成本、推广成本，以及资金的投入时间、盈利时间、如何规避成长风险等。创业的终极目标是获得长期收益，而收益的好坏，直接表现就是现金

流的状况。

四、“互联网+”大学生创业发展对策

（一）整合资源，为大学生互联网创业提供平台

随着高校办学条件的不断改善，可利用的资源越来越多，如实验室、训练中心、计算机机房都可以作为大学生参与创业实践体验的平台。高校可以进一步整合现有的资源，让学生进实验室、进项目、进课题，掌握和储备更多的知识。结合大学生创业实际体验，建立创业实践基地，引导大学生创业团队入驻，并有重点性地对门槛低和风险小的互联网创业项目进行扶持，为学生开展互联网创业提供良好的环境保障，提高大学生创业能力，形成群体效应、资源共享。

（二）加强师资队伍，提升教师创业指导能力和水平

高校开展创业教育和大学生创业工作，除了需要建设一支专兼职相结合的创业教育教师队伍，在大学生中有针对性地开展创业基础知识教育之外，还要从各大企业聘请有一定创业经验和成就的成功人士，充实高校大学生自主创业指导的创业导师队伍，以提高大学生自主创业的成功率。鼓励创业教育教师到民营企业、中小企业挂职体验，开阔创业教育教师的视野，提升创业教育教师的创新创业指导能力和水平。

（三）宣传校园互联网创业典型，营造良好氛围

在大学生中培育宣传创业精神和创业经历的典型，是对大学生投身创业的一种激励。使创业大学生对创业本身坚定信心和决心。让大学生发现更多的互联网创业机会，吸引更多的大学生参与到互联网创业中来。各高校可以通过校园网、两微一端、校园广播站等对互联网成功人士的创业事迹进行宣传，并邀请成功创业人士到校参加专题讲座和互联网创业沙龙等活动，组织大学生赴互联网创业基地参观、学习，为大学生树立互联网创业学习目标。

【课外推荐电影与图书】

一、影视作品推荐

《光荣之路》

上映时间：2006 年

导演：詹姆斯·加特纳

推荐理由：《光荣之路》是迪斯尼公司根据真人真事改编的运动励志片，可谓是一部《冲锋陷阵》和《卡特教练》的综合体。故事发生在 1965 年的美国德克萨斯州，当时的

美国社会面临着黑白种族冲突对立的状况。唐·哈金斯是一个年轻气盛的白人篮球教练，由于他在掌管女子篮球队方面的出色成绩，领导决定安排他执教属于NCAA（全国大学生体育协会）的西德州联队。然而新官上任接到的是个烂摊子，这支篮球队不但基础很差，而且白人球员根本不听一个前女篮教练的指挥。

哈金斯是一个具有坚定意志的人，他决心在NCAA闯出名堂，而且他的思想非常开明，并不以肤色论人。于是哈金斯组织了一群非常有篮球天分的黑人学生作为西德州联队的核心，开始了他艰苦的光荣之路。这些黑人球员连真正的篮球与街球的区别都不知道，而且他们对种族问题极度敏感，可是这些内部问题与外部大环境相比根本算不得什么，整个学校的人从上到下都认为哈金斯疯了。经过一个训练期的接触，哈金斯坚定的信心感染了球队里的每一个人，这支五名黑人先发的球队一路披荆斩棘，直指决赛，最后赢得大学联赛的冠军。影片海报及剧照如图9-1所示。

图9-1 《光荣之路》海报及剧照

二、经典书籍推荐

《创业小败局》

作者：创业家&i黑马

出版社：北京时代华文书局

出版时间：2014年

推荐理由：《创业家》杂志5年精选，内容涵盖数千个案例中挑选出的最经典、最普遍、最有启示价值的案例，21个最具代表性的失败案例，每个案例都代表了一种最常见的失败规律，也基本上覆盖了当下中国创业浪潮中，最容易遭遇的创业陷阱。本书封面如图9-2所示。

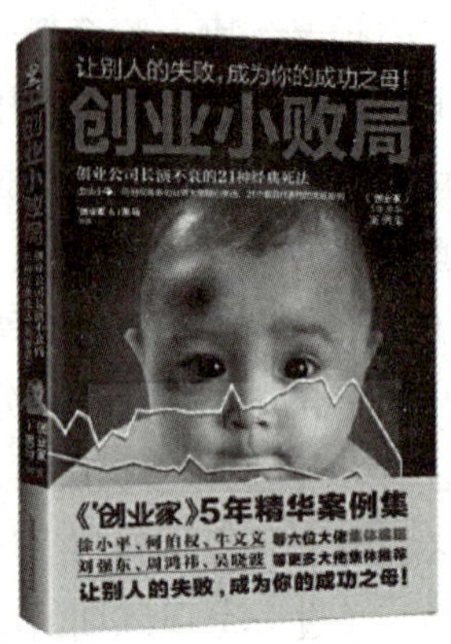

图 9-2　《创业小败局》封面

【课后实践】

绫致时装的 O2O 模式

作为最早进入中国的服装企业，绫致时装旗下的 ONLY、JACK & JONES、VERO MODA、SELECTED 等品牌一直拥有很高的市场号召力，其在国内共有 6 000 多家门店，覆盖 300 多个城市。但是，曾经有一段时间，绫致时装却遭遇了店铺客流下滑、客流转化率低等问题。于是，绫致时装想到了与微信合作，利用 O2O 模式进行营销。

微信给予绫致时装场景和底层数据上的支持——当顾客在微信上关注了绫致时装的微信公众号，微信就可以利用 LBS（基于位置服务）向店铺导流，然后通过引导顾客扫描服装吊牌上的二维码，打通顾客与线下商铺之间的通路。与此同时，这位顾客是否是会员，之前买过或“扫”过哪些产品，更偏爱立领还是圆领，条纹控还是格子控等一系列的喜好特征都会传送到导购员的手机上。如此一来，导购员可以适时地介入，为顾客提供有针对性的建议，营销效果倍增。

从绫致时装的 O2O 营销中可以看出：顾客在店铺中的 5～15 分钟是决定购买产品的关键时段。因此导购员充分利用这个关键时段，从引流到转化，数据成了贯通买卖的主线，结合周到、贴心的服务，顾客很快就能购买到称心如意的产品。即使没有交易成功，只要有顾客的数据在手，公司还可以进行个性化导购。总而言之，只要把顾客“黏”在企业的微信公众号上，就会带来更多销量。

资料来源：http://news.zocai.com/czbzs/201405090004.html

请结合此案例谈谈你的感想。假定你现在开设了一家服装店，但生意始终不温不火，想想看，如何利用“互联网+”思维来改善这种局面。

附　录

教育部关于做好2023届全国普通高校毕业生就业创业工作的通知

教学〔2022〕5号

各省、自治区、直辖市教育厅（教委），新疆生产建设兵团教育局，有关省、自治区人力资源社会保障厅，部属各高等学校、部省合建各高等学校：

党的二十大明确指出，人才是第一资源，实施就业优先战略，强化就业优先政策，健全就业促进机制，促进高质量充分就业。高校毕业生是国家宝贵的人才资源，是促进就业的重要群体。为深入学习贯彻党的二十大精神，全面落实党中央、国务院对高校毕业生就业创业工作的决策部署，教育部决定实施“2023 届全国普通高校毕业生就业创业促进行动”，各地各高校要切实增强责任感使命感，紧密结合实际，创新思路举措，千方百计促进高校毕业生多渠道就业创业，奋力开创高校毕业生就业创业工作新局面。现就做好 2023 届高校毕业生就业创业工作通知如下。

一、更大力度开拓市场化社会化就业渠道

1．深入开展市场化岗位开拓行动。各地各高校要深入开展全国高校书记校长访企拓岗促就业专项行动，二级院系领导班子成员也要积极参与。鼓励高校与对接企业和用人单位开展集中走访，深化多领域校企合作。教育部在全国范围内组织开展“校园招聘月”“就业促进周”等岗位开拓和供需对接系列活动。充分发挥全国普通高校毕业生就业创业指导委员会和行业协会作用，完善“分行业就指委+分行业协会”促就业工作机制。

2．实施“万企进校园计划”。各地各高校要充分发挥校园招聘主渠道作用，积极举办线下校园招聘活动，确保校园招聘活动有序开展。高校要创造条件主动邀请用人单位进校招聘，支持院系开展小而精、专而优的小型专场招聘活动。

3．全面推广使用国家大学生就业服务平台。教育部将进一步优化升级国家大学生就业服务平台功能和服务，不断提升平台专业化、智能化、便利化水平。各省级大学生就业网站、各高校就业网站要于 2022 年 12 月底之前，全部与国家大学生就业服务平台互联互通，实现岗位信息共享。鼓励地方和高校依托平台联合举办区域性、行业性专场招聘活动。各地各高校要指导 2023 届毕业生、毕业班辅导员、就业工作人员及时注册使用平台，确保有需要的毕业生都能及时获得就业信息。

4．充分发挥中小企业吸纳就业作用。开展民营企业招聘高校毕业生专项行动，精准汇集推送岗位需求信息。会同有关部门举办“全国中小企业人才供需对接大会”“民企高校携手促就业”“全国中小企业网上百日招聘高校毕业生”“全国民营企业招聘月”等活动，为中小企业招聘高校毕业生搭建平台。各地教育部门要配合本地相关部门落实对中小微企业吸纳高校毕业生的优惠政策，支持开发创造更多适合高校毕业生的就业岗位。各高校要加强与中小企业的供需对接，为中小企业进校招聘提供便利，引导更多高校毕业生到中小企业就业。

5．支持自主创业和灵活就业。各地各高校要积极鼓励和支持高校毕业生自主创业，在资金、场地等方面向毕业生创业者倾斜，为高校毕业生创新创业孵化、成果转化等提供服务。推动中国国际“互联网+”大学生创新创业大赛等大学生创业项目转化落地。各地教育部门要配合有关部门落实灵活就业社会保障政策，为毕业生从事新形态就业提供支持，推动灵活就业规范化发展，切实维护高校毕业生合法权益。

二、充分发挥政策性岗位吸纳作用

6．优化政策性岗位招录安排。各地教育部门要配合有关部门统筹好政策性岗位招录时间安排，尽早安排高校升学考试、公务员和事业单位、国企等政策性岗位招考及各类职业资格考试。充分发挥政策性岗位稳就业作用，稳定并适度扩大招录高校毕业生规模。发挥国有企业示范作用，办好第四季“国聘行动”。

7．积极拓宽基层就业空间。各地教育部门要积极配合有关部门挖掘基层医疗卫生、养老服务、社会工作、司法辅助、科研助理等就业机会，组织实施好“特岗计划”“三支一扶”“西部计划”等基层就业项目，拓展“城乡社区专项计划”，鼓励扩大地方基层项目规模，引导更多毕业生到中西部地区、东北地区、艰苦边远地区和基层一线就业创业。健全支持激励体系，落实好学费补偿贷款代偿、考研加分等优惠政策。

8．积极配合做好大学生征兵工作。各地各高校要密切军地协同，加大征兵宣传进校园工作力度，畅通入伍绿色通道，配合兵役机关做好兵员预征预储、高校毕业生征集等工作。各地教育部门要研究制定细化方案和实施办法，落实好退役普通高职（专科）士兵免试参加普通专升本招生、退役大学生士兵专项硕士研究生招生计划等优惠政策。

三、建设高质量就业指导服务体系

9．全面加强就业指导。高校要健全完善分阶段、全覆盖的大学生生涯规划与就业指导体系，确保有需要的学生都能获得有效的就业指导。要进一步完善就业创业指导课程标准，打造一批就业指导名师、优秀就业指导课程和教材。充分利用“互联网+就业指导”公益直播课等各类资源，提升就业创业指导课程质量和实效。要通过校企供需对接、职业规划竞赛、简历撰写指导、面试求职培训、一对一咨询等多种形式，为学生提供个性化就业指导和服务。要打造校内外互补、专兼结合的就业指导教师队伍，鼓励用人单位、行业组织更多参与高校生涯教育和就业指导。

10．深入推进就业育人。各地各高校要把就业教育和就业引导作为“三全育人”的重要内容，深入开展就业育人主题教育，引导高校毕业生保持平实之心，客观看待个人条件和社会需求，从实际出发选择职业和工作岗位。开展就业育人优秀案例创建活动，选树一批就业典型人物，积极引导高校毕业生到祖国需要的地方建功立业。

11. 切实维护毕业生就业权益。各地各高校要积极营造平等就业环境，在各类校园招聘活动中，不得设置违反国家规定的有关歧视性条款和限制性条件。配合有关部门畅通投诉举报渠道，对于存在就业歧视、招聘欺诈、“培训贷”等问题的用人单位，要纳入招聘“黑名单”并及时向高校毕业生发布警示提醒。加强就业安全教育，督促用人单位与高校毕业生签订劳动（聘用）合同或就业协议书，帮助和支持毕业生防范求职风险，维护就业权益。积极配合有关部门推进毕业生就业体检结果互认。

四、精准开展重点群体就业帮扶

12. 健全就业帮扶机制。各地各高校要重点关注脱贫家庭、低保家庭、零就业家庭、残疾等困难高校毕业生，建立帮扶工作台账，按照“一人一档”“一人一策”精准开展就业帮扶工作。健全“一对一”帮扶责任制，高校和院系领导班子成员、就业指导教师、班主任、专任教师、辅导员等要与困难学生开展结对帮扶，确保每一个困难学生都得到有效帮助。做好离校未就业毕业生不断线服务。

13. 深入实施宏志助航计划。继续组织实施“中央专项彩票公益金宏志助航计划——全国高校毕业生就业能力培训项目”，开展线上线下就业能力培训，提升毕业生就业竞争力。各地各高校和各培训基地要精心组织实施，配备优秀师资，优化培训内容，提升培训质量。鼓励各地各高校配套设立省级、校级项目，推动“宏志助航计划”覆盖更多毕业生。各地要强化培训基地管理，宣传推广优秀典型经验。

五、简化优化求职就业手续

14. 稳妥有序推进取消就业报到证。《国务院办公厅关于进一步做好高校毕业生等青年就业创业工作的通知》（国办发〔2022〕13 号）明确，从 2023 年起，不再发放《全国普通高等学校本专科毕业生就业报到证》和《全国毕业研究生就业报到证》（以下统称就业报到证），取消就业报到证补办、改派手续，不再将就业报到证作为办理高校毕业生招聘录用、落户、档案接收转递等手续的必需材料。各地要制定落实取消报到证的工作方案。各省级教育部门和高校要加强与组织、公安、人力资源社会保障等部门的工作协同，做好相关工作的衔接，向用人单位和毕业生开展解读宣传，耐心细致做好指导咨询，帮助毕业生顺利完成就业报到、落户和档案转递。

15. 建立毕业去向登记制度。根据国务院办公厅有关文件要求，从 2023 年起，教育部门建立高校毕业生毕业去向登记制度，作为高校为毕业生办理离校手续的必要环节。全面推广使用全国高校毕业生毕业去向登记系统。各地各高校要统筹部署、精心安排，指导本地本高校毕业生（含结业生）按规定及时完成毕业去向登记。实行定向招生就业办法的高校毕业生，各省级教育部门和高校要指导其严格按照定向协议就业并登记去向信息。教育部有关单位根据有关部门需要和毕业生本人授权，统一提供毕业生离校时相应去向登记信息查询核验服务。

16. 强化就业统计监测工作。各地各高校要严格落实就业统计监测工作“四不准”“三严禁”要求，严格执行毕业生就业统计监测工作违规处理办法，对违反规定的高校和相关人员，严肃查处通报，纳入负面清单管理。严格落实就业统计监测规范要求，严格审核学生就业信息及相关佐证材料。组织开展就业统计监测专门培训，强化高校毕业生就业数据的报送、统计和分析工作。持续开展毕业生就业状况布点监测，丰富完善布点监测内容。

六、完善就业与招生培养联动机制

17. 健全完善就业反馈机制。各地各高校要建立完善就业与招生、培养联动的有效机制，把高校毕业生就业状况作为高等教育结构调整的重要内容。引导高校重点布局社会需求强、就业前景广、人才缺口大的学科专业，及时淘汰或更新升级已经不适应社会需要的学科专业。教育部将把高校毕业生就业状况作为“双一流”建设成效评价、学科专业设置和评估、招生计划安排等工作的重要依据。实行高校毕业生就业去向落实率红黄牌提示制度。深入开展高校毕业生就业状况跟踪调查，调查结果作为衡量高校人才培养质量的重要参考。

18. 深化就业工作评价改革。探索实施高校毕业生就业工作合格评价，建立部、省两级就业工作合格评价机制，促进高校就业工作制度化、规范化。加强全国就业工作优秀经验宣传推广，推动高校毕业生就业工作能力和服务水平不断提升。

七、加强组织领导

19. 压紧压实工作责任。各地各高校要把高校毕业生就业摆在突出重要的位置，落实就业“一把手”工程，建立健全主要领导亲自部署、分管领导靠前指挥、院系领导落实责任、各部门协同推进、全员参与的协调机制，将就业工作纳入领导班子考核重要内容。建立完善就业风险防范化解机制，确保安全稳定。各省级教育行政部门适时牵头成立高校毕业生就业工作专班，制定工作方案，明确任务清单，全力推进各项工作任务。教育部将省级人民政府及相关职能部门制定促进毕业生就业政策及其实施情况，纳入省级人民政府履行教育职责评价重要内容。

20. 加强就业工作机构和队伍建设。各地教育部门、各高校要积极创造条件认真落实高校毕业生就业机构、人员、场地、经费“四到位”要求，根据本地实际情况，明确提出各项指标要求，并报教育部备案。各高校要配齐配强就业指导人员，鼓励就业指导人员按要求参加相关职称评审。组织开展毕业班辅导员、就业工作人员全员培训，加大资源供给和培训保障力度。

21. 做好就业总结宣传工作。大力宣传就业工作典型高校、用人单位和先进人物。持续开展全国普通高校毕业生就业创业工作典型案例总结宣传，推出一批具有推广价值的优秀案例。各地各高校要多渠道、全方位宣传国家就业创业政策，营造全社会关心支持毕业生就业的良好氛围。

教育部

2022年11月14日

人力资源社会保障部
关于开展2023年全国公共就业服务专项活动的通知

各省、自治区、直辖市及新疆生产建设兵团人力资源社会保障厅（局）：

为全面贯彻落实党的二十大精神和党中央、国务院关于稳就业决策部署，进一步健全就业公共服务体系，推进实施提升就业服务质量工程，促进高质量充分就业，现就2023

年全国公共就业服务专项活动有关事项通知如下：

一、总体要求

以习近平新时代中国特色社会主义思想为指导，全面贯彻落实党的二十大精神，坚持以人民为中心，强化就业优先政策，扎实做好稳就业各项工作，统筹推进常态化疫情防控与线上线下招聘等就业服务活动，着力打造“10+N”公共就业服务专项活动品牌，为劳动者求职就业和用人单位招聘用工搭建平台，促进劳动力市场供需匹配，推进稳就业工作。

二、活动安排

（一）春风行动暨就业援助月。1—3 月，以辖区内农村劳动力、困难人员以及用工企业为服务对象，由各级人力资源社会保障部门联合当地工业和信息化、民政、交通运输、卫生健康、乡村振兴、疾控、工会、共青团、妇联、残联等部门开展，在元旦春节期间集中为服务对象开展引导有序外出就业、就近就业创业、兜底安置等就业帮扶。

（二）职引未来——大中城市联合招聘高校毕业生专场活动。3—5 月和 9—11 月，以应届高校毕业生及离校未就业高校毕业生为重点对象，由各级人力资源社会保障、教育部门和有关高校联合开展，为高校毕业生求职择业和用人单位招聘人才提供精准对接服务。

（三）民营企业招聘月。4 月，以民营企业为重点对象，由各级人力资源社会保障部门联合当地教育、退役军人、工会、工商联等部门开展，充分发挥民营企业吸纳就业主渠道作用，支持重点群体就业。

（四）百日千万网络招聘专项行动。5—8 月，以高校毕业生、农民工、城镇失业人员、脱贫劳动力和有招聘需求的各类用人单位为重点对象，由各级人力资源社会保障部门牵头开展，搭建全国统一、多方联动的网络招聘平台，以优质高效服务助推稳就业保就业。

（五）离校未就业高校毕业生服务攻坚行动。7—12 月，以 2023 届离校未就业高校毕业生及往届未就业高校毕业生为重点对象，针对未就业毕业生和失业青年求职需求，开展政策落实、权益保护、困难帮扶系列服务，由各级人力资源社会保障部门开展，促进有就业意愿的离校未就业高校毕业生就业创业。

（六）金秋招聘月。10—11 月，以招聘需求较大的民营企业、中小企业等用人单位为重点对象，由各级人力资源社会保障部门联合当地民政、退役军人、工会、工商联开展，帮助企业解决招工稳岗难题，促进人力资源供需对接。

（七）职引未来——全国人力资源市场高校毕业生就业服务周。11 月下旬至 12 月上旬，以 2024 届高校毕业生、往届有就业意愿的离校未就业高校毕业生及“三支一扶”计划等基层服务项目期满未就业人员为重点对象，由各级人力资源社会保障部门开展，组织发动各类人力资源服务机构，为高校毕业生提供市场化就业服务。

（八）职引未来——中央企业面向西藏青海新疆高校毕业生专场招聘活动。2023 年 9 月—2024 年 6 月，以西藏、青海、新疆和四川、云南、甘肃涉藏州县等地未就业高校毕业生、2024 届高校毕业生为重点对象，由人力资源社会保障部联合教育部、国务院国资委、有关中央企业开展，举办专场招聘活动。

三、工作要求

（一）加强组织领导。各地要充分认识开展公共就业服务专项活动的重要意义，将其作为学习贯彻党的二十大精神的具体举措和推动实现高质量充分就业的重要抓手。人力资源社会保障部门要发挥牵头作用，联合其他部门形成工作合力，制定详细工作方案，强化经费保障，向社会公开活动安排，组织开展好各类各项活动。有条件地区就业援助月和春风行动可分开执行。

（二）拓宽活动渠道。各地要动员社会各方面力量，丰富活动内容，充分利用官网、微信、网络直播等手段提供线上就业服务，结合疫情防控要求有序组织线下活动，同步提供政策宣传解读、岗位归集发布、人岗精准对接、职业指导和权益维护等多样化就业服务。各地在做好全国性专项活动的基础上，可根据实际需要开展本地化专项服务活动。

（三）做好安全保障。各地要加大信息审核力度，确保用人单位资质和招聘信息真实有效，严格防止求职人员信息泄露。落实安全责任，制定线下招聘活动现场安全工作方案及突发事件应急预案，消除安全隐患。严格遵守疫情防控要求，结合各地疫情防控实际情况，及时调整专项活动线上线下开展形式，确保活动顺利举行。

（四）注重宣传引导。各地要重点打造"职引未来"青年就业服务品牌，丰富内容和形式。各项活动提前做好活动预告，活动期间及时跟踪报道，运用新闻媒体、微博微信、广播电视等渠道，开展形式多样、内容丰富的宣传活动。我部将通过部官网、官微、中国劳动保障报等媒介，宣传各地创新举措和亮点做法，扩大活动社会知晓度和参与度。

人力资源社会保障部

2022 年 12 月 1 日

上海市就业促进条例

（2023 年 2 月 25 日上海市第十六届人民代表大会常务委员会第一次会议通过）

第一章 总　则

第一条　为了促进高质量充分就业，推动经济发展与扩大就业相协调，维护社会和谐稳定，扎实推进共同富裕，根据《中华人民共和国就业促进法》等法律、行政法规，结合本市实际，制定本条例。

第二条　本市行政区域内就业促进相关服务与管理活动，适用本条例。

第三条　本市坚持就业是最基本的民生，把扩大就业放在经济社会发展的突出位置，深化实施就业优先战略，强化就业优先政策，健全就业公共服务体系，坚持劳动者自主就业、市场调节就业、政府促进就业和鼓励创业带动就业的方针，多渠道扩大就业，提升就业质量。

第四条　本市大力弘扬劳模精神、劳动精神和工匠精神，树立劳动最光荣观念，营造崇尚劳动的社会风尚。

倡导劳动者树立正确的择业观念，提高就业创业能力。

倡导家庭树立积极就业的理念和勤劳致富的观念，鼓励有劳动能力的家庭成员积极实现就业。

第五条　劳动者依法享有平等就业和自主择业的权利。

用人单位依法享有自主用人的权利，履行保障劳动者合法权益的义务。

第六条 市人民政府应当加强对促进就业工作的组织领导，将促进就业工作纳入国民经济和社会发展规划，制定促进就业中长期规划，建立促进就业工作目标责任制，加强资金保障，指导督促各区、各部门落实促进就业各项工作。

区人民政府应当承担本行政区域促进就业工作的第一责任，统筹落实产业拉动就业、创业带动就业、培训促进就业的举措，拓展就业渠道，优化就业服务，加强就业管理，改善就业环境。

市、区人民政府建立促进就业工作协调机制，协调解决促进就业工作中的重大问题。

乡镇人民政府、街道办事处应当全面掌握辖区内重点群体就业状况，落实各项促进就业政策措施，做好基层公共就业服务，完善就业援助工作机制；指导居民委员会、村民委员会协助政府及相关部门做好就业信息排摸、就业援助、政策宣传等公共就业服务工作。

第七条 市、区人力资源社会保障部门负责组织、指导、协调本行政区域的促进就业工作，加强就业形势调查和分析研判，牵头制定促进就业政策举措，分解落实促进就业工作目标任务，完善就业公共服务体系，健全职业培训和就业援助制度，推动实现高质量充分就业。

市、区发展改革、经济信息化、商务、教育、公安、住房城乡建设管理、交通、农业农村、国有资产监管、医保、财政、税务、市场监管、金融管理、规划资源、大数据中心等有关部门和单位应当按照各自职责，共同做好促进就业相关工作。

第八条 工会、共产主义青年团、妇女联合会、残疾人联合会等群团组织应当协助政府及相关部门开展所联系群体的促进就业工作，提供相应的就业服务，依法维护劳动者的劳动权利。

工商业联合会和行业协会、商会应当及时向政府及相关部门反映市场主体在招聘用工、稳定岗位、职业培训等方面的需求，并为市场主体提供相关服务。

高等学校、职业学校（含技工学校）应当建立健全就业创业促进机制，采取多种形式为学生提供职业规划、职业体验、求职指导等就业创业服务，增强学生就业创业能力。

第九条 各级人民政府及相关部门应当开展就业促进法律法规和政策措施的宣传解读，引导全社会树立正确的就业观、择业观，积极实现就业。

广播、电视、报刊、网站等大众传播媒介应当加强公益宣传，推广促进就业的有效做法和成功经验，营造促进就业的良好社会氛围。

第十条 本市推进长江三角洲区域就业创业服务协作，创新人才交流合作机制，推动人力资源畅通流动。

本市按照国家东西部协作、对口支援以及对口合作部署要求，完善劳务协作相关政策措施，支持对口支援、对口合作地区以及中西部地区的农村劳动力、脱贫劳动力就地就近就业、异地就业和来沪就业。

第十一条 市、区人民政府对在促进就业工作中成绩显著的单位和个人，按照规定给予表彰和奖励。

第二章 政策支持

第十二条 市、区人民政府应当加强投资、产业、区域、财税、金融、教育、人才等政策对就业的支持，强化与就业政策的协调联动，拓宽市场化社会化就业渠道，增加就业岗位，优化企业用工保障服务，提升就业质量。

市、区人民政府及相关部门应当完善国有企业考核评价机制，将促进就业工作情况纳入对国有企业及其领导人员的考核评价内容，发挥国有企业吸纳就业的引领示范作用，吸纳带动更多就业。

市、区人民政府及相关部门应当制定、完善相关政策，发挥中小微企业吸纳就业的主渠道作用，扶持和鼓励中小微企业拓展经营、增加就业岗位。

第十三条 市、区人民政府及其发展改革、经济信息化、住房城乡建设管理等部门在安排政府投资和确定重大建设项目时，应当发挥政府投资和重大建设项目带动就业的作用，在同等条件下优先安排就业质量高和就业带动能力强的项目。

第十四条 本市推进制造业重点产业体系建设，开发更多制造业领域技术型、技能型就业岗位，吸纳技术技能人才高质量就业。

本市推动传统服务业变革，促进新兴服务业发展，提升服务业吸纳就业能力，创造更多就业机会。

本市贯彻落实乡村振兴战略，推进都市现代农业高质量发展，培育引导乡村新产业、新业态、新模式，促进农村劳动力实现就业增收。

第十五条 市、区人民政府在重点区域规划建设中应当注重完善人口和就业岗位分布，制定实施符合区域特征的就业创业政策，创新就业服务管理机制，提升就业质量。

支持浦东新区在就业创业、职业培训、人才建设等方面创新探索，将改革经验及时向全市复制推广。

第十六条 市、区人民政府应当实行有利于促进就业的财政政策，根据就业形势及就业工作目标，合理安排促进就业资金。

财政、税务、发展改革等部门应当依法落实就业创业税费优惠政策，对符合条件的企业和劳动者按照规定缓征、减征、免征企业所得税、增值税、个人所得税和行政事业性收费等。

人力资源社会保障、财政等部门应当依法落实就业补贴政策，对符合条件的企业和劳动者按照规定给予岗位补贴、创业补贴、社会保险补贴、职业培训补贴等。

第十七条 金融管理部门应当引导金融机构完善普惠金融服务，扩大普惠金融覆盖面，为企业拓展经营、增加就业岗位提供融资便利。

本市发挥政府性融资担保体系作用，为中小微企业融资提供增信服务；支持银行业金融机构、融资担保机构加大对中小微企业融资扶持力度，培育更多市场主体扩大就业。

第十八条 教育、发展改革、人力资源社会保障等部门应当根据就业状况和产业发展趋势，制定与人力资源市场需求相适应的教育政策和职业教育发展规划，定期开展高等学校、职业学校（含技工学校）就业状况评估，评估结果作为学校设置专业和确定招生规模的重要依据。

第十九条 市、区人民政府及相关部门应当结合重点区域、重点项目、重大工程的规划建设，分行业定期发布紧缺人才目录，聚焦集成电路、生物医药、人工智能等先导产业和重点产业，支持企业加大高层次、高技能人才引进和储备力度。

市人民政府有关部门应当优化居住证、户籍及安居政策，吸引更多专业人才、留学回国人员等海内外人才在本市就业创业。

第二十条 本市根据国家有关规定完善失业保险制度，依法确保失业人员的基本生活，发挥失业保险预防失业、促进就业的功能。

市人民政府按照低于本市最低工资标准、高于本市居民最低生活保障标准的水平，确定失业保险金的标准，并根据经济社会发展水平动态调整。

第三章　创业扶持

第二十一条　各级人民政府应当制定并落实创业扶持措施，健全创业服务体系，开展创业公益活动，鼓励帮助劳动者创业，以创业带动就业。

第二十二条　各级人民政府应当完善融资担保、场地支持、开办便利、税收优惠、社会保险补贴等扶持措施，为劳动者创业提供支持。

发展改革、财政、国有资产监管、经济信息化、科技、教育等部门应当发挥政策性创业投资基金的引导作用，鼓励社会资本设立创业投资基金，支持创业主体创新发展。

财政、人力资源社会保障部门应当完善创业担保贷款和贴息政策，逐步扩大担保对象范围，提高担保额度，提升获取创业担保贷款的便利度。

第二十三条　市、区人民政府及相关部门应当推动构建覆盖不同创业群体、不同创业阶段的创业培训体系，完善创业培训政策，开展有针对性的创业培训，提高劳动者的创业意识和创业能力。

教育、人力资源社会保障部门应当指导高等学校、职业学校（含技工学校）完善创新创业教育课程，促进专业教育与创新创业教育有机融合。

本市支持相关学校、培训机构开发创业培训教材和课程，实施对各类创业主体的培训辅导。

第二十四条　公共就业服务机构应当面向各类创业主体提供政策咨询、创业指导等公共创业服务。

本市支持各类专业服务机构为创业主体提供管理咨询、财会税务、人力资源、法律咨询等服务。

本市鼓励社会工作者、志愿者等社会力量参与创业服务，发挥创业指导志愿服务组织的作用，向创业主体提供创业前准备、企业开办和运营等相关领域的咨询、指导和服务。

第二十五条　各级人民政府应当推进创业型城区和创业型社区创建，营造良好创业氛围，优化创业环境。

人力资源社会保障、经济信息化、科技等部门应当通过建设创业孵化示范基地、众创空间、留学人员创业园等，促进创业主体集聚发展。

鼓励高等学校、职业学校（含技工学校）建立创业指导站点，为在校学生提供政策宣讲、专家咨询、创业活动、帮扶培育等创业服务。

第二十六条　本市支持举办创新创业赛事，扶持优秀创业项目发展。对在国家和本市创新创业赛事中获奖的创业团队和创业组织，人力资源社会保障、教育、科技等有关部门按照规定给予奖励或者政策倾斜。

第四章　公平就业

第二十七条　各级人民政府创造公平就业的环境，依法保障劳动者享有平等的就业权利和公平的就业机会，消除影响平等就业的不合理限制和就业歧视。

用人单位招用人员，公共就业服务机构、公共人才服务机构和经营性人力资源服务机构（以下统称人力资源服务机构）从事人力资源服务，应当向劳动者提供平等的就业条件和公平的就业机会，不得发布含有民族、种族、性别、宗教信仰等方面歧视性内容的招聘信息，不得违反国家规定在户籍、地域等方面设置限制人力资源流动的条件。

第二十八条 本市保障妇女享有与男子平等的劳动权利，依法保障其在就业创业、职业发展、职业培训、劳动报酬、福利待遇、职业健康与安全等方面的合法权益，构建生育友好的就业环境。

用人单位招用人员，除国家规定的不适合妇女的工种或者岗位外，不得以性别为由拒绝录用妇女或者提高对妇女的录用标准；不得在劳动合同、服务协议和规章制度中规定限制女职工结婚、生育等权利的内容。对因生育中断就业或者影响职业发展的妇女，人力资源社会保障部门、妇女联合会和工会等有关群团组织或者用人单位可以根据其需求，提供针对性的职业指导、职业培训和就业创业服务。

鼓励用人单位制定有利于职工平衡工作和家庭关系的措施，与职工依法协商确定有利于照顾婴幼儿的灵活休假和弹性工作方式。

第二十九条 市、区人民政府应当对残疾人就业统筹规划，依法保障残疾人的劳动权利，促进残疾人就业。

用人单位招用人员，不得歧视残疾人。

第三十条 用人单位不得以劳动者是传染病病原携带者或者曾患传染病为由拒绝录用，不得以劳动者患传染病为由与其解除劳动关系，法律、行政法规和国务院卫生行政部门另有规定的除外。

第三十一条 除法律、行政法规另有规定外，用人单位和人力资源服务机构在招用人员或者提供人力资源服务时，不得查询劳动者的诊疗记录、医学检测报告、违法犯罪记录等信息，或者要求劳动者提供与履行劳动合同无关的信息。

卫生健康、公安等部门和市大数据中心应当依法严格控制前款规定信息的查询、开放范围。

第五章　就业服务与管理

第三十二条 本市健全覆盖各类劳动者群体和用人单位的就业公共服务体系，提升信息化、智能化公共就业服务能力，细化完善服务内容和标准，提高公共就业服务的针对性、专业性和便利性。

第三十三条 市、区人民政府应当加强公共就业服务机构和公共人才服务机构的建设，统筹布局各级公共就业服务网点，充分挖掘区域就业服务资源，向劳动者提供便利可及的公共就业服务。

支持工会、共产主义青年团、妇女联合会、残疾人联合会以及其他社会组织，依托相关公共就业服务资源，举办公益性就业创业服务活动。

第三十四条 公共就业服务机构和公共人才服务机构应当根据各自职责，免费向劳动者和用人单位提供就业创业政策咨询、职业指导和职业介绍、人力资源供求和职业培训信息发布、组织专场招聘、人才引进和人才交流、就业援助、就业和失业登记、流动人员人事档案管理等公共就业创业服务。

第三十五条 本市依托政务服务“一网通办”平台，推进公共就业服务便利化，优化办理流程，简化办理环节，减少申请材料，缩短办理时限，为劳动者就业创业提供便利。

第三十六条 市人力资源社会保障部门应当会同市大数据中心加强公共就业服务信

息平台建设，与“一网通办”平台对接，加强大数据集成运用，整合归集就业岗位招聘信息，面向招聘单位和劳动者提供岗位发布、简历投递、就业见习、职业指导等服务，并为企业间共享用工提供信息对接服务，促进人力资源市场供需匹配。

鼓励工会、共产主义青年团、妇女联合会、工商业联合会、行业协会、商会、经营性人力资源服务机构等与公共就业服务信息平台加强就业岗位信息共享。

第三十七条　人力资源社会保障部门应当加强公共就业和人才服务队伍建设，提升服务的专业化水平，推进职业指导师、创业指导师等社会化职业技能等级认定，畅通公共就业和人才服务人员的职业发展通道。

区和乡镇人民政府、街道办事处应当加强基层就业服务工作力量，通过配备相应的社区工作者等方式，在每个居民委员会、村民委员会安排至少一名专（兼）职工作人员，从事就业信息排摸、就业援助、政策宣传、劳动者权益维护等工作。

第三十八条　鼓励公共就业服务机构、公共人才服务机构与经营性人力资源服务机构建立合作机制，创新公共就业服务模式。

各级人民政府可以按照有关规定，通过多种方式，支持经营性人力资源服务机构、相关社会组织、专业服务机构等承接公共就业服务，发挥其服务市场主体、促进就业的作用。

第三十九条　市、区人民政府应当综合运用区域、产业、土地等政策推进人力资源市场建设，推动人力资源服务业高质量发展。

市人力资源社会保障部门和相关区人民政府推动培育建设国家级、市级人力资源服务产业园区，促进人力资源服务机构、产业和功能集聚，扩大市场化就业服务供给，激发人力资源市场活力。

鼓励和支持经营性人力资源服务机构为本市引进海内外高层次和急需紧缺人才、提升就业质量提供专业化服务。

第四十条　人力资源服务机构发布人力资源供求信息，应当建立健全信息发布审查和投诉处理机制，确保发布的信息真实、合法、有效。

人力资源服务机构对在业务活动中收集的用人单位和个人信息，应当依法予以保护，不得泄露或者违法使用所知悉的商业秘密、个人信息或者其他应当保密的信息。

人力资源服务机构通过互联网提供人力资源服务的，应当遵守国家有关网络招聘服务管理以及网络安全、互联网信息服务管理等规定。

大众传播媒介接受人力资源服务机构委托发布招聘信息的，应当依法查验委托人的营业执照或者有关批准设立文件、人力资源服务许可证等材料，并核对招聘信息内容；对无法提供相关材料的机构，或者含有歧视性内容等违法情形的招聘信息，不得提供信息发布服务。

第四十一条　本市深化就业参保登记一体化改革。

用人单位和个人应当依法如实办理就业参保登记手续，不得虚构用工信息办理相关手续。

第四十二条　本市健全劳动力资源调查统计制度，完善就业监测体系。

人力资源社会保障、统计、教育等部门应当按照各自职责，开展劳动力资源调查统计和就业监测，定期向社会公布主要就业数据、人力资源市场供需、工资指导价位等信息。

用人单位和个人应当配合相关部门开展劳动力资源调查统计和就业监测，如实提供相关信息；用人单位系劳务派遣单位的，应当同时提供所派遣劳动者实际用工单位及岗位等信息。

公安、市场监管、税务等部门和市大数据中心应当为开展就业监测提供必要的数据支持。

第四十三条 市、区人民政府应当统筹就业补助资金、失业保险基金、地方教育附加专项资金等各类资金用于促进就业，提高资金使用效益，强化绩效目标管理。

市、区人民政府应当根据就业形势和重点任务，科学设定资金分配因素和权重，合理分配就业补助资金。

第四十四条 市、区人民政府应当健全失业风险预警制度，加强失业风险评估，制定风险应对预案和储备政策；在面临重大经济风险以及发生自然灾害、事故灾难、公共卫生事件等突发事件时，实施临时性就业帮扶政策。

第四十五条 本市加强劳动争议纠纷多元化解。人民法院、劳动人事争议仲裁机构、工会、调解组织等，应当依法、及时、妥善处理劳动争议纠纷，推动构建和谐劳动关系，保护劳动者合法权益，促进市场主体稳定有序发展。

第六章 职业教育和培训

第四十六条 市、区人民政府及相关部门应当根据经济社会发展和市场需求，发展职业教育，加强职业能力建设，优化职业教育类型、院校布局和专业设置，完善职业教育体系，健全终身职业技能培训制度，构建以行业和企业为主体、职业学校（含技工学校）为基础、政府推动与社会支持相结合的高技能人才培养体系，完善技能人才培养、使用、评价和激励机制，促进劳动者提高职业技能，增强就业创业能力。

第四十七条 人力资源社会保障、经济信息化、国有资产监管、住房城乡建设管理、应急、商务等部门应当根据本市产业发展、安全生产和劳动者技能提升等需求，推动职业技能培训和评价项目开发，完善技能人才培训和评价标准。

第四十八条 人力资源社会保障、教育等部门应当制定相关扶持政策，推动高等学校、职业学校（含技工学校）、职业技能培训机构面向失业人员、在职人员和农村转移就业人员等劳动者，开展就业前培训、在职培训、再就业培训，支持用人单位开展职工职业培训，培养实用技能人才和熟练劳动者。

第四十九条 用人单位应当建立职业培训制度，按照规定提取和使用职工教育经费，对职工进行职业技能培训和继续教育培训；支持职工参加职业培训，提升职业技能水平。

第五十条 高等学校、职业学校（含技工学校）、职业技能培训机构开展职业培训的，应当按照相关要求，制定培训计划，落实师资、场所和设备等，规范开展培训活动，提高培训质量。

第五十一条 鼓励高等学校、职业学校（含技工学校）、职业技能培训机构与用人单位建立校企合作、产教融合的人才培养机制，支持建设高技能人才培养基地、新型技师学院，开展新型学徒制培训，培养本市重点产业发展急需紧缺的各类技术技能人才。

第五十二条 市、区人民政府应当根据市场需求和产业发展方向，通过共建共享等方式，合理规划并支持建设公共实训基地和开放实训中心，面向用人单位、高等学校、职业学校（含技工学校）和职业技能培训机构等提供职业技能培训实训、竞赛评价、师资培训等服务。

第五十三条 本市健全技能人才职业技能评价制度，发挥政府部门、用人单位、社会培训评价组织等多元评价主体作用，完善职业资格评价、职业技能等级认定、专项职业能力考核等多元化评价方式；对经技能评价合格的劳动者，按照规定颁发相应技能评价证书。

本市构建政府监管、机构自律、社会监督的技能人才评价质量监督体系。人力资源社会保障部门及有关行业主管部门应当建立相应管理机制，指导、监督相关评价主体规范开展技能人才评价活动。

第五十四条 本市完善技能人才表彰奖励体系，加大对技能人才的表彰奖励力度，健全技能人才激励机制。

鼓励用人单位建立技能人才评价与使用、激励相结合机制，贯通技能人才与专业技术人才职业发展通道，建立健全基于岗位价值、能力素质和业绩贡献的技能人才薪酬制度，尊重和体现技能人才价值。

第五十五条 本市构建多层次职业技能竞赛体系，推动社会力量参与赛事举办，开展职业技能竞赛活动。

市、区人民政府建立健全竞赛保障激励机制，加强竞赛训练基地、选手梯队和专家教练团队建设，按照规定对获奖选手、专家教练以及在竞赛工作中作出突出贡献的单位和个人给予奖励，在人才引进、职称评定、评选表彰等方面予以政策倾斜。

第五十六条 本市对参加职业培训、技能人才评价、职业技能竞赛的劳动者，组织职工开展职业培训的用人单位，按照有关规定给予补贴扶持。

人力资源社会保障部门应当会同有关部门建立职业培训补贴标准的动态调整机制，对急需紧缺职业工种和中高层次技能人才培训加大扶持力度。

第七章 就业援助和重点群体就业

第五十七条 本市实施就业援助制度，采取税费减免、社会保险补贴、岗位补贴、职业培训补贴等办法，通过公益性岗位安置等途径，对就业困难人员实行优先扶持和重点帮助。

第五十八条 人力资源社会保障部门应当完善就业困难人员认定办法，建立就业困难人员认定标准动态调整机制，提供精细化就业援助服务，强化对就业帮扶效果的跟踪与评估。

乡镇人民政府、街道办事处应当加强就业援助工作，对就业困难人员实施重点帮扶，提供有针对性的就业援助服务。

第五十九条 市人力资源社会保障部门根据经济社会发展状况和就业形势变化，科学设定公益性岗位规模，优先安置就业困难人员。

相关行业主管部门和区人民政府应当根据本行业、本区域实际，开发社区公共管理、公共卫生、应急服务、社会救助、绿化市容、环卫保洁、助老助残、就业援助等公益性岗位。

区和乡镇人民政府、街道办事处应当承担公益性岗位的管理职责，根据本行政区域实际情况，统筹安排符合岗位要求的就业困难人员。

通过公益性岗位安置就业困难人员就业的，可以按照规定享受相应的岗位补贴和社会保险补贴。

第六十条 法定劳动年龄内的家庭成员均处于失业状况的本市居民家庭，可以向公共就业服务机构申请就业援助。公共就业服务机构经确认属实的，应当为该家庭中至少一人提供适当的就业岗位。

第六十一条 本市构建覆盖青年就业创业全过程的政策支持体系，通过推行就业创业见习制度、实施青年就业计划等举措，促进青年就业。

人力资源社会保障、教育等部门应当支持青年参加就业创业见习。支持具备条件的用人单位申请成为就业创业见习基地，提供见习岗位和带教服务。就业创业见习基地和见习学员可以按照规定享受相应的见习补贴。

人力资源社会保障部门和共产主义青年团应当加强对失业青年的就业帮扶，促进失业青年提升能力、实现就业。

第六十二条 本市建立高校毕业生就业工作协调机制，统筹推进高校毕业生就业创业工作。

教育、人力资源社会保障部门以及相关行业主管部门应当制定并落实促进高校毕业生就业创业的政策措施，加强就业创业指导，定期举办行业性、区域性、专业性专场招聘活动，加大对高校毕业生就业的扶持力度。

各级人民政府以及教育、人力资源社会保障、公务员管理等部门应当面向高校毕业生，开发基层服务项目、基层就业岗位，并鼓励和支持国有企业、机关、事业单位扩大招聘规模，吸纳高校毕业生就业。

第六十三条 退役军人、人力资源社会保障、教育、国有资产监管、公务员管理等部门应当制定、完善定向招录、优先招录、就业指导、创业服务和兜底帮扶等政策措施，促进退役军人就业创业，并做好相关权益保障。

用人单位招用退役军人符合国家和本市规定的，依法享受税收优惠等政策。

第六十四条 市、区人民政府应当制定优惠政策和具体扶持保护措施，为残疾人就业创造条件，落实残疾人集中就业、按比例分散就业制度，加大残疾人自主创业、灵活就业扶持力度，健全残疾人辅助性就业机制。

市、区残疾人联合会应当组织开展职业指导、职业介绍和职业培训，为残疾人就业和用人单位招用残疾人提供服务和帮助，鼓励残疾人参加适合其就业创业的职业培训和就业创业见习。

用人单位应当按照国家和本市有关规定，履行安排残疾人就业的义务，机关、事业单位、国有企业应当带头安排残疾人就业。

第六十五条 人力资源社会保障、司法行政等部门应当按照国家和本市有关规定，做好刑释解矫人员的就业指导、职业培训、权益保障等相关工作，鼓励其自主创业、自谋职业。对于符合条件的刑释解矫人员，应当及时认定为就业困难人员，帮助其就业。

第八章　灵活就业

第六十六条 市、区人民政府及相关部门应当加大对个体经营、非全日制以及新就业形态等灵活就业方式的支持力度，拓宽灵活就业发展渠道，优化灵活就业环境，强化政策服务供给，清理取消对灵活就业的不合理限制，创造更多灵活就业机会。

第六十七条 本市将灵活就业人员纳入公共就业服务范围，在公共就业服务信息平台上开设灵活就业专区专栏，免费发布岗位供求、新职业等信息，开展政策咨询和职业指导。

人力资源服务机构可以通过设立专门的零工市场、按需组织专场招聘等方式，为灵活就业人员提供规范有序的求职应聘等专业化服务。

第六十八条 本市将灵活就业人员纳入职业技能培训和评价体系。

鼓励用人单位组织灵活就业人员开展岗前培训、岗位技能提升培训，帮助其稳定就业、提升就业质量。

灵活就业人员参加职业技能培训和评价的，可以按照规定享受相应补贴。

第六十九条　本市将灵活就业人员纳入劳动力资源调查统计范围，建立实有人口灵活就业调查排摸机制。

鼓励灵活就业人员按照规定进行灵活就业登记。

第七十条　市、区人民政府应当制定、实施、完善与灵活就业相适应的就业和社会保障政策措施，为灵活就业人员提供服务和保障。

在本市就业的灵活就业人员，可以按照国家和本市有关规定参加社会保险，依法享受社会保险待遇。

符合条件的灵活就业人员，可以按照相关规定申请社会保险补贴、就业岗位补贴。

对符合条件的灵活就业人员，按照规定纳入相应的社会救助范围。

第七十一条　本市支持和规范发展新就业形态，科学合理设定平台经济及其他新业态、新模式监管规则，促进新就业形态规范健康持续发展。

互联网平台企业应当依法合规用工，根据具体用工情形，与劳动者依法订立劳动合同或者通过书面协议明确双方权利义务；引导、督促为其提供相关用工服务的企业保障新就业形态劳动者的合法权益。

企业、行业协会与工会、劳动者代表等可以就业务定额、计件单价、职业安全健康等开展协商，合理确定定员定额、休息办法、计件单价、抽成比例、考核奖惩等标准。

本市建立和完善新就业形态劳动者职业伤害保障制度，鼓励发展与职业伤害保障制度相衔接的互助保障和商业保险，维护新就业形态劳动者职业伤害保障权益。

第九章　监督检查

第七十二条　市、区人民政府应当落实就业优先战略和促进就业工作责任，根据就业形势和就业工作需要，合理设定促进就业工作目标任务，强化对下一级人民政府及有关部门促进就业工作成效的考核，并将考核结果作为年度绩效考核和领导干部综合考核评价的重要依据。

第七十三条　人力资源社会保障部门应当会同相关部门，加强对就业促进法规实施、重点群体就业、促进就业资金保障落实等情况的督导。

人力资源社会保障等相关部门应当按照各自职责，完善劳动投诉处理、劳动争议解决等工作机制，提升咨询、指导、调解等服务效能，受理有关单位和个人对违反本条例行为的投诉举报，并及时予以核实、处理。

第七十四条　人力资源社会保障、财政部门应当加强促进就业资金的监管，规范资金使用，保障资金安全，提高资金使用效益。对于骗取或者违反规定使用各类促进就业资金的单位或者个人，由人力资源社会保障、财政部门依法处理，并可以暂缓拨款、中止拨款、追回已拨付资金。

审计部门应当依法对促进就业资金的管理和使用情况进行审计监督。

第七十五条　市、区人民代表大会常务委员会应当通过听取和审议专项工作报告、组织执法检查、开展询问和质询等方式，加强对本条例执行情况和促进就业工作情况的监督。

市、区人民代表大会常务委员会应当充分发挥各级人大代表作用，组织人大代表围绕促进就业工作情况开展专题调研和视察等活动，督促有关方面落实促进就业各项工作。

第十章　法律责任

第七十六条　违反本条例规定的行为，法律、行政法规已有处理规定的，从其规定。

第七十七条　违反本条例第四十条第四款规定，大众传播媒介为无法提供相关材料的机构或者含有歧视性内容等违法情形的招聘信息，提供信息发布服务的，由人力资源社会保障部门责令改正，并在相关范围内消除影响；拒不改正的，处一万元以上五万元以下罚款；有违法所得的，没收违法所得。

第七十八条　违反本条例第四十一条第二款规定，虚构用工信息办理就业参保登记手续的，由人力资源社会保障部门责令改正，有违法所得的，没收违法所得；情节严重的，按照未如实办理就业参保登记手续的劳动者每人一千元以上五千元以下的标准，处以罚款；构成骗取社会保险待遇的，由人力资源社会保障部门依照《中华人民共和国社会保险法》予以处罚。

第七十九条　对违反本条例规定的行为，除依法追究相应法律责任外，有关部门还应当按照规定，将有关单位及个人失信信息向本市公共信用信息服务平台归集，并依法采取惩戒措施。

第八十条　人力资源社会保障等部门及其工作人员在促进就业工作中不依法履行职责的，由其所在单位或者上级主管部门责令改正；玩忽职守、滥用职权、徇私舞弊的，对直接负责的主管人员和其他直接责任人员依法给予处分；构成犯罪的，依法追究刑事责任。

第十一章　附　则

第八十一条　本条例自2023年3月1日起施行，2005年12月29日上海市第十二届人民代表大会常务委员会第二十五次会议通过的《上海市促进就业若干规定》同时废止。

国务院办公厅关于优化调整稳就业政策措施全力促发展惠民生的通知

国办发〔2023〕11号

各省、自治区、直辖市人民政府，国务院各部委、各直属机构：

为全面贯彻党的二十大和中央经济工作会议、全国“两会”精神，落实国务院2023年重点工作分工要求，深入实施就业优先战略，多措并举稳定和扩大就业岗位，全力促发展惠民生，经国务院同意，现就优化调整稳就业政策措施有关事项通知如下：

一、激发活力扩大就业容量

（一）加大对吸纳就业能力强的行业企业扩岗政策支持。及时梳理本地区带动就业能力强、涉及国计民生和生产保供的企业清单，配备就业服务专员，建立岗位收集、技能培训、送工上岗联动机制。对吸纳高校毕业生等重点群体就业的，在符合发放条件的前提下，运用“直补快办”等模式，一揽子兑现社会保险补贴、吸纳就业补贴、职业培训补贴等政策。支持各地在符合国家规定的前提下出台地方性政策，为吸纳就业能力强的行业企业扩大岗位供给提供有力支撑。

（二）支持金融机构开展稳岗扩岗服务和贷款业务。鼓励金融机构面向吸纳就业人数多、稳岗效果好且用工规范的实体经济和小微企业发放贷款，支持其稳岗扩岗。支持金融机构在依法合规、风险可控的前提下，优化贷款审批流程，合理确定贷款额度，增加信用贷等支持，为符合条件的小微企业提供续贷支持。

（三）发挥创业带动就业倍增效应。聚焦高校毕业生、农民工等群体创业需求，支持其创办投资少、风险小的创业项目，从事创意经济、个性化定制化文化业态等特色经营。落实创业担保贷款及贴息政策，简化担保手续，对符合条件的落实免除反担保要求，健全风险分担机制和呆账核销机制。创业担保贷款借款人因自然灾害、重特大突发事件影响流动性遇到暂时困难的，可申请展期还款，期限原则上不超过 1 年，政策实施期限截至 2023 年 12 月 31 日。

（四）加大技能培训支持力度。适应数字中国、健康中国、制造强国等建设和本地区产业发展需求，积极推动各类职业院校（含技工院校）、职业培训机构和符合条件的企业大规模开展重点行业、急需紧缺职业（工种）技能培训。充分用好就业补助资金、失业保险基金、职业技能提升行动专账资金、企业职工教育经费等资金开展培训，按规定给予职业培训补贴等支持。参加失业保险 1 年以上的企业职工或领取失业保险金人员取得职业资格证书或职业技能等级证书的，可申请技能提升补贴，每人每年享受补贴次数最多不超过三次，政策实施期限截至 2023 年 12 月 31 日。

（五）继续实施失业保险稳岗返还政策。参保企业上年度未裁员或裁员率不高于上年度全国城镇调查失业率控制目标，30 人（含）以下的参保企业裁员率不高于参保职工总数 20%的，可申请失业保险稳岗返还。中小微企业按不超过企业及其职工上年度实际缴纳失业保险费的 60%返还，大型企业按不超过 30%返还。社会团体、基金会、社会服务机构、律师事务所、会计师事务所、以单位形式参保的个体工商户参照实施。实施此项政策的统筹地区上年度失业保险基金滚存结余备付期限应在 1 年以上，政策实施期限截至 2023 年 12 月 31 日。

二、拓宽渠道促进高校毕业生等青年就业创业

（六）鼓励企业吸纳就业。对企业招用毕业年度或离校 2 年内未就业高校毕业生、登记失业的 16—24 岁青年，签订 1 年以上劳动合同的，可发放一次性吸纳就业补贴，政策实施期限截至 2023 年 12 月 31 日。

（七）鼓励引导基层就业。稳定“三支一扶”计划、大学生志愿服务西部计划等基层服务项目 2023 年招募规模。实施“大学生乡村医生”专项计划，落实医学专业高校毕业生免试申请乡村医生执业注册政策。继续做好 2023 年高校毕业生到城乡社区就业创业工作。对到中西部地区、艰苦边远地区、老工业基地县以下基层单位就业的高校毕业生，按规定给予学费补偿和国家助学贷款代偿、高定工资等支持，对招聘为事业单位工作人员的，可按规定提前转正定级。

（八）支持国有企业扩大招聘规模。对按照工资效益联动机制确定的工资总额难以满足扩大高校毕业生招聘需求的国有企业，经履行出资人职责机构或其他企业主管部门同意，统筹考虑企业招聘高校毕业生人数、自然减员情况和现有职工工资水平等因素，2023 年可给予一次性增人增资，核增部分据实计入工资总额并作为下一年度工资总额预算基数。

（九）稳定机关事业单位岗位规模。挖掘党政机关、事业单位编制存量，统筹自然减员，加大补员力度，稳定招录、招聘高校毕业生规模，合理确定招录、招聘时间。

（十）实施 2023 年百万就业见习岗位募集计划。广泛动员各类企事业单位、社会组织等，募集不少于 100 万个青年见习岗位，对吸纳就业见习人员的给予见习补贴，用于支付见习人员基本生活费、办理人身意外伤害保险，以及对见习人员的指导管理费用。对见习期未满与见习人员签订劳动合同的，各地可给予剩余期限见习补贴，政策实施期限截至 2023 年 12 月 31 日。

三、强化帮扶兜牢民生底线

（十一）加强困难人员就业帮扶。合理确定并动态调整就业困难人员认定标准，及时将零就业家庭、低保家庭、脱贫户、大龄、残疾、长期失业等人员纳入援助范围。制定个性化援助方案，优先推荐低门槛、有保障的爱心岗位，提供“一对一”就业援助，对符合条件的困难毕业生发放一次性求职创业补贴。对企业招用登记失业半年以上人员，签订 1 年以上劳动合同的，可发放一次性吸纳就业补贴，政策实施期限截至 2023 年 12 月 31 日。对通过市场渠道难以实现就业的，合理统筹公益性岗位安置，确保零就业家庭至少一人就业。

（十二）保障困难群众基本生活。对符合条件的失业人员，做好失业保险金、代缴基本医疗保险费（含生育保险费）和失业农民工一次性生活补助等常规性保生活待遇发放工作。将符合条件的生活困难失业人员及家庭纳入最低生活保障、临时救助等社会救助范围。及时启动社会救助和保障标准与物价上涨挂钩联动机制，按规定向困难群众足额发放物价补贴。

四、加强组织实施

（十三）细化实化政策。各地要结合实际，细化实化本通知明确的各项政策措施，加速释放政策红利。同步梳理前期本地出台的阶段性稳就业政策，明确优化调整意见，落实好各项常态化就业政策，推动各项政策落地见效、惠企利民，为就业大局总体稳定提供有力保障。政策实施中的重要问题和经验做法，及时报有关主管部门。

（十四）优化经办服务。各地要持续优化经办流程，减环节、减材料、减时限，编制好各项政策资金审核发放流程和办事指南。加快推进网上办理，加强大数据比对识别，推动更多政策直达快享，提升就业政策获得感和满意度。提高政策覆盖面和可及性，对符合条件的以单位形式参保的个体工商户，可参照企业同等享受就业补贴政策。规范资金管理使用，严格履行程序规定，健全风险防控机制，严肃查处骗取套取、虚报冒领等违法违规行为，保障资金安全运行。

（十五）强化宣传解读。各地要加强就业政策宣传，及时更新发布本地区就业创业政策清单，分类梳理面向高校毕业生、困难人员等不同群体和经营主体的政策举措，广泛推动稳就业政策进企业、进园区、进校园、进社区（村）。创新政策宣传方式，及时提供通俗易懂的政策解读，提高政策知晓度，稳定各方预期，营造良好社会氛围。

国务院办公厅

2023 年 4 月 19 日

参 考 文 献

［1］苏文平．职业生涯规划与就业创业指导：第2版［M］．北京：中国人民大学出版社，2020．

［2］曲振国，杨文亭，陈子文，等．大学生就业指导与职业生涯规划：第 2 版［M］．北京：清华大学出版社，2020．

［3］赵秋，黄妮妮，姚瑶．大学生就业指导［M］．北京：北京师范大学出版社，2020．

［4］叶艳霞．就业与创业指导［M］．郑州：河南大学出版社，2019．